●●●

파도가 바위를 깎듯이

파도가 바위를 깎듯이

초판 인쇄 / 2016년 12월 10일
초판 발행 / 2016년 12월 15일

지은이 / 임대성
펴낸이 / 김경옥
편집 / 이진만 신진회
펴낸곳 / 도서출판 온북스
등록번호 / 제 312-2003-000042호
등록년월일 / 2003년 8월 14일
주소 / 서울시 은평구 은평로 194-6
전화 / 02) 2273-4602
팩스 / 02) 2274-4602
전자우편 / bjs4602@hanmail.net

ISBN 978-89-92364-82-9 (03810)
* 잘못된 책은 바꾸어 드립니다

" 강은 강물을 버려야 바다를 만난다 "

임대성 수필집

파도가
바위를
깎듯이

온북스
onbooks

책머리에

나는 5남매 중 셋째로 태어났다. 초등학교는 시골에서 다녔고 중학교 때 도시로 나와 큰 형님과 형수님 밑에서 공부를 하였으며 군을 제대하고 학교를 졸업한 이후 직장을 따라 서울로 오게 되었다. 서울에서 산 지도 어언 34년이나 된다. 그러나 마음은 늘 고향에 머물러있다.

지난 6월 말 공직을 명예퇴직하고 상경한 이후 그동안 나름대로 틈틈이 써 모았던 글들을 편집해서 엮어보고 싶은 건 왜일까.

사람이 삶에 있어 가치관의 큰 변화라든지 일생에 영향을 받는 일이 있다면 나의 경우 군에 있을 때 병원에 장기 입원을 했던 때인 것 같다. 가을 어느 날 병원 2층 창문가의 침대를 사용했는데 바람 한 점 없이, 이슬비가 부슬부슬 내리던 그날, 창문 앞 느티나무에서 노랗게 물든 나뭇잎 하나가 가만히 떨어져 땅위에 주저앉는 게 아닌가. 난 그 나뭇잎이 눈앞에서 떨어져 땅에 뒹구는 걸 보며 내 인생도 저 나뭇잎처럼 될 것 같다는 생각에 얼마나 울었는지 모른다. 꼭 그 잎이 나의 삶 같았다.

어머님이 힘들다고 가지 말라던 해병대에 지원해 가더니 폐에 병을 얻어 부모님보다 앞서 간다면 이보다 더한 불효와 애통한 일이 어디 있겠는가.

삶에 관한 회의, 병에 관한 좌절, 미래에 대한 절망 속에서 투병은커녕 그저 그렇게 지낼 때 병원 내 군인 교회에서 부흥회(목사님을 초청하여 예배를 드림)를 한다고 옆 침대 육군 상병의 권유를 받고 마지못해 병원 내 군인 교회에 갔다.

3박 4일 기간 중 잘 모르지만 시키는 대로 성경을 읽었고 찬송가를 불렀다. 적어도 삶에 관한 좌절과 절망 속에 병상생활 중인 나에게 그 며칠간은 이해되지 않는 여러 가지 현상들을 보면서 생각과 가치관이 변했다.

가장 큰 마음의 변화는 이 병은 죽을병이 아니라 하나님의 영광을 나타내기 위한 것이라는 믿음을 가지게 된 것이다.

천래의 복음이요 재생의 희망이라는 기독교 즉 예수 그리스도를 나는 그렇게 영접했다. 돌아보면 40여 년 전의 일이다.

그 이후로 가끔씩은 기우뚱하기도 하지만 삶의 방향, 목적 등 초점은 항상 거기에 있었다.

이 글들을 모아서 내는 것도, 감히 글을 써서 펴는 것도, 나의 능력 밖이다. 난 고3 시절 어지간하면 다 붙던 예비고사에도 떨어졌다. 내 나름대로 열심히 했다고 생각하나 결과는 본고사를 치를 수 있는 자격도 부여받지 못했다.

이듬해 고향에 내려가서 지내다 다시 부산으로 가서 냉동기술학원을 수료한 후 영도에 있는 선박회사에 근무하다 친구의 권유로 부산 공업전문대 원서를 손에 넣었고 이를 악물고 공부했다. 이때는 체력장 시험이 없어져 체력장 점수가 빠진 상태였으나 결과는 합격이었다. 재수를 해서 전문대에 들어가는 격이 되었다.

그때 딱 46일간을 공부했으나 정말 열심히 한 것 같다. 도서관에 아침 일찍 제일 먼저 들어가서 제일 늦게 나왔으니 말이다. 솔직히 학과 선택도 점수에 맞추어 토목과를 지원했다. 그래서 내 인생과 토목은 밀접한 관계가 되었다.

졸업할 때 토목인으로서 어떤 길을 갈까 고민하다 나보다 남을 위해 사는 것이 공직이기에 그 길을 가자고 마음을 먹고 공무원 시험을 보았다. 졸업 후 서울시, 부산시, 경상남도 시행 공무원 시험을 응시하여 전부 합격하였다.

제일 먼저 함안군청으로 발령이 나 군청 새마을과에 근무하다 서울시 종로구청으로 발령 통보를 받고 근무를 할 때이다.

서울에 발을 디딘 지 얼마 되지 않아서 7급 공채시험이 있었는데 그때도 대학에 들어가기 위해 했던 것만큼 정말 열심히 했었다. 버스 안에서도 밥을 먹을 때에도 공부한 것을 되뇌었다. 내가 한 건지, 내 속에 있는 그 무엇이 한 건지, 집중적으로 공부한 결과 합격이었다. 한양공고에서 시험을 보던 날 마치는 종이 울리면서 답안지에 수성펜을 놓고 시험관이 답안지를 거두어 갔을 때 허무함이 밀려드는 건 지금도 이해가 잘 되질 않는다.

예비고사에 떨어져 머리를 들지 못했던 나는 그 주 토요일 큰 형님에게 가서 자신 있게 소식을 전했다. “큰 형님, 동생이 해냈습니다. 공채시험에 합격하였습니다.”

그 옛날 예비고사에 떨어진 나를 보고 형님이 도전하라고 격려해 주셨기에 해냈다고…

큰 형님은 지금은 살아계시지 않지만 항상 내 마음에 계신다. 큰 형님의 도움으로 여기까지 왔다고, 이 모든 글과 영광을 감사하는 마음을 담아 고인이 되신 큰 형님과 아직까지도 건강하신 큰 형수님에게 돌리고 싶다.

보잘 것 없는 글들을 정리 후, 제목을 어떤 걸로 정할까 고민하던 중 온북스 출판사의 사장님께서 원고를 살펴보시고 본문 중에 ‘파도가 바위를 깎듯이’ 가 있는데 그 제목이 임 선생님의 지나온 삶에 대한 얘기나 전체적인 큰 틀에서 보기에도 그렇고 함축적 의미의 표현으로도 좋을 것 같다고 조언을 해 주셔서 그렇게 제목이 결정되었다. 생각해보니 ‘인내는 쓰나 그 열매는 달다’ 그리고 ‘고진감래’ 라고 파도가 바위를 깎는 것처럼 지난 40여 년을 높은 현실참여는 못 할지라도 주어진 위치에서 원망과 시비가 없이 매사를 성실하게 처리하면서 달려온 것 같다. 이 모든 나의 삶들을 표현해주는 것 같아 제목으로 적격이었다.

또한 아는 선배님이 출판기념회를 하겠다는 나의 말을 들으면서 제목을 고민 중이라고 하였더니 딱 너에게 맞는 제목인데 '강은 강물을 버려야 바다를 만난다' 라고 의견을 주셔서 그 제목도 마음에 와 닿기에 부제로 정해보았다.

이 시대의 그리스도인으로서 섬김과 겸손, 그리고 헌신된 제자로서 '강이 강물을 버려야 바다를 만나듯이' 나보다 남을 위해 남은 삶을 영위해 보자고 자신에게 다짐을 하면서.

끝으로 책이 나오기까지 수고를 해주신 온북스의 배준석 대표님과 편집부에게도 감사함을 전하며 또한 조언을 해주신 시인이자 (사)국제문인협회 배용파 이사장님에게도 감사함을 전한다. 그리고 오늘날까지 내 옆에서 묵묵히 직장생활과 가정을 돌보며 두 자녀를 잘 키워준 내 인생의 동반자인 아내에게도 고맙다는 말과 사랑의 마음을 전한다. 우리 부부가 같이 직장생활을 하며 살아왔기에 좀 더 잘 챙기고 마음을 전하지 못해 늘 마음이 아프지만 별 탈 없이 잘 자라준 두 아들에게도 고마움을 전하고 싶다.

이 모든 글들은 어떤 때는 버스 안에서, 어떤 때는 책상 모퉁이에서 써본 서툰 글들이지만 이제껏 살아온 내 삶의 한 부분이자 내 마음속 깊은 소리의 표현이기에 책을 내며 소감을 밝혀본다.

앞으로도 틈틈이 계속 글을 쓸 생각이다.

모 일간지 횡설수설 난에서 오래전에 읽은 글이 생각난다.

문제는 거짓말이다. 부끄러운 일을 감추고 싶은 것은 인지상정이다. 그러나 거짓말은 진실을 말할 용기가 없는 사람이 한다고, 또 옛말에 "속임수로 얻어먹는 빵에 맛 들이면 입에 모래가 들어갈 날이 오고야 만다"라고 읽었는데 정직이 최선이라고 가르쳐 주신 고향의 전항구 할아버지와 붓글씨를 가르쳐 주신 김영배 할아버지에게도 감사하다고 말하고 싶다.

전문대 출신에서 공학 박사, 토목기사 2급에서 도로 기술사 그리고 이공계 출신으로 문단에 등단하기까지 돌아보면 살아오면서 목표를 설정하여 주경야독으로 나름 성실히 살아온 결과가 아닌가 소고해 본다. 천상에 계실 두 분 아버님과 어머님에게도 감사하다는 인사를 꼭 드리고 싶다. 착하게 살라고, 잘 살아가라고 말씀해주신 두 분의 유훈을 떠올리면서…

2016년 12월

대모산 기슭에서 **임 대 성**

차례

1부 믿음의 이야기

2부 수험시절 이야기

3부 문학시절 이야기

1부

믿음의 이야기

새해년을 맞으며

내가 진실로 진실로 너희에게 이르노니 내 말을 듣고 또 나 보내신 이를 믿는 자는 영생을 얻었고 심판에 이르지 아니하나니 사망에서 생명으로 옮겼느니라 (요 5:24)

자기의 기쁘신 뜻을 위하여 우리로 소원을 두고 행하게 하시는 전능자의 그늘 아래서 두렵고 떨리는 마음으로 필을 들어본다. 임술년 태양의 솟음이 엊그제 같더니 벌써라기도 전에 서산에 기우는 것이 회환에 젖게 하며 한 해를 돌아보게 한다. 한 사람 한 사람 개인의 삶에 있어 적지 않은 변화가 있었겠지만 진실로 우리는 얼마나 많은 가치를 지향했으며 얼마나 귀한 것을 심고 얼마나 거두었는가.

빈 종이를 내놓고 낙서만 하다 작품을 만들지 못하고 넘기는 어설픈 화가처럼 소일하지 않았는가. 우리는 얼마나 눈에 보이던 보이지 않았던 사랑을 베풀었으며 다수에게 자기의 믿음이 요구하는 길을 걸었는가. 나는 교인입네하고 외식과 형식에 치우쳐 바리새인처럼 행동하지 않았으며 종교적인 틀에 박혀 굳어진 채 한 해를 넘기지 않았는가. 위선의 어리석음 속에 갇혀 공의와 하나님의 무한하신 사랑을 자연스레 잊은 채 도전이 없고 정복이 없는 평탄한 길로만 걸으려고 하지 않았는가.

형제여! 자매여! 눈을 들어 밭을 보라하신 주님의 지상명령에 우린 얼마나 접근하기 위해 경성했던가. 한 해를 넘기고 한 해를 맞기에 앞서 자신을 성찰해 보며, 한 번쯤 엄숙해져야겠다. 진실로 전지전능하신 하나님의 안위 안에서 살고 이 세상의 마지막이 주의 나라의 시작이라는 사실은 적어도 우리에게 재생의 희망이요, 천래의 복음이기에 참된 믿음의 씨앗을 가졌다면 싹이 나고, 생활 속에 열매를 맺는다고 배웠다. 이제 묵은 먼지를 털고 새로운 키를 잡기에 앞서서 필을 든 부족한 자신도 이 글을 읽는 형제자매님도 경건한 마음으로 하늘을 우러러 보지 않으려는가. 그리하여 그리스도 그분께 잡힌바 된 그것을 잡으려고 우리의 젊음을 달려가자.

젊음은 인생의 황금이니 대의 안에서 작은 고독도 외로움도 이해되어지지 않는 신앙의 고민도 다 맡기고 한 해를 맞으며 새로운 것을 잉태하자. 결코 십자가 없이는 면류관도 없는 것(NO Cross, No Crown)처럼 온전히 우리를 위해 몸을 버리신 그리스도 그분을 위해 깨어 일어나자. 세상의 어느 누가 알아주지 않더라도 혹은 외면할지라도 빛 되신 주님이 너의 수고와 간구함과 행함을 안다고 하니 어찌 낙망하여 참 만족이 없을손가?

천지와 바다와 그 가운데 만물을 운행하시는 자가 우리와 함께하시니 이제 정복하고 인내하며 위험을 범하며 모험을 시도하면서 미지의 길을 걷는 개척자처럼 주어진 환경 속에 승리만을 기록하자. 한 해를 돌아보면 실패한 것도 많다. 낙망된 것도 적지 않다. 못 다한 일도 많다. 허나 잘되었던 잘못되었던 접어야 하는 시점에서 모든 것을 잊고 새 푸대를 준비해야겠다.

주님께 간구해본다.

"주님! 새해에는 주님께서 우리의 생활을 좀 더 조화시켜 주시고 진실로 값있는 것을 발견하는 슬기를 더 많이 허락해 주십시오. 그 슬기가 행할만한 믿음을 더 굳게 하여 주십시오. 당신이 우리에게 베푸신 끊임없는 은총에 보답하는 것은 진정 이것뿐인 줄 압니다. 주님 좋은 것으로 우리의 소원을 만족케 하사 영광중에 주님을 만나길 원합니다. 실로 부족하고 무능한 우리지만 온전히 하나님의 인치심 안에서 삶이 영위되길 원합니다. 존귀와 영광을 하나님께 영원히 돌립니다. 아-멘."

〈장충청년 123호 / 83. 1. 16〉

상경 한해를 돌아보며

네가 만일 네 입으로 예수를 주로 시인하며
또 하나님께서
그를 죽은 자 가운데서 살리신 것을
네 마음에 믿으면 구원을 얻으리니
사람이 마음으로 믿어 의에 이르고
입으로 시인하여 구원에 이르느니라
(롬 10:9~10)

"내가 이미 얻었다 함도 아니요 온전히 이루었다 함도 아니라 오직 내가 그리스도 예수께 잡힌바 된 그것을 잡으려고 좇아가노라–" 사도 바울의 신앙 고백이다.

2,000여 년 전의 바울처럼 그리스도 예수 안에서 잡힌바 된 우리들, 우리의 지식과 이성으로 이해되지 않는 여러 가지 사실들을 오로지 믿음의 눈으로만 바라볼 수 있는 그 엄청남과

광대하심을 어찌 글로써 다 표현할 수 있겠는가.

이월 초하룻날은 그를 향해 계획을 갖고 그를 위해 작은 푯대를 세운지 한 해가 된다. 모든 이에게도 마찬가지겠지만 작은 나에게도 회포와 회환이 인다. 세월의 빠름을 많은 사람들이 갈파했으나 진정 흐르는 물이라면 과언일까.

내년 이맘때쯤에는 하고 생각해 보았던 여러 가지가 펴지지도 않은 채 계획 그 자체로 있기에 아쉬움이 인다.

"하늘을 우러러 한 점 부끄럼이 없으라"고 윤동주 시인이 노래했건만 돌아보니 다듬어지지 않은 신앙의 인격은 위로하기보다 위로받기를 원했으며 남을 존경하기보다 존경받기를 원했고 형제를 향해 이웃을 위해 기도해야 한다고 마음먹었으면서도 많이 간구하지 못했고 중보하지 못하였고 봉사하지 못하였음이 안타깝다.

적어도 우리에게 있어 종말은 마지막이 아니라 시작이고 보면 다수를 향해 해야만 할 일에 접근하기에는 지금 나의 여러 모습들이 실로 부끄럽다.

그리스도 안에 있는 나의 삶은 내가 원하든 원하지 않든 택해 세워져 있기에 단지 내가 위로받는 것은 내가 원하는 만큼 가지 않았을지라도 그가 그 만큼만 허락했다는 것으로 격려해 본다.

동기야 어떠하든 직업에 있어 소명을 가진 이가 적진 않지만 너희는 땅을 정복하고 지배하고 다스리라 했으니 이 말씀의 엄청남은 나로 하여금 삶의 철학이 바뀌게 하고 생의 목표를 변하게 한다. 허나 공직에의 두 번째 걸음이었던 모 구청 토목과에 근무하는 동안 사회에서 대인간 경험과 실제 실력이 부족한 자신은 지혜롭게 매사에 임하지 못했고 인화도 도모하지 못했다. 뒤에서 따라만 다녔고 연회석에 윗분 앞에 앉았을 때는 좀 더 능동적이거나 적극적이지 못한 채 술잔 앞에 고민만 더 했다. 변한 현실은 갑자기 혼자가 되었기에 외로움이 밀려오고 고독과 싸워야 하고 목적의식이 흐려져만 갔다. 그럴 때마다 주께만 미뤘지만 상경, 그 자체에 대해 회의를 느꼈고 시대를 향한 작은 소명도 그럴 때 나를 고무시키지 못했다.

나는 어린이가 아니건만 상경 뒤 달포나 지났을까.

아버님의 서신을 접했다. 글이 짧은 편인 아버님이시지만 겉봉투에 적힌 큼직한 글자체가 나로 하여금 그 무엇이 가슴에서 치밀어 오르게 하면서 눈앞이 아른거린다.

나는 조용히 일어나 복도로 나갔다. 창문을 열고 인왕산을 바라보며 나직이 아버님을 불러보았다.

"아버지, 저는 아마 못난 자식인 것 같습니다. 현실에 이렇게 역겨워 하니요. 이것도 극복하지 못하면서 무슨 일을 하겠습니까. 아버지……."

눈물이 볼을 타고 소리없이 흘러내렸다.

나도 모르겠다. 왜 그처럼 슬픔이 일었는지… 고향의 동네 어른들 생각이 난다.

'정직이 첫째라고 말씀하시던 전항구 할아버지.'

'붓글씨를 가르쳐 주시며 인내를 이야기 하시던 김영배 할

아버지.'

나에게 기대를 걸고 나를 위해 기도하는 많은 사람 생각도 난다.

'주님, 나는 수신이 되지 않습니다. 극기가 되지 않습니다. 마음은 원이건만 육신의 약함이 나를 방해합니다. 주님, 나의 힘으로 되지 않으니 주께서 하소서.'

곧 치를 시험 생각이 났다. 15명을 모집하는 공채.

그렇다, 도전! 이는 숙명이기에 결코 좌절하거나 포기하지 말자. 좌절! 그 자체도 주께서 허락하신다면, 내게 주어진 갈등과 고민을 달게 여기겠다고 다짐해 보지만 조직이 요구하는 모든 것에 불평과 불만이 인다. 다른 사람 눈에 비치는 것보다 내가 보는 내 모습이 실로 적었기에.

허나, 삶은 일구어야 하고 좋든 싫든 내디딘 발걸음이기에 정진하다 보니, 주님 도우심에 서울시 7급 공채에 합격되었다.(당시 9급으로 근무 중이었음) 다른 이에게는 의미가 없을지 몰라도 적어도 내게는 공직이란 조직사회에서의 몇년이 앞당겨졌기에 주의 도우심에 감사를 드린다.

내가 읽은 책들 중에 일본의 도쿠가와 이에야스를 생각해 본다. 혼란했던 전국시대를 통일하여 300년의 토대를 닦은 사람. 그의 그 무엇이 그렇게 하였는지 두고두고 묵색하게 만들며 영원한 나의 숙제이다.

방송통신대 행정학과 3학년에 편입이 되었다.

그전에 부산공업전문대 토목과를 나왔지만 공직에 있으려면 행정을 좀 알아야 되겠다 싶어서였다.

'주님, 저들은 학부로 정진하고 유학도 가지만 저는 그러질 못해, 비록 거북이 걸음일지라도 이 걸음이 주를 위해 주께서 인도하는 자국이라면 내일의 세대를 앙망하며 주의 품에 안겨 걷겠습니다.'

합격통지를 받은 나는 하늘을 우러러 앙망했다.

또한 교회의 택함에 있어 목회자를 보고 가는 것은 아니지만 장충교회에 적을 두고 출석하기에 앞서 심히 망설였지만 주께서 허락하셨음에 이만큼 출석할 수 있음에 감사하다.

내가 마음으로 계획할지라도 그 걸음을 인도하는 자는 여호와시니 할 일 많은 이 땅 위에 하나님 나라 건설을 위해 초지일관할 수 있기를 다시 한 번 서원해본다. 지난 한 해 트란싯을 메고 부암동 골목을 누비던 일도, 더운 여름 서울대 행정대학원에서 땀을 훔치며 출석수업 받던 일도, 축구선수 간증 앞에 토했던 웅변도, 평창동 도로설계를 잘못해 과장님이 불같이 노해 '책임을 져! 책임을!' 하던 그 시간도 이제 과거가 되어 버렸기에 묵은 앨범에 꽂아야겠다.

이해되지 않는 안타까움은 저들에게 신앙을 심어도 그 마음들이 열려지지 않음이 안타깝다.

"주님, 어떻게 하면 저들에게 당신의 크심을 보일 수 있을까요? 어떻게 하면 당신이 역사의 主權者이시고 공의로 임하심을, 대자연의 대주재이심을 깨닫게 할 수 있을까요?

작은 존재인 저의 힘으로 되어지지 않음을 경험하였으니, 나의 행(行)과 나의 글로써 당신을 증거하기 원합니다. 이제 또 한 해를 살아가기에 앞서 당신이 들어 쓰신 이에게 허락하신 믿음보다 더 작지 않은 믿음주시고 우리에게 비젼을 허락하소서.

그리하여 또 한해를 보내고 필을 들 때에 좀 더 당신을 향해 진한 영광의 화음을 표현할 수 있도록 인도하소서. 올해는 나보다 남을 좋게 여기기를 원합니다. 설사 내가 신앙의 걸음이 피곤하여 주를 멀리 할지라도 주께서 저를 돌아보사 주를 앙망하게 하소서."

〈장충청년 128호 / 83. 2. 20〉

화합의 결실

"너희 사랑을 지식과 모든 총명으로 점점 더 풍성하게 하사……."

우리를 향한 主의 말씀이다. 구비 세월을 돌아서 기다리는 파수꾼의 심정으로 우리를 돌아보자.

몰입되지 않으면 터져버릴 듯한 젊음, 누가 먼저라기도 전에 우린 모였고 우리를 우리 되게 한 주님을 향해 찬양을 한다. 생기발랄한 인생의 꽃이랄 수 있는 시기에서 개성이 다르고 성장한 환경이 다른 너와 나이지만 그리스도 안에서 모여졌기에 진리를 외어보고 삶의 가치와 의미를 추구해 보자.

허나 세상은, 사회는 끝없이 우리를 유혹한다. 넓은 문을 향해 걸어가게 하려고 한다. 큰 입을 벌리고 가장된 웃음을 지으며 손을 흔든다. 황금과 같은 시간을 무의미하게 소비하게 하려고 한다. 찰나적인 쾌락을 제공하는 사회문화는 절제성과 도덕성을 잃어버리게 한다. 허나 우리는 쓰러져가는 자아를 부둥켜안고 어떡하든 죽은 자 가운데서 일어나 개척의 멍에를 메어야 하지 않을까?

실로 사회적인 높은 현실 참여는 못할지라도 主가 요구하는 만큼의 위대한 인격에 접하지 못할지라도 다수의 보편적 이익을 위해 달음박질해야 하지 않을까?

평생교육화 하는 사회정책 내에서 앞서 간 신앙 선배들의 뜨거운 고백들을 탐독하는 것은 적어도 우리에게 있어 가치가 있으리라 믿어본다.

누가 먼저라기 전에 같이 기도하고 우리에게 필요한 것은 우리 손으로 만들어가자.

"이 세상의 어떠한 책도 너에게 행복을 베풀지 않는다. 그러나 살며시 너를 너 자신 속으로 돌아가게 한다."는 헤르만 헷세의 말처럼 구체적인 대안도, 무엇보다 필요한 예산도 계획되어 있지 않지만 主가 하시리라 믿는다. 할 일이 많고 문제가 많은 이 땅 위에서 내일의 主人이 될 우리들을 위해 기도해 주시는 많은 성도님들을 상기하면서.

〈장충청년 137호 / 83. 4. 24〉

4박 5일 동안의 여정

"나는 많은 체험을 통하여
신은 그 행위의 동기가 순수한 사람에게는
반드시 자비를 베푸신다는 확신을 얻게 되었다."

-마하트마 간디-

여러 가지 복잡한 가운데서 모든 것을 떨치고 고향으로 향했습니다. 여기에는 결단을 필요로 하고 행위하지 않는 것보다 행위하는 것이 더 외롭고 괴롭지만 내 나름의 작은 신앙이 나로 하여금 용기를 내게 한다고 할까요.

경부고속도로로 펼쳐지는 전경에 온 정신이 빼앗깁니다.

고층 건물, 많은 사람들, 전차 벨소리, 바쁜 일과 쉴틈 없이 돌아가는 이 모든 것이 우리의 삶 아닙니까?

직장이란 조직사회 속에서 우린 개성이 파괴되고 기계화되어 간다고 들은 적이 오래지만 달리는 버스 속에서 싱싱한 신록이 온 산야를 더 젊게 보이게 하고 늘어진 가시나무 사이에 낀 하얀 아카시아 꽃다발들은 창조주를 찬양하게 합니다.

그래 진실은 명예를 구하지 않고 참 진리는 참 자유를 얻나니 한편으로는 외롭고 믿음을 잃은 패역한 세대에 대한 울분도 일지만 내 마음을 다시 다지며 하나님 앞에서, 그분이 지은 자연 속에서 좀 근신하리 마음을 다졌습니다.

내 고향은 경남 함안인데 6.25사변 전에는 군 소재지였으나 사변 후 소재지 이전으로 구 소재지이고 인구 8,000명 정도로 초등학교 한 곳, 중학교 한 곳이 있는 크지 않은 자그마한 동네입니다. 급속히 변하는 산업화 물결 속에 도시화의 형성으로 어느 곳이나 같지만 내 고향도 이농 현상으로 젊은 층이 적습니다.

동네 어른 집에 들어가 가장 먼저 한 것은 양복을 벗었습니다. 동네 어른들 앞에 양복을 입고 인사를 드리는 것이 거리감을 주는 것 같았기에 말입니다. 주일예배는 함안읍 교회에서 보았습니다. 김성민 목사님이 시무하시는데 부족한 저하고 개인적인 말씀을 많이 나누었지만 무언가 경건과 거룩이 이분에게 있어 보입니다. 거룩한 그 형언할 수 없는 인격이 나를 누릅니다.

회개를 너무 강조하시기에 전에는 약간의 신앙적인 반발도 생긴 적이 있지만 주 앞에서 그 깊은 의미가 요 며칠간 나의 마음속에 와 닿습니다. 그것은 다시 교회에서 너무 많은 소리를 듣고, 덕이 되지 못하는 행위를 보고 외식에 젖어지는 -나 역시도- 하나님을 위한 소리보다 교인들의 듣기 좋은 소리로 변모해 가는 종들을 보고 안타까워짐이 그런지는 모르겠습니다.

물은 고여 있으면 썩지만 시대는 부패해도 교회는 그 내부가 흔들려서는 안 되겠습니다.

11시에 대 예배를 드리는데 남자석도 여자석도 자리가 비워 있음이 안타까워 집니다. 복음의 바퀴로서 그 그릇이 온전치 못한 저이지만 이웃에 이 보배로운 소리를 어떻게 하면 들려주는 바퀴가 될까 생각하니 어깨가 무거워져 하늘을 우러러 봅니다. 교인들과 인사를 나누는 가운데

"아이고, 임 선생 오셨구만 감사합니다."

남의 속도 모르고 그러는 성도님들 앞에

"그동안 별 일 없었습니까?" 나도 웃음을 건네는 가운데 내 머리에 스치는 것이 있습니다.

그것은 다른 사람 아닌 나의 젊음은 이렇게 가는구나. 다른 이들은 휴일이 되면 낚시다 등산이다 산으로 바다로 향하지마는 나는 교회로 향해 복음송을 부르고 주의 일을 돕고 그렇게 젊음이, 이 한 번뿐인 젊음이 가는구나 생각하니 아쉽기도 하지만, 그래 이 길이 진짜이니 이 길 위에서 후회라든가 아쉬움이 있을 수 없다고 마음을 다집니다.

주일 저녁에는 정승파 사장님을 데리고 갔습니다. 우리 동네에 거액을 투자하여 식품공장을 차리셨는데 그 경영이 잘 안 되는 모양입니다. 먼저번부터 이분을 교회로 데리고 간다고 마음을 먹고 있었는데 시간이 잘 맞지 않다가 드디어 찾아가

"사장님 있습니까?" 하니

"응 들어오게." 하십니다.

"교회 가입시더. 저하고." 하니

"뭐 교회?"

그때 밤 8시가 다 되었습니다.

"지금 개국하는데 이것 보자." 합니다.

난 그때 결단했습니다.

"사장님 안 됩니다. 같이 가입시더. 낮에 간다 안했습니까?"

거듭 재촉하며 끄니 행동이 그렇게 일변할수야 당장 일어나 입고 있는 반바지를 벗고 옷과 양말을 신습니다. 교회는 배재고교 당시 다닌 외는 없다고 합니다.

"사장님, 마음 잘 먹었습니다. 앞으로 계속 가입시더."

집을 나서 교회로 향했습니다.

그 걸음이 그렇게 가벼울 수야. 우둔한 이 글로 다 표현할 수 있을까요.

"사장님 기업을 잘 일으켜서 교회 잘 받들고 지역사회 빛이 되십시오. 할 수 있고 될 수 있습니다."

하니, 웃음으로 받아 넘깁니다.

근래에 좋은 날씨로 월요일은 화창합니다. 집에 있는 불독 쫑을 끌고 들로 나갔습니다. 푸른 자연이 이렇게 좋을 수가 있습니까. 누가 고향은 영원한 어머니 품이라고 했습니까? 봉우산을 바라보니 산의 고고함에 어깨가 무거워지고 여항산(일명 각디미산)을 바라보니 기가 솟는 것이 너무나 행복하고 기쁩니다. 그리고 하늘과 주위의 산을 바라봅니다. 어디서 종달새 소리가 들려옵니다. "지지배배… 지지배배… " 쳐다보니 날개로

조정하는가요 가만히 공중에 멈추어 서서 웁니다. 그냥 웁니다.

보리가 푸르고 마늘도 컸고, 못자리에는 어린 모들이 가지런히 서 있습니다. 예수님은 한 알의 밀알이 땅에 떨어져 썩을 때에 많은 열매를 맺는다고 했습니다. 십자가 없이는 면류관도 없다 했습니다.

'푸르름, 그렇다 이것이다. 일생동안 이걸 간직하고 가자.' 싱싱한 신록 속에 거선의 기관과 같은 굵직한 심장의 고동소리가 자연 속에 서 있는 나의 귀에 들리어 옵니다.

며칠 동안의 일정을 짠 나는 붓글씨를 가르쳐주신 할아버지를 찾아갔습니다. 올해 72세로 우리 동네 경로회 회장이신데 대할 때마다 느끼지만 훌륭한 인품과 인격을 갖추신 분입니다. 붓글씨 솜씨 또한 우리 지역에서 최고이십니다.

난 길 '영(永)' 자를 썼습니다. 검은 먹이 붓끝에서 다듬어져 글이 될 때 마음이 평안해집니다. 난 글 솜씨가 좋지 못하지만 그 자체가 좋아 붓을 듭니다. 여러 말씀을 나누는 가운데 물욕(物慾)이 없어야 된다는 군요. 전에 같으면 예사로 들었을지 모르지만 그 말씀은 예사로 들리지 않았습니다. 그 단계가 쉽지도 않지만 그것이 또 기초인데 깨달음이 머리에 번집니다.

오후에는 못자리에 물비료(영양제)와 살충제를 치기 위해 분무기를 어깨에 지고 어머니와 같이 논으로 갔습니다.

우리 어머니! 이는 정말 이 글로써는 다 표현하지 못한답니다. 누구에게나 다 어머님이 계시고 귀하겠지만, 병약한 아버님을 모시고 농사를 도맡아 지으며 나를 이만큼 키운 우리 어머니, 인생의 낙도, 인생의 아기자기함도 모른 채 인생을 흙속에서 묵묵히 지낸 우리 어머니. 그래도 또 자식 왔다고 객지에서 고생한다며 소뼈를 정성껏 끓여주시는 그 모습! 이 모든 것들에 저는 무엇으로 보답을 해야 할 지 모르겠습니다.

이제는 자식의 갈비뼈를 찾아주신다고 앉으나 서나 누구 집 처녀 어떠하고 누구 집 처녀 어떠하고… 어머니 부디 집안살림이 이만큼 펴졌으니 농사를 남 주시라고 해도 결혼시키기 전에는 하시겠다는 그 마음과 그 사랑을 따를 수가 없을 것 같습니다. 지식과 지혜가 아무리 많아도 사랑이 없다면 인생은 정말 삭막하고 허무할 것 같습니다.

이튿날도 오전에는 묵향에 젖었습니다.

선비들의 기개와 지조가 생각납니다. 성삼문의 한시 "擊鼓催人命 回頭日欲斜 黃泉無一店 今夜宿誰家(격고최인명 회두일욕사 황천무일점 금야숙수가)"라는 좋아하는 한시가 떠오르는데 그 뜻은 이렇습니다. 「북소리가 사람의 목숨을 재촉하는데 머리를 들고 보니 해는 서산에 넘어가는구나. 저승길에는 주막집도 없다 하는데, 오늘밤은 누구 집에서 자고 갈꼬.」

그를 가리켜 조선의 한줄기 빛이라 하는데 무엇이 그를 그 되게 하였는지 깊이 생각하고 크게 깨달아서 성실히 실천해야겠습니다.

날씨가 맑습니다. 구름 한 점 없는 하늘! 창조의 아름다움은 참으로 경이롭습니다. 모양대로 나무는 잎을 내고 여항산의 마당바위는 청자 연적처럼 빼어 보이고 봉우산의 아름다움은 그 정기가 사면에 비치는 것 같습니다. 나는 조용히 교회로 갔습니다. 본당은 페인트칠을 하기에 교육관으로 들어갔습니다. 70년의 역사가 있는 이 터, 마루가 삐걱이고 강대상은 낡아 보여도 그 성상 속에 무수한 기도와 도고들이 바람을 타고 유리창을 때리는 것 같습니다. 나는 재단 밑에 앉아서 잠언을 읽었습니다.

"여호와를 경외하는 것이 지식의 근본이고 지혜의 근본이니…" 한 구절 한 구절 읽는 가운데 묵상에 잠깁니다. 내 마음이 외롭고 괴롭고 해야만 할 일을 해야 하는 좁은 땅위에서 오로지 주께 의지하고 모든 걸 맡기고 싶습니다. 적어도 나의 행위 속에 주의 영광만이 드러나길…….

주님이 선장이고 나는 조타수라면 조타수는 선장을 우러러봅니다. 마음이 청결해지는 것 같습니다. 표현할 수 없는 평안이 엄습해 오는 것 같습니다. 그렇습니다. 선장님, 파도가 아니라 폭풍이 쳐도 이 평안이 없어지지 않도록 도우소서. 오후 한 때의 고요함 속에 세상사의 모든 것을 잊고 잠언 속에 파묻힙니다. 어리석은 자는 모든 말을 믿으나 슬기로운 자는 행동을 삼간다 하니 내 마음에 닿는 구절구절을 적어봅니다.

어제는 집에서 늦게 잤기에 새벽기도에 마음을 먹었지만 참석 못한 것이 못내 아쉬워 모포를 가지고 교회로 가서 잠을 청했습니다.

함안읍 교회에는 새벽마다 교회 종을 치는 한 성도님이 있습니다. 그분에 대해선 상이용사라는 것 외에는 잘 모르나 한마음으로 새벽마다 4시가 되면 종을 칩니다. 3시 30분에 그분이 교회로 왔습니다. 의자에 누웠다 내가 벌떡 일어나니 놀라셨지만 웃으며 대합니다. 댕그렁 댕그렁—, 고요한 밤에 교회의 종 바로 옆에서 홀로 앉아 듣는 그 소리는 간구되어 퍼집니다. 이 지역사회 속에서 주님 아는 자 더 많이 나게 하소서. 주의 축복이 이 동네를 변화시키소서. 주여! 주여! 나의 주여, 종소리는 계속 울립니다. 나는 정말로 부족하고 정말로 무능하지만 나는 주의 바퀴가 되고 싶습니다. 이 바퀴로 소리가 나지 않고 잘 구르도록 주님, 인도하십시오.

정의가 존중되고, 진실이 빛을 내고, 고귀한 것에 대한 추구와 가치 있는 것에 대한 삶의 대열에 서서 다수를 섬기는 종으로서 주를 따를 수 있도록 주여 도우소서. 주님이시여 나는 부족하고 무능하여 아무것도 할 수 없음을 고백하오니 주가 때에 맞는 말과 유머와 여유를 허락하소서.

주님 나의 주님, 이 세상 속에서 진실로 의지할 것은 당신밖에 없습니다. 진실로 믿을 것도요. 새벽 예배를 드립니다.

아! 나는 탄성을 지릅니다. 빛이 어둠을 밀어낸다더니 닭모가지를 비틀어도 새벽은 온다더니 어두운 대지가 유리창 저 너머로 밝아옵니다. 바로 그 경계에 내가 서 있는 것 같습니다. 말씀은 단위에서 내리고 봉우산의 무성함 그 너머로 밝음이 옵니다. 정말 경이롭습니다. –빛이 어둠속에 임하니 –복잡한 공간 속에서 그냥 여유 없이 자신을 몰아붙이다 자연에 접하니 여러 가지의 은총에 감사할 뿐입니다.

새벽, 동네의 마을길을 혼자 묵색에 잠기며 걷습니다. 인생이란 무엇인가? 결국은 혼자가 아닌가? 세월이 좀 더 지나면 나도 늙을 것이고 사회 속에서 아둥바둥 거리다 세상을 떠나겠지. 무엇을 세우며 무엇을 위해 살아야 하나. 봉우산을 바라보며 터벅터벅 걷습니다.

다음날도 교회에서 자고 새벽예배를 드렸습니다.

고향 교회에 할아버지 한 분이 계십니다. 내가 쓰고자 하는 것은 그분의 수염입니다. 관운장의 수염보다야 길지 못하겠지만 기다란 그 수염은 그 무엇을 젊은 나에게 주는 것 같습니다. 지금 예수 4대 집안인데 교회에서 귀한 재목이랍니다. 노후의 얼굴이 그렇게 평안하며 고이 늙어 뵈일 수가 없습니다. 새벽마다 재단 쌓는 할아버지, 설교 말씀을 들을 때 가끔씩 “주여” 할 때 나의 가슴을 쿵쿵이게 하는 할아버지, 그 인생 속에 순수함과 근면함과 참된 신앙의 인생을 보는 것 같습니다.

5일날 아침은 고추밭에 닭똥을 주기 위해 똥장군 3장군을 전날 채워두었다 밭으로 가져갔습니다. 리어카에 실어서 끄니 닭똥 냄새가 고약합니다.

〈장충청년 149호 / 83. 7. 17〉

KAL과 우리

그러므로 이제
그리스도 예수 안에 있는 자에게는
결코 정죄함이 없나니
이는 그리스도 예수 안에 있는
생명의 성령의 법이
죄와 사망의 법에서
너를 해방하였음이라
(롬 8:1~2)

자기의 갈 길을 아는 사람에게 세상은 길을 열어준다고 한다.

힘이 없다는 것은 상대적이기 때문에 조용하게 지낼 때는 모른다. 하지만 어떤 경위에 의해 도출되었을 때 힘이 없다는 것을 통감한다. 개인이든 국가이든 마찬가지 아닌가?

경로야 어찌하든 15개국의 민간인을 태운 우리 민항기가 앵커리지를 출발하여 김포로 향하다 글자 그대로 피격된 사건이 난지도 보름이 지났다(조금은 분노가 침식되는 것 같다).

생각하지도 않았던 사건이 엉뚱한 곳에서 일어났을 때 우리는 과연 무엇을 분별해야 하며 생각해야 하나, 매스컴은 온 세계가 분노한다고 하고 배상 요구에 동조한다고 하지만 좀 더

냉정히 보면(결국 우리의 문제는 우리 손으로) 자국의 이익을 배려하는 범위 내에서 동조하지 않는가. 이 사건은 우리에게 여러모로 시사하는 것이 크다. 민간인을 태운 민항기를 미사일로 떨어뜨린다는 건 정말 하나님의 천벌을 받아 마땅한 깡패와 같은 소행이다.

이성을 가지고 있고 진실로 자유와 평화를 사랑한다면 가슴속에 치미는 것이 있을 것이다. 저들은 사실 왜곡과 책임처리에 나아가 적반하장 격으로 나는 강대국입네 하지만 언젠가는 역사 앞에, 진실 앞에 무릎을 꿇을 것이다.

세월이 지나다 보면 모든 것을 망각해간다. 그러나 우리들의 젊은 분노는 마치 알루미늄 냄비와 같이 쉬 더워졌다 식어서는 안 되겠다. 어리석은 자가 되지 말고 여호와의 뜻을 분별하여 은밀한 호흡을 쉬지 말자. 우리의 역사 저 너머에서 은밀히 쳐다보며 인도하는 여호와께 맡기자. 그리고 우리의 걸음은 결코 화려하진 않을지라도, 높은 현실 참여는 없다하더라도 다수의 보편적 이익에 기여되기를 진심으로 원하며 재 정돈해 보지 않으려는가? 서두에 쓴 것처럼 세상은 자기의 존재이유와 갈 길을 아는 사람에게 길을 열어 준다고 했으니…

그리하여 세계 속에 우리가 되는 것이 희생된 269명을 위하는 것이라 진심으로 믿어본다.

〈장충청년 160호 / 83. 10. 2〉

비한悲漢

사람은 죄를 지어서는 안 될 자이면서 죄를 짓는 자이다. 그는 깨끗할 의무와 힘을 가졌으면서 깨끗하지 못하다. 그는 천사(angel)가 될 자격을 갖추고서도 가끔 짐승에까지 떨어진다.

올라가면 하늘위의 사람이 될 수 있고 내려가면 지옥의 마귀가 된다. 무한한 영광과 무한한 타락. 그 어느 것도 그가 도달할 수 있는 경우이며 그는 그가 살아있는 지구와 마찬가지로 天頂(Zenith)과 天底(Nadir) 두 극점의 중간에 존재하는 것이다. 내려가기는 쉽고 올라가기는 어렵다. 내려가려면 양심의 가책이 있고 올라가려면 肉慾이 방해가 된다. 내가 원하는 바는 행하지 않고 싫어하는 일을 행하게 된다. 나는 두 개의 나로 이루어져 있으며 하나의 나는 또 하나의 나와 늘 싸우고 있다. 참으로 이 인생은 싸움의 인생이다. 세네카가 친구 루시러스에게 보낸 편지에 이런 말이 있다.

" Vivere, Mi Luciliaa, Militare cst(친애하는 루시러스, 나에게 있어서 산다는 것은 싸움이다)"

인생이 즐겁다고 하는 사람은 누구인가. 내게는 하루도 한가한 날이 없고 관원 워털루는 내 마음속에서 매일같이 목격하는 바다.

전에 들었던 존 번연의 이야기가 기억난다. 그는 가끔 개와 고양이의 신세를 몹시 부러워했다는 것이다. 그 까닭은 개나 고양이에겐 사람이 겪어야 할 싸움이 없기 때문이라는 것이다.

사람은 누구나 불만이 있다. 내게 돈만 있으면 족하리라 생각한다. 그러나 돈이 주어져도 그는 평안을 얻지 못한다. 내게 착한 아내만 있으면 족하리라 생각한다. 그러나 그에게 행복한 가정이 주어져도 역시 그는 만족을 못한다. 사람은 자기 속의 결핍을 인정하지 못하고 이를 외부의 결핍으로 돌리며 안을 채우려 하지 않고 밖에서 얻으려 한다. 내 원수가 나임을 알지 못하고 마음의 고통을 밖으로 터뜨리려고만 한다.

"네 속의 싸움과 다툼은 어디서 온 것이냐 내 몸속에서 싸우고 있는 욕심에서 온 것이 아니냐(약 4:1)."

그렇다 땅이 생겨서부터 오늘까지의 모든 싸움과 다툼의 원인을 캐보라. 그 모두가 욕심의 싸움이요. 자기의 불만을 다른 사람에게 터뜨리는 것이 아닌가. 뭉게르 박사는 말하였다.

“The unrest of this weary world is its unvoiced cry after God” −Munger(이 세상의 불만은 하나님을 찾는 소리 없는 외침이다).

우리는 하나님으로 인하여 비로소 평안할 수 있다. 세상은 최대의 행복을 찾고 있으면서 아직 그 최대의 행복이 무엇인지 모르고 있다. 웨슬리의 말을 다시 한 번 외워보자.

“무엇보다 좋은 것은 하나님이 우리와 함께 계시는 일이다.” − 내촌감삼의 구안록 중에서 −

가을이 깊어간다. 한 해가 저무는 마당에서 한밤에 글을 읽다 마음에 와 닿는게 있어서 옮겨본다. 왜 바울은 신심이 깊어 갈수록 더 부족함을 느끼었을까? 우주의 광대함과 광활함에 자기를 비추어 보았기 때문일까?

올해는 크게 두 가지를 하려 했는데 한 가지는 되었건만 한 가지는 그냥 넘겨야 하나보다. 그리스도 안에서 행한 작은 것 하나라도 나의 구속주이신 하나님께 영광 돌리면서…….

〈장충청년 166호 / 83. 11. 13〉

원로 홍천식 장로님

우리가 선을 행하되 낙심하지 말지니
피곤하지 아니하면 때가 이르매 거두리라
그러므로 우리는 기회 있는 대로
모든 이에게 착한 일을 하되
더욱 믿음의 가정들에게 할지니라
(갈 6:9~10)

안경 너머로 조용한 미소를 짓고 계시는 우리 교회의 원로 홍천식 장로님과 함께 약간의 시간을 내어 대화를 나누는 것이 우리에게 유익할 것 같아 장소와 시간을 허락받아 몇 말씀 나눈 것을 적어본다.

평범한 삶 가운데 일관하는 신앙에의 의지는 14세 때 학교 선생님으로부터 전도를 받으신 이후, 22세 때 집사가 되시고 35세 때에 평남 개천읍 교회에서 장로장립을 받은 이래로 하늘나라를 앙망하여 살아오셨다.

평북 상주에서 1914년에 태어나신 장로님은 종교를 배격하고 독재를 일삼는 공산정치에 반대 1 · 4후퇴 때 월남하셨는데 처음에는 영락교회에 나가셨다고 한다. 그러다가 수복 후 우리교회를 개척하기 위해 뜻을 세우시고 당시 이용성 장로님(조부 이정수 집사님), 곽현보 장로님(부친 곽창후 장로님)과 같이 1954년 2월 14일에 창립 예배로 장 · 유년 38명이 모여 바로 이 터 위에서 예배를 드렸다고 한다.

참된 신앙이 무엇입니까? 하고 물었더니 신앙의 굴곡은 없을 수가 없지만 특히나 어려울 때 중병이나 사업의 실패나 집안의 문제가 생기었을 때 더 굳어진다고 했다. 성경을 보며 기도하고, 교회 봉사하고, 성수주일하고, 물질 봉사하고, 손 대접하기를 힘쓰고 특히 손 대접하기를 힘쓰면 후손이 복을 받는다고 강조하시는데, 50대에 사업에 손을 대셨다가 실패를 보았다고 하셨다. 그것은 예수님보다 사람을 더 중요시하다 속임을 당하였다고 하시며 무엇을 하든 여호와를 경외하는 자로써 여호와 하나님보다 사람을 더 중요시해선 안 된다고 충고를 주셨다.

특히나 청년 시기에는 꿈과 이상이 있지만 나 중심이 아닌, 신앙중심으로 뜻을 굽히지 말고 천천히 펴나가라고 하시며 만약, 장로님이 유언을 한다면 돈이나 성공보다 신앙을 유전해야 된다고 하셨다.

신앙인으로서 주초문제를 어떻게 생각하십니까? 하고 물었더니 그것은 신앙이전에 절제문제라고 여기는데 먹는게 나쁘다기 보다 먹고 나쁜 짓하니까 나쁘다고 하신다.

“장로님은 인연을 잘 맺어주신다고 들었는데 적령기의 청년들로서 삶의 동반자를 어떻게 구해야 합니까?” 하고 물었더

니,

"거, 잘 물었습니다. 내가 보기에 요즈음 청년들은 물질에 비중을 많이 두는 것 같은데, 초생달과 만월을 예로 들면 만월보다 초생달이 더 낫습니다. 왜냐하면 초생달은 세월이 갈수록 더 커가지만 만월은 이미 찼으니 더 찰 것이 없기 때문입니다. 두 번째로 성격과 신앙을 보아야 합니다. 일생을 해로할 사람이기에 여호와의 뜻을 먼저 구해야지요."

라고 말씀하시는데 그 말씀 속에 상당한 의미와 무게가 가슴으로 저미어왔다.

이제 고희에 접어드신 장로님.

높은 현실 참여를 하기보다 필부로서 평범한 소시민으로서 지극히 평범해 보이는 삶 같지만 하나님 보시기엔 그렇지 않을 것 같다.

땅 위에 부자나 권문세도가나 여호와 보시기에 질그릇의 차이이지 꼭 같기에 일찍이 장로가 되신 이래 오늘에 이른 삶의 여정을 후배로서 쳐다볼 때 고고하고 아득하기까지하다.

이제 앞으로 남은 과제는 "우리 교회 30년사"를 쓰신다고 하니 노후에 심혈을 기울여 하시는 그 모든 일들 위에 큰 은총과 평강이 있기를 기도해본다.

〈장충청년 169호 / 83. 12. 4〉

국록을 먹는 사람

내가 받은 것을 먼저 너희에게 전하였노니
이는 성경대로
그리스도께서 우리 죄를 위하여 죽으시고
장사 지낸바 되었다가
성경대로 사흘 만에 다시 살아나사
(고전 15:3~4)

'하이데거' 가 한 말처럼 "사람은 던져진 생을 산다"고 합니다. 한 번 가고 한 번 사는 삶이길래, 이 삶이 귀하다고 하고 엄숙하다고 합니다. 던져졌길래 깨닫든 그렇지 못하든 자신만의 길을 걷고 자기만의 세계 속에 꿈과 나래를 폅니다.

던져진 삶을 위해 오셨고 던져진 삶을 위해 살다간 한 사람 예수님은 이런 말씀을 했습니다.

"내가 세상의 빛이라"고요.

빛은 밝기에, 어두움이 접근 못하는 것이고 어두움 자체를 정복한다고요. 영동의 한가운데에서 어두움은 더욱 더 번지는 것 같습니다. 질과 양을 더하는 술집들. 늘어나는 안마시술소, 번지르르한 여관하며 길손을 호도하기 위해 번쩍이는 네온사인들, 과연 이 모든 것이 누구를 위해 울리는 종인지요. 십년

후, 이십년 후…

이 터가 어떻게 변화 되어 갈지요. 유독 이 터가 더 요란스러운 것 같습니다. 배운 사람이 많아서 그런지, 부유한 사람이 많아서 그런지, 아니면 자칭 똑똑한 사람이 많아서 그런지, 하루 이 바닥에서만 먹는 술값이 1,500만원이라고 하는데, 그 돈 나 좀 주었으면 좋겠습니다. 주를 위해서 마음껏 써보게요. 그리스도를 섬기며 믿음을 지킨다는 것은 쉽지 않습니다. 그 길은 좁은 길이요, 그 길은 타인이 걷지 않는 길입니다.

예수님의 한 말씀이 떠오릅니다.

"좁은 문으로 들어가라, 멸망으로 인도하는 문은 크고 그 길이 넓어 찾는 자가 많으나 좁은 문은 그 길이 좁고 협착하여 찾는 자가 적다"고요.

우리들이 비록 사회적인 높은 현실 참여는 못한다 할지라도 우리가 할 수 있는 범위 내에서 기도하며 행하여 봅시다. 모든 일을 원망과 시비가 없이 하라는 말씀이 가슴에 와 닿습니다. 국록을 먹는 사람이 가끔씩 민원인과 대화를 나눌 때와 간접적으로 저들로부터 듣는 말 가운데 "그러면 되나, 국록을 받는 사람이" 합니다. 엄연한 사실을 자연스럽게 잊는 나의 모습이기에 제목을 이렇게 붙여 보았는데 우리를 쳐다보는 눈은 정말 크게 뜨고 쳐다보고 있는 것 같습니다.

나와 우리 그리고 저들을 위하는 행위들이 궁극적으로 주께 영광 돌리는 것이라 믿으면서 한여름의 초입에서 필을 들어 봅니다.

〈반석문단 / 85. 6〉

아내의 출산

내가 필을 든 것은 적은 경험을 읽는 이에게 전하여 그 분으로 하여금 간접 경험을 넓히게 하고 싶고 또 하나는 부족한 것이 글을 통해 主께 영광이 될 수 있다면 싶어 필을 들어본다.

한 생명이 태어난다는 것은 거룩한 것이기에, 잉태에서 분만의 다리를 건너 해산을 겪어보지 않은 사람과 그 주위에 있어보지 않는 사람은, 그 신비와 고통을 얼마나 이해할지 자문해본다.

1985년 10월 3일 새벽 1시. 그날은 숙직이었다.

근무를 서고 교대로 자기 위해 침대에 들어가 막 잠이 들려는 찰라였다. 이른바 비몽사몽간에 집에서 전화가 왔다고 하는데 문득 스치는 예감이 있었다.

수화기를 들고 "여보세요?" 하니

"저에요, 배가 많이 아프기 시작하는데……"

하는 아내의 목소리였다. 난 한순간 올 것이 왔구나 싶어, 아내와의 전화를 끊고 곧바로 계장님께 달려가

"계장님, 이것 큰일 났는데요! 아내가 곧 출산을 할 것 같습니다."

하고 얘기를 마치자, 당장 들어가 보라고 하신다.

캄캄한 밤은 칠흑같이 어둡고 내 마음을 재촉하는데 빈 택시가 앞에 와 섰다. 택시를 타면서 난 "주님…" 하고 나직하면서도 속으로 비중있게 주를 불렀다.

'모든 일을 주께서 역사하십시오. 주가 하셔야 됩니다.'

운전사에게 사정을 설명하니 택시를 집에서 병원까지 대절하게 해주어, 아내를 데리고 바로 병원으로 향할 수 있었다. 우리가 도착한 병원은 퇴계로 5가에 있는 제일병원이었다. 차 안에서 나는 왠지모를 웃음이 솟았다 사라졌다.

응급실에 도착해서 당직 간호사에게 보이니 아직 때가 아니란다. 아침에 배가 5분 간격으로 아프거든 다시 오라고 했다. 그때가 AM 1시 40분쯤. 허탕을 치고 집으로 다시 왔다.

집에 오니 아내는 간간히 배가 아프다고 했다. 우리 인간은 상대를 위해 대신 해줄 수 있는 일이 많지 않다. 특히, 나 외에 나와 관련 있는 사람들이 그렇게 되어질 때에 내가 대신 해줄 수 있는 일이란 그저 '기도해라. 모든 것을 맡기고…' 옆에서 아내를 바라보며 내 속으로 주를 부르는 것이었다.

다음날 아침 8시쯤, 다시 병원으로 가기 위해 아내와 함께

집을 나섰다.

사무실에 전화를 하니 마침 우리 과장님이 당직 사령이셔서 바로 보고를 드릴 수 있었다. "사무실 걱정은 말고 그 쪽 일이나 잘보게." 하심에 고마울 따름이었다.

조그만 가방에는 기저귀 등 잡다한 것을 챙기고, 원무과에 가서 입원수속을 밟고 방을 정하라는데 화장실이 달리지 않은 3인실(중급 정도)로 정했다.

329호실, 조그만 방에 침대가 셋 있다. 흰 가운을 입은 간호원이 온도계와 혈압기를 가지고 와서 아내의 입 안에 온도계를 넣고 오른팔을 걷어 올리며 혈압을 쟀다. 영양제 주사를 놓더니 배가 5분 간격으로 아프면 연락을 달라고 했다.

9시 30분쯤 되었을까? 아내가 배가 아프다고 해서 간호원에게 급히 연락하니 분만실에 들어갈 준비를 시킨다. 옷을 갈아입고 아래층 분만실과 수술실이라고 적힌 안으로 들어갔다. 고요한 정적만이 흐른다.

분만실에 들어간 아내 그리고 나, 그 외엔 주위에 아무도 없었다. 갑자기 고독이 밀리어 왔다. 외로움이 밀려오는 건 왜일까? 아비가 된다는 것 때문일까. 나의 것인가. 주님의 것이지. 또한 결국은 메어야 할 것. 아무도 도와주지 않는 이 모든 일. 나는

'하나님 모든 것 위에 하나님의 역사가 있어야 됩니다.'

무언가 붙잡고 기도하고 싶었다. 조금 시간이 지나니 병원을 찾으시는 아줌마들이 점점 많아졌다.

분만실 문이 열렸다. 새로 태어난 한 아이가 인큐베이터 안에 실려 네발 달린 바퀴로 구르며 나간다. 한 아주머니가 그 뒤를 따라간다. 아마 보호자인가 보다.

분만실 앞에 앉아있는 많은 사람 틈바구니에서 난 바쁘게 왔다갔다 하는 의사들을 보았다. 담당의사 선생님께서 오후가 되어야 분만할 것 같다하니 문득 한가해지는 시간, 목욕탕에 가고 싶어졌다. 가서 몸을 깨끗이 씻고 묵은 먼지를 털어 버리고 싶어 목욕탕으로 향했다.

하나님 앞에서, 하나님이 주시는 태의 열매를 받기에 앞서 그 앞에 깨끗해 보이고 싶었던 걸까. 확실히 난 부족함이 많고 그릇이 적다. 그러기에 모든 것을 적게 보고 적게 판단하니 말이다. 목욕탕에 갔다 온 나는 병원에 갔다 별일 없음을 확인하고 점심을 먹었다.

자꾸만 시간이 지나갔다. 그렇게 오후가 지나고 4시쯤 되었을까? 궁금해하는 나에게(그러니까 아침 8시~4시까지 앉아 있었음) "박흥숙 씨 보호자 분?" 하고 부른다. "예!" 하고 들어갔다.

나무 신발(게다)을 바꿔 신고 분만실에 들어가니 아내가 침대에 누운 채 눈만 멀뚱멀뚱 하고 있는데, 갑자기 건넛방에서는 굉장한 고함소리가 났다. 한참 진통이 시작되나 보다.

의사 선생님 말씀에 1시간 더 있다 진통하는 주기가 변함없으면 내일 다시 분만실로 내려와야 된다고 하셨다. 그리고 산모에게 이런 경우는 흔히 있는 일이고 아이는 제자리에 잘 있으니 너무 걱정하지 말라고 했다. 잘 알겠다고 대답은 하고 나왔지만 약간은 경황이 없고 불안한 마음이 들었다.

'주여! 이 시간, 주의 택하신 많은 백성 가운데 도움 원하는 한 사람이 있습니다. 주의 자비가 무엇인지 긍휼이 무엇인지 체험 못한 저이지만, 원하옵건데 주의 자비와 긍휼을 원합니다.'

불안한 마음을 다스리기 위해 주님께 도움을 청하고 있는 나의 마음은 굉장히 간절하고 뜨거워졌다.

그리하여 그날은 5시 30분쯤 낮은 의자에 앉아 입원실로 올라왔다. 허나 낮에 양수는 터졌다 하고 진통은 주기적으로 계속되기에 아내 곁을 떠날 수 없어 병실에서 밤을 새웠다.

입원실에는 마침 침대가 다 비어 있었다. 옆 침대에 누워 잠을 청해보려 했으나, 옆에서는 아내가 배가 아프다고 신음을 하며 한번 아프다고 찡그리길래 시간을 보니 다음 진통 때까지 7분 간격으로 진통이 옴을 알았다. 허나, 의사 선생님 말씀이 그것 가지고서는 안 된다고 하셨기에 힘들어도 조금만 더 참아보라고 아내를 달랬다.

다음날 아침.

간호원은 7시 30분쯤 분만실에 들어가게 준비를 해줬다.

나는 아내가 분만실로 들어가는 것을 보고 사무실로 왔다. 사무실에 도착하니 다들 한마디씩 물어본다. 계장님은 아이를 아직까지 낳지 않았다고 하니 걱정이 많으시다. 표현되지 않은 걱정. 함부로 말할 수 없어 근심이 그 얼굴에 가득하다.

과장님께서도 걱정하시며

"임 기사, 밖에서 이름을 지어서 불러 보게. 그러면 빨리 나온다고 하네."

우리 과장님은 젊은 분이지만 유머가 많고 마음이 상당히 넓으시다. 병원에 빨리 가보라고 재촉하시는데 진심으로 고마운 마음이 들었다.

제일병원은 장안에서 산부인과로서는 꽤 이름이 있는 병원이기에 먼저, 주님에게 다음은 의사에게 모든 것을 맡겼다.

얼마의 시간이 지났을까.

"박홍숙 씨 보호자 분?"

간호원이 부르는 소리가 들렸다. 나는 얼른 대답을 했다.

"예!"

그 간호원이 "아들입니다." 하고 웃으며 말해주었다.

나는 그 순간 "주여, 감사합니다!" 그저 감사의 말만이 연속으로 나왔다.

할렐루야! 무언가 내 가슴 저 깊은 곳에서 주님께서 주셨고 해내었다는 것이 마치 시험에 합격했을 때의 기분이라 할까?

아버지가 된다는 실감이 아직은 오지 않는다. 지금은 그저 감사의 마음과 약간의 설레임, 그리고 아내의 순산을 기다리며 읽은 병실 벽에 걸린 맥아더 장군의 기도문이 마음 깊이 와 닿고 있었다.

〈장충청년 85. 10. 27〉

권두언

내가 진실로 진실로 너희에게 이르노니
내 말을 듣고 또 나 보내신 이를 믿는 자는
영생을 얻었고 심판에 이르지 아니하나니
사망에서 생명으로 옮겼느니라
(요 5:24)

삶이란 길게 볼 때 하나의 선(線)에 불과하다고 서구의 한 철인은 노래했지만 한 해가 기우는 세모에 서니 회한이 인다.

순수한 열망과 선량한 포부와 진실로 근면한 한 사람으로서 나름대로의 계획을 세웠던 나와 우리이건만 돌아볼라치면 행한 일보다 그렇지 못한 일이 적지 않은 것 같다.

맡은 자에게 구할 것은 충성이라 하였건만 세상일에 열중하다 보니 정말로 우리가 우리로서 행해야 할 일들을 그르친 건 아닌지 그러나 돌아볼라치면 우리 속엔 진정한 우리만의 대화와 우리만의 행함과 우리만의 기쁨도 있었다.

비록 우리의 모임이 적어 보여 아무도 우리를 인정해 주지 않고 아무도 우리를 쳐다보지 않는다 할지라도 우리가 노래하고, 우리가 모이고, 우리가 기도하는 건 우리 속에 우리가 외로울 때 우리의 외로움을 달래주며 우리가 괴로울 때 우리의 괴로움을 극복하게 해주는 거룩하면서도 자비로운 주님이 계시기 때문이 아닌가.

지극히 높고 경외로운 보좌를 뒤로하고 땅위에 육의 몸을 입어 강림하셨기에 그 사실이 우리로 하여금 무릎을 꿇게 하는 건 아닐까. 생명이 있는 자 모두 호흡을 하기에 호흡을 하는 자 모두 주를 찬양하자.

시로서 찬양으로서 기도로서 말이다. 바쁜 가운데에서도 이 지면에 글을 내어주신 모든 분들에게 진심으로 감사의 말씀을 드린다. 비록 이 모든 글들이 습작에 불과하다 할지라도 이 글을 통해서 기쁨을 얻는 분이 있다면 우리 모두는 이 해를 보내면서 감사하고 싶다. 또한 이 글을 통하여 읽는 분의 마음이 그리스도 앞으로 향하여지길 진심으로 기도한다.

고당 조만식 선생은 젊은 사람들을 향하여 하나님의 말씀을 들려주었다고 하는데

"청년이 무엇으로 그 행실을 깨끗하게 하리이까. 단지 모든 행실을 주의 말씀으로 삼갈 것이니이다."

라고 하였다고 한다. 진정 세상을 살아가는 우리 모두의 삶이 점의 연속인 하나의 선에 불과하다 할지라도 그 삶은 엄숙한 것이고 보면 이 지면을 통해 다시 한 번 나를 돌아보았으면 한다. 너희들 중에 크고자 하는 자는 섬기는 자가 되고 너희들

중에 으뜸이 되고자 하는 자는 종이 될 것이라고 하신 말씀을 따라 나보다 남을 생각하며 아니 나보다 우리를 생각하며 사는 삶이 되기를 원해본다.

두 번 살지 않는 우리의 삶이고 보면 한 번 사는 이 삶이기에 보다 더 가치 있게 사는 날까지 하늘을 우러르며 가슴으로 대화하며 살자고….

끝으로 이 회지를 발간하기 위해 각고의 힘을 쓴 회원들에게 하나님의 은총이 진심으로 함께 하길 원하면서 필을 놓는다.

〈장충고등부 빈들 창간호 / 85. 12. 17〉

빌라도의 보고서報告書

아래에 적혀있는 글은 메시야 시대에 법정에서 만들어진 공문서로서 현재 터키의 聖 소피아 사원에 소장되어 있다. 50권으로 되어 있는 이 원고는 서기관의 손으로 쓰여졌으며 각 권은 2×4피트로 되어 있는 것이다.

로마 史家 "빌레우스 파테르쿠러스"의 註에 의한 원명은 "예수의 체포 심문과 처형에 관하여 가이사에게 보낸 빌라도의 보고서"로 되어 있다. 예수가 태어났을 때 이 史家는 19살로서 그의 작품은 모두 소멸된 것으로 전해진다. 그러나 史家 프라시안과 타이투스의 글을 미루어 보면 그는 캄파니아 출신으로 가이사의 친한 벗으로서 16년 동안 로마군을 지휘하였고 그후 로마에 돌아와 로마사 집필을 끝낸 후 보정관의 직책에 오랫동안 머물렀다고 전해진다.

史家 뷜레우스는 그 자신이 유대 지방에서 만난 나사렛 예수는 그가 만난 인물 중에 가장 독특한 성격의 소유자로서 자신은 전 군대보다도 예수를 더 두려워했다고 기록하였다. 모든 종류의 병자들을 치료하였으며 죽은 자를 살렸고 결실하지 못한 과일 나무를 저주하였을 때 그 나무는 즉시 뿌리까지 시들어 말라 죽었다고 기록하였다. 예수는 그의 놀라운 능력을 결코 타인을 해치기 위해 사용하지 않았으며 항상 불쌍한 자들의 마음에 귀를 기울였다고 그는 기록하였다.

예수에 대한 유대인들의 여론은 양분되어 빈민층은 그들을 로마정권으로부터 구원해 낼 구원자로서 예수를 왕으로 삼으려고 하였다. 그러나 지도층 계급의 유대인들은 예수를 증오하고 시기하였으며 등 뒤에서는 그를 저주하였다. 그들은 예수를 죽음만큼이나 두려워하면서도 그를 애굽의 마술사라고 빈정거렸다고 史家 뷜레우스는 기록하였다.

본 보고서의 내용은 도날드. N. 리드만 박사가 소정의 요금을 지불하고 특별허가를 얻어 읽고 영어로 번역하여 예루살렘에서 발행되고 있는 월간 "더 마운트 자이언 리포트"에 게재한 것을 옮긴 것으로 한 번 읽은 하나님의 부족한 백성인 절제반에 속한 임대성은 모든 청년과 같이 읽고 싶어 옮겨본다.

"로마"의 황제. 디베료 가이사〈눅 3:1〉 각하에게

각하에게 문안드립니다. 최근 수 년 동안에 제가 다스리는 지역에서 일어난 사건은 너무나 특별한 일이어서 시간이 흐름에 따라 우리나라의 운명까지 변하게 할지도 모르는 일이기 때문에 사건이 일어난 대로 소상히 알려드리고자 합니다.

왜냐하면 최근에 발생한 사건들을 보면 모든 다른 神들과는 조화될 수 없는 일 같이 보이기 때문입니다. 저는 '발레리우스 플라슈스'를 계승하여 유대 총독이 된 날을 저주하고 싶을 정도입니다. 부임한 이래로 제 생활은 불안과 근심의 연속이었습니다. '예루살렘'에 도착하자마자 저는 직위를 인수하고 큰 연회를 베풀 것을 명하고 갈릴리의 영주(領主)들과 대제사장, 그리고 그 외 부하 직원들을 초청하였습니다. 그런데 정해진 시간이 되어도 아무도 나타나지 않았습니다. 저는 이 사실을 저와 제가 속하고 있는 정부 전체에 대한 일종의 모욕으로 간주하였습니다. 며칠 후 대제사장이 저를 방문하였습니다. 그의 거동은 엄숙하였으나 외식에 가득 찬 것이었습니다. 그는 그들의 종교가 그와 그의 추종자들이 로마 사람들과 자리를 같이 하는 것이라든지 먹는 것이라든지 마시는 것을 금지한다고 변명하였습니다. 그러나 그러한 변명은 신앙심이 깊은 체 하는 것에 불과하다는 것을 그의 안색으로도 알 수 있었습니다.

나는 그의 변명을 받아들이는 것이 정략(政略)이라고 생각했습니다만 그 순간부터 그들은 정복자를 적으로 간주하고 있다는 사실을 확인하였으며 '로마'인에게는 이 나라의 제사장들을 요주의 할 것을 경고해 주어야겠다고 생각하였던 것입니다. 그들은 자신의 벼슬과 호화스런 생활을 위하여는 그들의 어머니라도 배신할 자들입니다. 제가 통치하는 도시 가운데서도 예루살렘은 가장 다스리기 힘든 도시라고 여겨집니다.

제가 읽어본 어떤 철학자의 작품에서도 예수의 말에 비교될 만한 것은 읽어본 적이 없는 것 같았습니다. 예루살렘에서 흔히 볼 수 있는 반항적인 유대인 중의 하나가

"가이사에게 세(稅)를 바치는 것이 옳은가"하고 그에게 물었을 때 그는 대답하기를 "가이사의 것은 가이사에게 하나님의 것은 하나님에게 바치라"고 하였다는 것입니다. 제가 그렇게 많은 자유를 그 나사렛 젊은이에게 허용한 것은 이와 같은 그의 지혜로운 말 때문이었습니다. 저에게는 그를 체포하여 본디오를 추방시킬 수 있는 권한이 있었습니다. 그러나 만일 그렇게 하였다면 그것은 지금까지 사람을 다루는 로마정부의 관례와는 반대되는 일이 되었을 것입니다. 이 젊은이는 선동적이거나 반항적인 사람은 아니었습니다.

저는 아마 예수 자신도 눈치 채지 못할 정도로 은밀하게 보호의 손길을 그에게 뻗쳐 주었습니다. 그는 자유롭게 행동하였으며 말하였고 사람들을 모아서 연설하거나 또 제자를 선택하는 일에 있어서 어떠한 관청의 제재도 받지 않았던 것입니다. 제가 생각하기로는 우리 조상의 종교는 예수의 종교로 대치될 것이며 이 숭고한 관용은 로마 제국을 허망하게 붕괴시킬 것입니다. 그리고 가련한 저는 유대인의 말을 빌린다면 하나님의 섭리요, 우리의 말대로 한다면 운명의 도구로 쓰여진 것일 것입니다.

예수에게 허용된 무제한의 자유는 가난한 사람이 아닌 부유하고 권세 있는 유대인을 자극하였습니다. 예수가 후자들에게 기

록하게 한 것은 사실이지만 제가 그 '나사렛' 젊은이의 자유를 제한하지 아니한 것은 정략적인 이유에서였습니다. "서기관과 바리새인들이여" 그는 그들을 향하여 말하였습니다.

"독사의 자식들아, 너희들은 회칠한 무덤 같으니 겉으로는 아름답게 보이나 그 안에는 죽음이 가득하다" 또 한 번은 부자가 헌금을 내고 뽐내는 것을 보고 한탄하며, 가난한 자의 한 푼이 하나님의 목전에서는 더욱 빛나는 것이라고 그들에게 말하였습니다. 예수의 오만한 언동에 대한 항의가 날마다 총독청에 줄을 이어 들어왔습니다.

저는 예수에게 어떤 불행한 일이 닥치게 될지도 모른다는 정보를 입수했습니다. 예루살렘에서는 선지자로 불리우는 자들에게 돌을 던지는 일이 처음 있는 일은 아니었습니다. 한 진정서가 가이사에게 제출되기도 하였습니다. 그러나 제 처사는 원로원에게 재가를 받았고 파르티안 전쟁이 끝나면 저에게 증원군을 보내주기로 약속되어 있었던 것입니다.

〈장충청년 301호 / 86. 3. 16〉

용기란 무엇인가?

하나님으로부터 부여받은 한 번의 삶에 있어 가장 찬양할만 한 것은 용기라고 생각한다. 젊은 우리들로서 "고결하면서도 고난 속의 은총"이라고 말한 어네스트 헤밍웨이의 표현을 빌릴 것도 없이 매일의 삶에 있어 보편적 진실을 위해 큰 가치를 부여하여야 함에도 자연스레 우리는 잠재되어 있는 도덕적 깊이와 균형을 망각하고 있는 것 같다.

나는 과연 나의 인격이 지적인 능력의 기초를 이루고 있다고 확신하고 있는가? 나는 과연 원칙과 절제, 질서와 조화 그리고 정의를 지속적인 자질로서 나타내며 그것이 위협받을 때 진정한 용기를 가지고 대항하고 있는가?

도덕적 용기란 인격을 이루는 것들 즉 정직, 진지함, 원칙에 대한 굳은 신념, 허심탄회함, 결단으로 정의할 수가 있다. 또한 그것은 대의(大義)와 주의(主義)를 위해 나타내지 않으면 안 된다고 한다. 현명하고 통찰력이 있으며 합리적인 사람들의 주장을 들어보면 의무란 가장 높은 명령이라고 한다.

미국의 대통령 존 F. 케네디는 용기에 대하여 말하기를(그는 용기에 관해 깊이 찬양한 사람임) "용기란 많은 반사면을 가진 다이아몬드와 같다"라고 하였다. 왜냐하면 그것은 어떻게 발휘하기에 달렸고 동기가 종종 복잡하기 때문에 즉 -공적인 압력이나 정직한 타협에 관한 요청이나- 차선책에 대한 제시 때문에 어떻게 놓이느냐에 따라서 방향이 달라진다고 한다.

용기란 무엇인가라고 생각해 볼 때 국가를 그 위에 올려 놓아본다. 국가가 위기에 처했을 때 국가의 행동은 많은 국민들의 미래 운명을 크게 바꿔 놓는다는 점, 즉, '인간의 광대한 미래' 를 주조한다는 것은 주지의 사실이다.

"나는 내가 들어갈 무덤 속을 들여다보았다"고 말한 미 상원의원 에드워드 G. 로스라든가 "나는 진실을 말하기 위해 왔다"라고 말한 역시 미 상원의원 죠오지 노리스 같은 사람은 고귀한 이상을 위해 헌신하였다고 한다. 그들은 국가의 이익을 위해 자신의 지위를 버리고 "어떤 책임 있는 행동을 한다는 것은 발가벗는 것과 같다"고 하였지만 숭고한 이념과 거룩한 동기의 바탕위에서 자신이 택한 길이 최선의 것이었다는 확고한 믿음은 모든 공포마저도 없애 버린다고 한다.

고집을 위해 고집을 정당화하기보다 날카로운 지성, 넓은 인간성, 그리고 자신과 성실, 정의에 대한 깊은 신뢰가 진정한 용기의 뿌리위에서 열매가 맺어질 때 역풍이나 높은 파도조차 바람에 날리는 먼지와 같지 않을까.

결백하고 관대하며 친절하고 고상한 면을 가다듬어야겠다. 불투명하고 썩어빠진 정신과 게걸스런 야망, 시기심 많은 요소를 배제하며 자신의 견해를 확고히 믿으면서도 단지 그것을 기술적으로 피력할 뿐만 아니라 양심적으로 실행하기 위해 이 고난 속의 은총이란 자질을 우리가 향한 푯대를 향해 과녁을 당겨야 한다.

끝으로 용기란 양심의 문제는 신분 고하를 막론하고 책임을 지닌 모든 사람에게 관련되어 있다. 인생은 어디서든 용기가 필요한 도전을 받게 된다. 그것으로 인해 크고 작은 피해와 존경조차 상실할런지 모르지만 우리는 그 길을 걸어야 하지 않을까? 꾸준한 성실성을 지니고 모든 것을 견디며 시간이 지나면 자신의 정당성이 판명되리라는 신념 속에 공의로우신 하나님 앞에서 자신을 가다듬어야겠다.

〈참고문헌 : 용기 있는 사람들-존 F. 케네디〉
〈빛과 소금 618호 / 88. 2. 27〉

각주구검刻舟求劍

너희가 악할지라도
좋은 것을 자식에게 줄줄 알거든
하물며 너희 천부께서
구하는 자에게 성령을 주시지 않겠느냐
(눅 11:13)

신라가 통일신라로 연결될 수 있었던 것은 화랑도의 젊은 인재들이었습니다. 현실의 어려움을 볼 때 역사 속에서 그 교훈을 얻으려는 것은 동서고금을 막론하고 역사는 진실을 이야기하기 때문입니다.

교회에 속한 한 지체로서, 한 부서의 교사로서 맡은 직분에 열심히 충성스레 봉사는 못했다 하더라도 면면히 순종하며 지내오는 것은 우리 당회장 목사님의 말씀가운데 사람을 보지 말고 하나님을 보고 신앙 생활하라는 격려도 큽니다.

그러나 그것도 한도가 있는 법, 흑로를 보고 백로라 할 수 없는 것이기에 교회를 사랑하는 믿음으로 필을 들어봅니다. 우리

교회 부목사님 일입니다. 지지난주의 일 아닙니까. 지난주에 거룩한 단에서 장로님을 위해서 기도했습니다만 누가 뭐라 해도 목사님은 억울한 일로 원하지 않은 곳에 그것도 더운 한 여름에 있습니다. 난 우리 당회에서 부목사님의 위치가 어느 정도인지 차지하는 비중이 얼마나 되는지는 모릅니다. 그러나 일반적인 인식으로 두 번째입니다. 우리교회 재단에서 모든 교인에게 바른 말씀을 내려주셨던 분 아닙니까?

교회행정의 의사결정은 당회를 거쳐야 되는 걸로 알고 있습니다. 그렇다면 불이난 후 다 타고 나서의 소방차는 소용이 없는 것 아닙니까. 따라서 발 빠른 포석으로 문제가 발생했을 때 어차피 교인 앞에 알려질 것이라면 지지난주일 오전부터 탄원장을 공개화하시든지 하여야 하지 않았나 하는 아쉬움이 듭니다.

제가 쓰는 이 글을 여러 성도님이 읽으시고 나름의 판단은 달리 하시겠지만 장 부목사님에 관한 이번 우리 교회의 처사는 미지수입니다.

물론 교회가 세상과 같은 행동을 할 수는 없습니다. 또 해서도 안 됩니다. 교인이 덕이 못될까봐 쉬쉬한 것도 좋습니다. 그렇다면 지난주에 제단에서 공개적인 기도를 피하셔야지요. 물론 이런 글이 덕이 못될까봐 걱정도 됩니다. 그러나 이 교회는 내가 아니고 우리 교회이기에 안타까워 필을 들었습니다. 교인수를 가지고 교회를 평할 수는 없습니다만 5년 전보다 1, 2, 3부 교인 수가 약 500명 정도 줄어든 사실(주보 참조)을 우린 직시

하여야 합니다.

교회가 어려움에 부딪쳤을 때 그것을 해결하는 대안은 전 교인의 가슴으로의 기도라고 생각합니다. 우리 장충 식구 모두 특히 당회원님은 더 많이 무릎 꿇고 기도해야 하겠습니다.

누가 뭐라 해도 부목사님의 결백은 인정되겠지만 교회가 받는 아픔을 딛고 변화에 대응해 나가기 위해서는 말입니다.

각주구검, 이는 변화에 대응 못한 한 선비의 무지에 얽힌 고사입니다. 교회가 보다 더 젊어져야 하겠습니다. 그러기 위해서는 잃은 양도 찾아야 한다는 관심을 가져야 하겠습니다.

보다 더 좋은 말씀이, 교인간의 아름다운 사랑의 간증이, 하나님의 사랑을 양성하는 체계적인 뜨거운 조직이 살아 움직여야 하겠습니다. 되는대로, 적당하게, 얼렁뚱당 이럭저럭 하지 말고 말입니다.

〈고등부 3학년을 맡은 한 교사가 / 90. 8. 12〉

한 교사의 변

사랑은 여기 있으니
우리가 하나님을 사랑한 것이 아니요
오직 하나님이 우리를 사랑하사
우리 죄를 위하여
화목제로 그 아들을 보내셨음이니라
사랑하는 자들아
하나님이 이같이 우리를 사랑하셨은즉
우리도 서로 사랑하는 것이 마땅하도다
(요일 4:10~11)

거의 5년 6개월이나 섬기는 한 교회의 한 부(고등부)에서 봉사를 하다 지난해 상반기를 넘기며 고등부 봉사를 그만두었다.

그렇게 마음먹기까지 여러 모양의 마음의 갈등과 자신에 대한 회의 등등, 특히 고3 앞에서는 자신의 모습이 부족해 보이고 내가 이 아이들 앞에 하는 말과 내 행동이 뚜렷하지 못하고 또 식어지는 믿음, 바쁜 일상생활 또 교사간의 거리감, 반복되는 변화 없는 모든 행위, 자신에 대한 질타 등등, 그래서 봉사를 그만두려고 했다. 그리고 한 달 또 한 달이 지났다. 그러나 알 수 없는 마음의 허전함은 그리고 교회 내에서 고등부실 앞을 지날 때, 그리고 평상시 예배를 드리기 위해 교회에 출석하며 아이들을 볼 때 더 큰 마음의 부담이 이는 것은 나도 잘 모르겠다. 그러나 바쁘게 사는 일상사이기에 주일날의 마음에 이끌림은 월요일부터 일에 휩싸이면 묻혀진다.

인간은 망각의 동물이라고 한다. 맞다. 전능하신 하나님이 인간에게 사고의 능력을 부여해주며 망각함도 주신 것은 우리를 향한 큰 축복인 것 같다. 대소의 모든 크고 작은 아픔과 쓰라림들은 세월 속에 되씹지 않고 잊어버릴 수 있는 것은 우리 삶에 있어 큰 다행이라 여겨본다.

가을이 지나가고 성큼 초겨울의 문턱에 들어섰다. 나는 고등부실에 들어갔다. 그리고 내가 맡았던 고3 한 아이를 불러

"학력고사 잘 봐, 자신감 가지고 특히 실수하지 말고…."

아이들 손목을 잡으며 정말 평소 기도 못한 아쉬움과 함께 진심으로 시험을 잘 보라고 타이른다. 그리고 용돈을 쥐어 주었다. 이것으로 너희들 먹고 싶은 것, 떡볶이 아니면 엿 등등 사 먹으라고, 그러고 나오는데 우리 고등부 부장님이

"임 선생, 내년에 고등부 다시 오시지요?"

넌지시 그러고 웃으며 이끈다. 나는

"아이고, 장로님! 별 말씀을요. 사실은 그냥 한번, 아이들 학력고사가 며칠 안 남아 몇 마디 말 해주고 싶어 들어왔습니다."

그러고 나왔다. 그런데 그 부장님의 말씀이 자꾸만 마음에 남는다. 그러나 또다시 들어간다 하더라도 전과 같이 은혜 없이 봉사하면 역효과가 아니냐고 되물으며 하늘을 바라봤다. 그래서 교사지원서를 넣느냐, 마느냐 망설이다 세월이 지나갔다.

크리스마스이브 날이다. 저녁 음악예배를 드리고 나오는데 고등부 전도사님이

"임 선생님, 고등부 교사가 모자랍니다. 맡아주세요."

하고 전도사님이 얘기하시는데, 갑자기 내가 고등부에 처음 들어가게 되었던 때가 생각이 났다.

6년 전, 지금 독일에서 유학 중인 김호환 전도사님이 철야예배에 참석하시여 그분과 말씀을 나누다 이끌려 고등부에 처음 들어가게 되었던 것이다.

나는 '전도사님, 만약 또 제가 들어가 은혜를 못 받고, 교사들끼리 선거이야기며 정치이야기가 나오고 서로 간에 보이지 않는 간격이 생기면 무슨 보람이 있고 무슨 덕이 있겠습니까?' 하고 마음 속의 진심을 말하고 싶었으나 꾹 눌러버리고

"그래요. 전도사님 정 그러시다면 다시 봉사해 보겠습니다."

하고 말한 뒤, 교회 문을 나섰다. 왠지 마음이 가벼웠다.

또 세월은 흐를 것이다. 한 개인의 신앙 양심의 흔들림과 봉사하는 가운데 느끼는 갈등과는 전혀 상관없이…….

그러나 6개월을 쉬었다가 다시 아이들 앞에 서보는 지난 한 주일의 아침은 옛날보다 조금은 달랐다. 주일아침 휴식이나 늦잠은커녕 평일과 마찬가지로 집을 나설 때, 인간적으로 쉬고 싶은 생각이 들었지만 '이때다 하고 기뻐하고 감사하라' 는 말로 마음을 다져보았다.

그것이 10여년 전, 은혜 받고 약속 받고 믿음의 이 길 위에 서있는 내가 취할 도리라 여겨진다. 사람을 보지 말고 교회 내

에서 세상이야기 하지 말고 오직 영광과 푯대를 그려보며 우리 아이들에게 순수한 열망과 선량한 포부와 진실로 근면한 삶의 모습을 가질 수 있도록 하는 지체로서의 한 바퀴가 되어보자고 새해를 맞으며 생각해 본다.

〈장충청년 90. 12. 11〉

봄이 옵니다

내가 복음을 부끄러워하지 아니하노니
이 복음은 모든 믿는 자에게
구원을 주시는 하나님의 능력이 됨이라
첫째는 유대인에게요 또한 헬라인에게로다
복음에는 하나님의 의가 나타나서
믿음으로 믿음에 이르게 하나니
기록된바
오직 의인은 믿음으로 말미암아 살리라
함과 같으니라
(롬 1:16~17)

봄이 오는 소리와 봄이 오는 모습들이 보입니다.

앙상하던 나뭇가지 끝에서, 누런 잔디밭 사이에서 잊혀져 있는 사실을 밝히기라도 하듯 봄을 재촉합니다.

봄에 관한 이야기는 많습니다. 혹자는 희망의 계절이라 하고, 혹자는 생동의 계절이라 하고, 혹자는 여성의 계절이라고도 합니다.

그러나 저는 봄을 창조의 계절이라 이야기하고 싶습니다.

태초에 하나님이 천지를 창조하신 이래 오늘까지 세상은 흥망성쇠와 인고의 긴 여정, 문화의 발전과 과학기술의 줄달음으로 어제 것은 과거로 되어 버리고 오늘 것은 보다 나은 첨단으로의 변화를 인간에 의해 인간을 위한 변화 변천을 하지만 전능하신 우리 하나님이 지으신 이 자연의 변화와 자연의 섭리는 만고의 불변, 영원에서 영원으로 향합니다.

차가운 겨울에 앙상한 그 큰 나무들은 언제 그렇게 무성하게 잎을 가졌냐는 듯 뼈대만 남루하게 공간을 버티고 있습니다. 허나, 봄이 오면 움츠린 가슴을 펴고 앙상해 뵈던 그 가지 가지에선 무언가 알게 모르게 삐져나옵니다. 하나님의 창조의 신비는 세상의 변천과는 상관없이 더도 않고 덜도 않고 정한 때 정한 시기에 봄이란 색깔을 가지지 못한 자의 동네에나, 가진 자의 동네에나, 건강한 자의 동네에나, 그렇지 못한 자의 동네에나 가리지 않고 보여줍니다.

나는 봄이 와 있는 중간에서 창조의 신비를 경외스러운 마음으로 새겨봅니다. 어떻게 저 무성하던 나무들이 앙상하다 순이 돋고 푸르러지는지 자연과 생물시간에 배웠지만 그래서 저는 봄을 창조의 계절이라 여겨보았습니다.

또 저는 봄을 시작의 계절이라고 이야기하고 싶습니다. 봄, 여름, 가을, 겨울이라고 합니다. 며칠 전 한 후배와 덕수궁 안에 들어간 적이 있습니다. 여름이나 가을에 비하면 요즘은 을씨년스럽습니다. 그러나 거기에 또 다른 시작을 보았습니다.

잔디밭 사이에서, 나무들의 가지 끝에서….

그 시작은 아무도 막을 수가 없어 보였습니다. 대세에 밀려 어쩔 수 없이 손을 드는 것이 아닌 새로운 출발(New start) 바로 그것이었습니다. 그렇습니다. 이 봄이 오는 모습을 보며 난 우리 청년부, 그리고 대학부 앞에 무언가 보다 더 창조적이고 건설적인 나만의 목표 설정, 그리고 진군 그것을 이야기해 보고 싶습니다. 또한 위로는 여호와 하나님이 바라보고 있으니 말입니다.

여기서 간과하지 말아야 할 것은 그 설정들이 현실의 바탕을 떠나서는 안 된다는 것입니다. 두서없이 봄이 오는 길목에서 적었습니다.

이 해의 새로운 출발(New start), 바로 그것은 우리의 것입니다.

〈장충청년 91. 3. 10〉

장로 총리의 임명을 보고…

성경을 보면 구약시대 총리가 된 두 명의 히브리인이 있다. 한 명은 요셉이요, 또 한 명은 다니엘이다. 아마 그 때의 총리는 이 시대의 총리보다 권한과 권세가 더 있었을 것이다.

요 며칠 전 바로 우리나라에 한 장로님이 총리로 임명됨을 보고 나름대로 접근해 보고 싶은 것이 있어 필을 들어본다. 사마천의 「사기」에 보면 초 · 한전이 나오는데 즉 항우와 유방의 싸움에서 항우는 힘으로, 유방은 순리로 매사를 처리했다는데 그 결과 초나라는 한나라에 패했다고 한다. 즉 힘이 순리를 당해내지 못한다는 이야기다.

공의로운 하나님의 용병, 즉 하나님은 역사 속에 어떤 사람을 들어 쓰시나 소고해 볼 때 그 경이로움을 밝히기 어렵지만 절개를 지킴, 즉 원칙에 충실, 외도를 엄금한 자에 큰 비중을 두시는 것 같다.

다니엘이 그렇다. 이방나라에 가서도 하루에 세 번씩 기도한 것 등은 깊은 신심과 뜻이 분명한 것 같다.

또 요셉도 그렇다. 그에 관한 이야기는 우린 너무 많이 들었다. 애굽에 팔려간 사정이라든가, 보디발의 아내로부터 받은 구구한 유혹으로부터 자신을 지킴이라든가, 감옥에서의 생활 등등… 여기서 요셉에게 하나님이 들어서신 것은 그 자신을 지킴이 아닌가 여겨본다. 물론 그는 꿈이 있었다. 보여준 그 꿈의 성취라고도 하지만 그는 정도와 매사가 분명함 등이 돋보인다.

우리시대에 노량진 대성교회에 다닌다는 한 장로의 총리 임명을 보고, 아니 한 여호와의 성도의 입각을 보고 나름의 감정은 정말 우리 모두 기도해야겠다고 생각한다. 배척하지 말고 모든 것을 사랑으로 관용하며 우리부터 깨어져야 한다고 생각한다.

청년 여러분!

우리가 모두 20대 혹은 30대 초반인데 앞으로의 역사는 우리가 만들어갑시다. 바로 이 글을 읽는 당신이 당신 개인의 역사, 가정, 그리고 국가의 방향제시까지… 그것은 당신과 우리가 어떻게 살아가느냐에 달렸다고 생각합니다.

자기를 지킨다는 것보다 구체적인 뜻과 깊이는 나 자신도 어렵지만 청년의 때에 보다 높은 이상과 거룩한 사명감을 가지고 나아가는 모습을 보길 원한다고 생각합니다.

우리시대에 하나님을 믿는 많은 분들이 각 분야에서 열심히 사회발전에 기여하고 계시지만 특별히 한 장로님의 들리움을 보고 청년후배들에게 희망을 가져라. 내일은 당신의 것이 될 것이라고 둔한 필체지만 동기부여가 될까 싶어 필을 들었습니다.

〈장충청년 572호 / 91. 6. 9〉

어느 주일 아침

상계동으로 이사한지도 여러 날이 된다.

여호와 앞에서 흐르는 세월은 바람과 같다고 하지만 장충동에서 시작하여 불광동, 그리고 창신3동, 압구정동, 동화동, 필동, 성수동에 이르기까지 서울생활 10여 년간에 7번쯤 옮긴 것 같다.

상계동은 우리 교회에서 본다면 가까운 거리는 아닐 것이다. 그러나 베다니성가대에 참석하려면 아침은 먹는 둥 마는 둥, 잠자는 아이들 깨우랴, 그것에다 어머님과 같이 나서서 8시 30분까지 도착하려면 7시 40분에 나서야 되는데 이사 이후 그렇게 하질 못하고 8시 경에 나선다. 아마 나뿐만이 아닐 것이다. 1부 예배 특성상 우리 베다니 성가대원들은 다 마찬가지일 것 같다.

그런데 지난 주일인가. 그날도 바쁘게 교회에 온다고 온 것이 8시 40분쯤이었다. 빨리 성가대 연습실로 가 베다니성가대 가운을 입었다. 가운을 입으려고 소매를 팔에 끼우고 호크를 잠그는데 고등부성가대원이 성가대실에서 나온다. 난 속으로 약간 이상했지만 '응, 오늘은 연합으로 하는가보다' 그러고 의심 없이 성가대실문을 열었다. 그런데 베다니대원은 한 명도 없고 고등부대원들이 연습하고 있는 게 아닌가.

'아뿔사!'

나는 얼굴이 확 붉어지는 부끄러움을 느끼며 얼른 문을 닫았다. 내가 지난 2~3주 성가대를 빠진 동안 베다니성가대 스케줄을 몰랐던 것이다.

지지난주일은 어느 집사님과 같이 교회에 왔다. 늦어서 성가대에 안 선 생각이 난다. 난 다른 일로 예배는 드리지 못하고 그냥 갔고, 내 개인적으로 직장을 옮기니 몇 주간 연속으로 피치 못할 일이 생겨 주일예배를 등한히 했으나 내 마음 한 곳에 장충교회의 어느 한 모퉁이가 자리해 있는데 열심히 왔건만 약간의 착오가 생긴 것 같다.

난 '아차' 싶어 언뜻 이 글을 써보아야겠다고 생각했다.

솔직히 날씨는 차가워지고 계속 이렇게 주일 아침 성가대에 서기 위해 나설 필요성이 있는가 자문해본다. 그런 형편도, 그렇게 하지 않아도 되지 않은가 하는 생각도 든다. 이것만이 참다운 신앙생활인가.

몇 주간 참석 못했어도 교회 식구 가운데 어느 누구 하나 정감있는 통화 한 번 없었다. 통화는커녕 집사로서, 베다니성가대 총무로서 직분 감당 못한다고 책망은 하지 않았는지…….

아니면 이것이 진정 우리 교회의 문제점인지, 아직까지 받으려고 하는 내 개인에게도 슬며시 화가 난다.

그러나 모든 것이 협력하여 선을 이룬다 했으니 이런 각도에서의 서술은 그만하고 베다니성가대 총무로서 한 글을 적고 싶다. 물론 힘든 만큼 보람과 평화도 크다. 그러므로 해가 바뀌고 새 임원이 누가 될지 모르나, 올해 창단되었기에 여러 면에서 부족하다. 무엇보다 성가대원이 턱없이 적다. 그것도 남자가 절대적으로 부족한 실정이다.

끝으로 「직장인의 기도」 가운데에서 아래의 글이 마음에 끌려 옮겨 본다.

은혜의 하나님!
나의 작은 봉사가 이웃의 웃음이 되게 하시고
나의 작은 양보가 이웃의 평화가 되게 하시고
나의 작은 손해가 이웃의 큰 유익이 되게 하시고
나의 한 날의 수고가 당신의 기업이 되게 하시어
저로 하여금 하나님의 자녀인 것을 증거케 하소서.

늦가을 한 모퉁이에 있는 단풍나무에서 빠알간 단풍잎이 떨어져 발위에 구른다. 어느 주일날 아침에 말이다.

〈장충청년 92. 11. 29〉

저녁 기도

자기 아들을 아끼지 아니하시고
우리 모든 사람을 위하여 내어 주신 이가
어찌 그 아들과 함께
모든 것을
우리에게 은사로 주지 아니하시겠느뇨
(롬 8:32)

전능하신 하나님,

지난 한 주간은 땅위에 물난리로 인하여 어려움을 겪었지만 저희들을 분주 복잡한 가운데서도 인도하시고 지켜주셨다. 이 한날 저녁시간에 또한 정한 순서에 의거 예배드리게 하여 주심을 감사합니다.

우리의 허물과 죄로 인하여 죽을 수밖에 없는 저희들을 불쌍히 여기사 주님을 땅에 보내어 주셔서 주님을 믿음으로 말미암아 죄 사함 받고 질병 고침 받고 영혼 구원 받는 놀라운 은총을 베풀어 주심을 감사드립니다.

믿음의 조상 아브라함의 하나님이 저희의 하나님이고 얍복

강가에서 야곱을 변화시킨 하나님이 우리의 하나님이며 목동이자 시인인 다윗의 하나님이 나의 하나님임을 믿습니다.

전능하신 하나님,

바라고 원하옵나니 저희들 마음은 원이로되 육신이 연약하여 주 앞에 득죄한 것 있고 입술로 때로는 발로 주의 영광 가린 것 있사오니 이 시간 기억하지 마시고 용서하여 주시기 바랍니다.

너희들은 형제라 하였고 자매라 하였사오나 그 형제라 한 깊이를 깨닫지 못하고 그 자매라 한 넓이를 헤아리지 못한 채 쉽게 머리를 돌리고 생각 없이 말해버려 상처를 싸매주며 지내도 본전이건만 상처를 만드는 저희들 모습 아닙니까.

그 옛날 믿음을 배울 때에 나는 일생동안 주님의 종들에게 상처를 주지 않고 상처를 싸매주며 살겠다고, 나는 일생동안 축복 받는 일이라면 남에게 양보하지 않고 앞장서서 하겠다고 배웠건만 겉모양만 취하며 지내는 저희 모습 아닙니까.

맡겨진 직분은 의무를 수반하건만 핑계만 앞세우며 적당하게 봉사하는 나의 모습 아닙니까.

저희들 온전히 주의 긍휼을 바라오며 주의 자비만을 앙망합니다. 강권적인 주의 역사만을 사모합니다.

특별히 감사하며 영광 돌리는 것은 저희 교회 내 한 부서에서 중국 조선족 단기 선교를 할 수 있게 하여 주심을 감사합니다.

그 모든 것을 준비하셨고 큰 문제없이 많은 것 얻어 올 수 있게 해주심을 감사합니다. 김 목사님의 선교여행 글 가운데 마땅히 내 나라 백두산이건만 중국 공안국 요원에 의거 제지를 받고 불안감이 조성되어 찬양과 기도를 할 수 없어서 흩어져 개인적으로 기도하고 왔다니요. 주님, 속히 분단의 벽을 헐어 주실 것을 저희들 구합니다.

주님, 특히 백두산 정상에서 주 하나님 지으신 세계를 그 누구의 눈치를 보지 않고 제지 받음이 없이 찬양할 수 있는 날을 허락해 주시길 원합니다.

잠시 후 2부 순서에 그곳에 가서 선교한 그 모든 것을 우리 젊은이가 발표한다고 하니 이 위에 함께 해주시어 은혜만이 충만하기를 원합니다.

특별히 단위에 세우신 목사님, 그 말씀을 통해 우리의 삶이 변화 되오니 말씀을 듣는 중에 꿈을 가질 수 있도록, 말씀 듣는 중에 비젼을 가질 수 있도록 말씀 속에 주의 성령의 역사가 임하시기를 원합니다.

또한 성가대를 위해서 기도합니다. 주의 날 종일 주의 전에 머무는 저 봉사대원의 가정과 하는 모든 일들 위에 주가 귀 기울이시고 들어주시어서 보다 많은 간증을 하며 봉사 생활 할 수 있도록 하여 주시기 바랍니다.

저희들 교회 생활 가운데 원망과 시비가 없이 행동하며 지낼 수 있도록 도와주시고, 나보다 남을 낫게 여기며, 위로 받기보다 위로하며 생활할 수 있도록, 격려받기보다 격려하며 생활할 수 있도록, 도움을 받기보다 도움을 주며 생활할 수 있도록 주께서 인도하여 주시기를 바랍니다.

특별히 교회 내에 연로하신 분들을 위해 기도합니다. 그 분들의 기도를 주께서 기억하시고 그 분들의 간구를 주의 품에 두시어서 속히 주의 역사가 임할 수 있도록 하여 주시기 원합니다.

마지막으로 간구하옵는 것은 담임목사님을 위해 기도합니다.

저희들 주의 말씀에 근거한 성령 충만한 목사님을 원합니다. 이 일을 위해 기도원에서 또는 가정에서 또는 직장에서 기도하는 소리를 들으셨을 줄 믿사오니 기도하는 그 기도자를 향해 잉태하고 해산할 수 있도록 신앙의 불씨가 되게 해 주시옵소서. 기도의 불씨, 복음의 바퀴와 같은 불씨 그들의 불을 주위로 나누어 줄 수 있도록 도와주시옵소서. 주께서 모든 것 속히 이루어 주실 줄 믿고 부족한 것 예수님의 이름으로 기도합니다.
–아멘–

〈중국단기선교 보고에 앞선 저녁예배 기도문 / 95. 8. 27〉

원로 이주식 장로님

자녀들아
우리가 말과 혀로만 사랑하지 말고
오직 행함과 진실함으로 하자
(요일 3:18)

자그마한 키에 항상 인자한 미소를 머금고 계시는 이주식 장로님 서울대학교에서만 35년(전체 45년)의 가르치는 직분을 부여 받아 외길 인생을 걸으신 장로님의 삶을 돌아보는 것이 우리 모두에게 약간은 유익한 것 같아 바쁜 가운데에서도 시간을 얻어 만나 뵙고 몇 자 적어 본다.

장로님의 거처는 용인군 원삼면 맹리이다.

본래 경남 함안에서 태어나시어 초등학교 5학년 때 어른 따라 일본으로 건너가셨다. 어려운 가운데서도 학업을 계속하셨다고 하는데 대학에서 미생물과를 전공 하셨다고 한다. 당시 일본에 있으려 하였으나 한국에 나와 부산에 있는 혈청연구소

부소장으로 근무하시다 얼마 후 부산 수산대로 자리를 옮긴 것이 교수로의 삶에 첫발을 디디신 것 같다.

장로님은, 부친은 장로, 모친은 집사의 장남으로 출생하셨다고 하니 모태 신앙이다.

장로님의 삶의 좌우명이랄까 한 말씀 부탁드렸더니 "최선을 다하면 길이 열린다"고 하신다.

당시 낙동강 연안 사람들이 무분별하게 강고기를 먹어 간 디스토마가 성행하였으나 이 퇴치를 위해 부산시립병원 촉탁으로 큰 업적을 남기셨다고 하신다.

나는 특별히 좋아하시는 성경 말씀이 무엇이냐고 말씀드렸더니 자주 인용하는 성경구절이(가족예배 등) 시편 100편인데 항상 염두에 두고 사신다고 하시며 평생을 같이 살아오신 홍 권사님이 좋아하시는 말씀은 시편 18편이라고 하신다.

장로님과 말씀을 나누며 홍 권사님을 빼놓을 수가 없다. 장로님이 서울대 은퇴논문집 서문 붓글씨 信望 不如愛는 실제 권사님이 쓰신 글이 들어있다.

홍 권사님은 목사님의 따님이시라고 한다.

만나시게 된 인연을 여쭈었더니 동경대 학회 발표에 갔다 선을 보시고 그 얼마 후 결혼을 하셨다고 하는데 실제 권사님은 유아세례를 우리 모두가 너무 잘 아는 주기철 목사님에게 받았다고 하신다.

배우자에 관해 여쭈었더니

"남자는 대로를 목표 삼아 가면서 여자를 따라 붙이라"

고 하신다. 그 당시 시대 상황이 어떠했는지 잘은 모르지만 실제 장로님은 맞선을 보고 다음 날 바로 약혼식을 하셨다고 하신다.

얼마 전 주례를 설 때 남자는 머리의 직분, 여자는 가슴의 직분을 부여 받았는데 머리는 통솔, 개척, 모든 것을 감독지휘하고 가슴은 머리와 통하니 머리를 시원하게 한다고 말씀하신다.

용인에는 언제 자리를 잡으셨냐고 여쭈었더니 한 10년 된다고 하신다. 서울대 교수직을 은퇴하시고 전원도시를 찾다 이곳이 좋아 자리를 잡았으며 이층집을 직접 설계해 지으셨다고 하시는데 이층은 서재로서 전망(농촌전경)이 좋고 전부 한 오백 평 되는 뜰에 정자, 풀장, 연구소, 고추밭 등 짜임새가 크다.

요즈음은 낫도(なっと)사업 허가에 심혈을 기울이며 적지 않은 농사를 지으시기에 쉴 틈이 없으시다고 한다. 말씀 도중에 교회에 오셨다고 홍 권사님이 전화를 주셨다. 나에게까지 안부 전하라고.

거실 벽에 정말 귀한 것이 많이 걸려있다. 그 중 국민훈장(동백장, 무궁화장, 모란장) 수상액자 서울대교수임명장(사범대근무명함, 단기4290년 1월 7일) 실제 서울대 교수가 37세에 되셨다고 하는데 그 이후 이 기록이 아직 살아있다고 하신다.

조카 이우환 화가가 그린 부채 내 붓글씨로 쓴 한일자가 있는데 그 설명이 자세히 보면 요소, 즉 잔잔한 요소, 검은 요소 등이 있다. 한일자도 들여다보면 요소가 다른 것이 모여 하나가 되는 것이고 보면 우리들도 내 기분만, 내 생각만 하지 말라고 하신다. 한참 일하셨던 40~50세 만든 학회가 5개라니 정말 생각지 못할 큰 족적을 남기셨다. 한국미생물학회, 한국종균협회, 한국기생충박멸협회, 한국기생충학회, 한국전자현미경학회를 만드셨으니—

빛도 보람도 없이 일 많이 했다 하시길래, 나는 장로님 아닙니다 왜 그런 말씀을 하시냐며, 여지껏 이루어내신 장로님의 업적을 찬양했다. 빛과 보람도 없이 일하셨다지만, 관련 분야에서는 타의 추종을 불허할만큼 큰 족적을 남기지 않으셨는가… 겸손하신 장로님.

우리 교회 내에서 70년 7월 안수집사가 되시고 78년 12월 장로장립 받으시어 일심봉사 교회를 받드신 장로님. 평생 세상을 살면서 국민훈장 1개 수상도 굉장히 어려운 현실 속에서 무려 3개나 받으신 장로님.

시간이 좀 흘렀기에 나는 장로님께 인사를 드리고 나왔다.

돌아오는 내 귓전에는 장로님의 한 말씀이 계속 맴돌았다.

"최선을 다하면 길이 열린다"고. 그리고 "시편 100편"이.

〈용인 자택에서 장로님을 뵙고 쓴 글 / 95. 9. 1〉

상사上司의 죽음

그가 우리를 위하여 목숨을 버리셨으니
우리가 이로써 사랑을 알고
우리도 형제들을 위하여
목숨을 버리는 것이 마땅하니라
(요일 3:16)

인명은 재천이라지만 생각지 않은 현실에서 일어난 갑작스런 이별은 이럴 수가… 하는 충격으로 삶의 허무와 이어진다.

그러니까 지난 1월 17일 평소 자상하시며 매사에 정력적으로 일하시던 동장님이 몸이 피곤하시다며 일찍 퇴근하셨다. 그날은 경기도 파평 마을과 새마을지도자 자매결연을 맺은 관계로 분주한 일과를 보내고 퇴근한 다음날 아침, 고혈압으로 쓰러져 병원에 입원하셨다는 전화를 받았다.

18일은 동 예비군 시무식이 이른 아침에 있을 예정이었는데 거기 참석하기 위해 집에서 새벽에 출근 중 정신을 잃은 이래 그대로 H병원으로 옮겼지만 회생하지 못했다고 한다.

나뿐만 아니라 다른 직원들도 또한 만나는 동민들도 애석해함은 평소 그분의 성품과 인격이 특출한 것이었을 것이다.

평소 일찍 출근, 관내를 돌아보고 담당들에게 지적사항을 일러주던 일, 자주지역의 특수성을 이르며 궂은일도 마다 않고 솔선수범하던 일, 삶이 무엇인지 이렇게 허허롭고 무상할 수가 없다.

인생은 "공수래공수거"라고 수차 들었지만 지극히 평범하고 평탄한 길을 가고 있는 나였기에 죽음이란 아주 먼 이야기로만 생각했는데 이렇게 가까이 죽음의 그늘이 있는 줄 몰랐다.

빈소 앞에 시장님도, 구청장님도, 조화를 보내오시고 장례를 치르는 날은 구청장님께서도 참석하셨다. 숙연한 가운데 한 사람씩 분향을 했다. 날씨조차 을씨년스럽고 구름이 낮게 깔린 것이 마음을 더욱 어둡게 했다.

나는 다른 몇몇 직원과 같이 장지인 충남 괴산까지 갔다. 상여꾼들이 상여를 메고 영원한 안식처로 향하는데 바로 그 뒤에 부인과 직계가족이 따르고 구청장을 대신해 총무국장과 우리 직원 또한 평소지면이 있는 다수의 지인이 따랐다.

–이것이 가는 삶의 전부인가–

누군가 쓴 책 대목이 생각난다. 「조물주가 지어주신 신비로운 무대 위에 말을 타고 지나는 객 한결같은 운명일세」라고 했지만 이렇게 사별하면 모든 것이 정지되건만…

상여에서 흔들리는 방울소리는 「너희 중에 크고자 하는 자는 섬기는 자가 되고 으뜸이 되고자 하는 자는 종이 되리라」고

마구 소리치는 것 같다. 동정을 위해 일심으로 애쓰시던 동장님, 일선 행정기관에서 주민복지를 위해 힘쓰시던 동장님.

허무하다 생각하니 천길 땅속으로 꺼져드는 생의 회의를 느끼지만 그래도 내일을 위해 심어야 하고 가야만 하는 이 길 위에서 양심의 인도대로 살아보겠다고 돌아서는 발걸음으로 다짐해 본다.

삶은 죽음을 맞이하기 위한 준비단계인가 평소 그분이 즐겨 쓰던 말씀이 떠오른다.

"하여튼 말이야 알아서 잘들 해."

그래 내가 서 있는 그 위치에서 좀 더 깊이 생각하고 좀 더 크게 깨달아서 좀 더 성실히 실천해야겠다.

〈서울시보 / 83. 2. 11〉

시직원市職員 체육대회

이와 같이 성령도
우리 연약함을 도우시나니
우리가 마땅히 빌 바를 알지 못하나
오직 성령이
말할 수 없는 탄식으로
우리를 위하여 친히 간구하시느니라
(롬 8:26)

서울 운동장, 질서라고 군데군데 쓰여 있는 스탠드 아래서 거대한 태극기를 선두로 각 구청 선수들이 입장하고 있다.

성북구청 농악대를 따르는 두 마리의 학과 사자는 웃음을 자아내었으며, 마포의 새우젓 장사는 새우젓을 지고 입장하는데 이왕이면 고무신이나 짚신을 신었으면 좋았으련만 나이키 운동화를 신었네요.

강남의 격파에 이어 큰 깃대에 「우리는 선진 조국창조의 기수」라고 쓰인 프랭카드를 들고 들어오는데 갑자기 몸과 마음이 엄숙해지는 것 같다. 선진조국 완성을 위한 창조의 기수, 이는 남이 아닌 바로 나와 우리가 아닌가, 좀 더 도도하게 흐르는 역사의 강물 앞에 깊이 생각하고 크게 깨달아서 성실히 실천해야 할 것이라고 생각해본다.

곧이어 우리 종로 선수들이 입장하는데 하얀 상의와 푸른 하의, 복장이 깨끗하고 청결해 보이기는 하지만 수도 중심청으로서의 선명한 이미지를 그 순간에 심을 수 있었으면 하는 바람이었다.

대회선언에 이어 시장님의 대회사가 "오늘 오월의 맑은 하늘 아래서…"하고 우렁차게 운동장에 울려 퍼진다.

그리고 이어서 "건강한 체력 속에 건전한 정신이 깃드는 것이고 보면 모든 식구의 단합과 내일을 향한 전진을 기약합시다."로 대회사는 끝나고 곧이어 축구 시합이 그라운드에서 벌어지고 릴레이도, 배구도, 질서 안에서 불을 뿜는 것 같았다.

장중하게 펼쳐지는 카드섹션 속에 각 구의 응원단은 목청을 높인다. 그리고 한데 어울려 하늘로 메아리 되어 퍼지니 우리는 하나가 된 것 같았다. 분홍수술이 하늘로 솟았는가 하면, 노란 수술이 하늘로 솟았다. 다채롭고 이채로운 것들이 크고 작은 격무를 잊게 했다. 단결된 힘을 기르는 줄 당기기, 기관장들의 럭비 시합, 경보 4백m 릴레이 등등 응원하랴 구경하랴 한창 바쁘다.

부딪히는 파도소리에 단잠을 깨보니, 우리 종로 응원단도 응원단장의 사인대로 앞사람의 어깨를 잡고 앞으로 숙였다 뒤로 폈다 응원에 열을 올린다.

노랗고 파란 접치기를 가지고 위로 아래로 절도 있게 흔들며 한껏 목청을 돋군다. 머리위에선 평화의 상징인 비둘기 몇 마리가 푸른 창공을 힘차게 난다.

이 땅에 평화가 영원하게 하소서. 하나님, 이 땅에 자유가 영원하게 하소서. 어느새 두 손을 모아 잡고 기도하고 있었다. 후손들에 부끄럽지 않을 역사를 물려주어야 할 땅위에서 세계 속에 한국으로 뿌리를 내리는 현실의 터전위에서 이 시간 어제의 크고 작은 것을 성찰하고 다수의 보편적 이익을 위해 다지는 시간이 되었으면 하는 마음이다.

어느덧 해가 뉘엿뉘엿 서산에 기운다. 응원의 열기는 시종일관 그라운드를 메우고 물결치는 부채의 파도, 희고 붉은 장갑을 낀 손의 조화 응원단장들의 이색적인 복장과 활달한 제스처 성북과 성동의 결승축구 시합이 끝남과 동시 본부석에서 노란기가 펄럭였다. 응원을 중지하라는 사인이다. 그리고 "동방의 찬가"에 맞추어 각 구 선수들이 사방에서 폐회식을 위해 입장하자 갑자기 고요가 운동장 전체를 휩쓰는 것 같다. 각 구, 직할사업소 선수들이 모인 가운데 시상식이 있었고 부담 없이 마음껏 즐긴 이 하루는 매우 값진 생활의 장이었다.

5월 불볕에 팔은 구릿빛으로 물들었고 손바닥도 목소리도 둔탁해지고 몸도 조금은 피로해진 것 같지만 마음은 한결 밝아진 것을 느낄 수 있었다.

〈서울시보 83. 6. 11〉

우리 아버지

우리가 아직 죄인 되었을 때에
그리스도께서 우리를 위하여 죽으심으로
하나님께서 우리에게 대한
자기의 사랑을 확증하셨느니라
(롬 5:8)

생로병사라, 사람이 어디에서 와서 어떻게 살다가 어디로 가는지는 모르지만 먼 옛날부터 인간은 부모의 뱃속에서 나서 세상에 살다 결혼을 하고 일을 해서 생활을 꾸리며, 종족보존과 종족번식을 하며 살아왔고 살아갈 것 같다.

분주복잡한 일터 속에서 생업에 열중하던 며칠 전, 문안차 시골에 전화를 드리니 아버님이 많이 편찮으시다고 한다.

아버지—

난 어릴 때부터 어머니보다 아버지를 더 많이 따랐다고 한다. 가을에 추수를 드리고 긴 동면에 드는 겨울이면(초저녁), 사랑방에 모여 동네 어른들이 노는데 우린 그걸 '모실' 이라 한다. 아버지가 모실을 안 나가게 된 이유 중에 하나가 내가 따라 나서서 그게 역겨워 집에서 안 나갔다고 하니 참 많이 따랐던 나였던가 보다.

그래서 그런지 난 아버지가 좋다. 아버지 옆에 누워 많이 벗겨진 이마를 문지르기도 하고 목에 볼록한 울을 그냥 만지기도 하고 턱밑의 수염을 문지르기도 하였다. 그러다가 일곱 살이 되어 학교에 들어간 후 적게 따랐다고 한다.

세상에 사는 모든 사람이 다 자기의 부모가 있겠지만 극히 부유하지도 않은 평범한 가정에서 자란 나이기에 우리 아버지가 좋고, 우리 어머니가 좋다. 내가 이만큼 자라기까지 내가 이만큼 배우기까지 그 수발을 해주신 분이시기에 농사를 지으시는 걸 천직으로 보리매상을 해서 등록금을 주셨고 나락매상을 하셔서 책값을 받던 그 당시에는 항상 불만이었고 돈을 적게 주신다고 투정을 부렸지만, 묵묵히 받아 주시던 우리 아버지,

가난은 죄가 아니라지만 가난은 정복되어져야 할 대상이라지만, 항상 무언가 부족했던 우리 가정, 오로지 아버지의 삶은 우리 형제 사남일녀를 키우심에 다 늙으시고 지난 것 같다.

이제 세월은 흘러 큰형이 성장해 결혼을 해서 차 사업을 하고 작은 형도 또 나도, 동생도 다 성장을 하여서 나름대로 주어진 직책에서 일을 하고 가정은 조금씩 펴지는 것 같건만 아버지는 중병에 거동을 잘못하시니 또 그 건강하시던 어머니도 허리가 굽어지려하고…

부모 욕심 끝이 없겠지만 내가 못 배운 것 너희들은 많이 배

워야 된다고 강조하던 그때가 얼마 전인 것 같건만 연로하신 아버지를 뵈니 무언가 눈앞을 가리고 터질 것만 같다.

삶이란 과연 이 이상의 가치는 없는 것일까. 아무렴 '공수래 공수거' 라 하지만 그 야윈 다리하며 앙상한 손, 난 무언가 큰 벽에 서는 것 같다. 그곳은 컴컴하고 고요하며 침묵만이 전개되는 벽 말이다.

인생이 칠십이요, 길면 팔십이라 하지만 그 삶이 온통 수고와 슬픔뿐이라지만 이제 크게 부유하지는 못할지라도 약간 나아져 살만하니 아버지는 약하디 약해지셔서 큰 벽에 서시는 것 같다.

어느 가정이 그렇듯 산업화의 물결 속에 도시화의 현상으로 자식들은 도시에 이주, 집에는 아버지 어머니만 계시는데 이것 또한 잘못된 것이 아닐까. 이렇게 하여 되면 얼마나 잘 되고, 살면 얼마나 잘 살고. 고생을 안 하면 과연 얼마나 안하는지.

모든 것이 싫어진다. 마음이 약하여지고 순수한 열망이니 선량한 포부들도 사그러드는 것 같다.

난 아버지의 머리맡에 앉았다. 자나 깨나 우리 걱정하신 아버지, 난 좀 더 진지하면서도 내 자신에 솔직하고 싶어진다. 아버지 이제 이 자식 걱정은 하지 않으셔도 됩니다. 항상 착하게 살아야 된다고 강조하신 아버지, 의인은 덕을 쌓아 그 열매를 먹고 산다고 하는데 '덕건명립(德建名立)' 이라고 덕을 세워야 이름이 선다고 하는데, 나는 아버지, 그냥 아버지처럼 묵묵하게 그리고 성실히 세상을 살아가겠습니다. 하고 다짐을 해본다.

'꿩 잡는 것이 매' 란 속담을 잘하셨던 아버지, 잘못된 일이 있을 때 엄하게 꾸중을 주시던 아버지, 난 방을 나와 하늘을 본다.

초겨울의 하늘이 참 맑다. 멀리 맑은 하늘 한 곳에 뭉게구름 한 덩이가 떠간다. 이렇게 소리하면서 말이다.

"사람들아, 무덤으로 항진하는 무리들아! 사는 동안은 남의 행복을 생각하며 살아가야만 한다."

하며 두둥실 떠가는 것 같다.

모든 인간들의 창조주 되신 하나님께 영광을 돌려보면서…….

〈아버님이 운명하시기 이틀 전 뵙고 온 아버님을 생각하며 쓴 글/ 84. 12. 3〉

* 이날 아버님은 앙상한 손으로 저를 불러 머리맡에 앉히셨습니다. 그리고 저의 귀를 당신의 입가에 대라고 하셨습니다. 나는 그대로 하였습니다. 당신은 꺼져가는 목소리로 "대성아 우짜든지 착하게 살아야 한다"라고… 지금도 귓가에 그 말씀이 생생합니다.

토목반 직무교육

사람이 감당할 시험 밖에는
너희에게 당한 것이 없나니
오직 하나님은 미쁘사
너희가 감당치 못할 시험 당함을
허락지 아니하시고
시험 당할 즈음에 또한 피할 길을 내사
너희로 능히 감당하게 하시느니라
(고전 10:13)

우면산 모퉁이에 자리 잡은 자그마한 배움의 장.

'여기는 선진 조국의 일꾼을 양성하는 곳입니다' 라는 간판을 보며 발을 들여 놓은지 여러 날. 이제 그 모든 과정을 마치고 수료를 함에 회한이 인다. 3주간의 직무교육을 받는 동안 적어도 나는 여러 가지를 배웠고 크고 작은 강사님들의 문제제기에 심취되어 보았다.

한국의 목민상을 3시간 연속 강의하신 남도영 박사님의 말씀이 생각이 난다. 비록 낮은 위치에서지만 목민관이란 친보관(민과 친함)이며 양민관(민을 기름)이며 호민관(민을 보호함)이며 호국관(나라를 보호함)이며 애민관(민을 사랑함)이라고….

일상 업무를 접하는 가운데 때론 짜증스럽고 때론 자본주의 속의 물질만능 속에 자아가 곤고해지고 비교되어 지는 것들이 있지만 내일의 후손들을 위해 오늘을 심고 가꾸어 가야하는 우리이고 보면 교육을 받는 가운데 나름으로 부딪혀 오는 많은 문제들을 차근차근 회피하지 말고 이기어 나가야겠다고 다짐해본다.

꽃이 필만한 곳에 씨앗을 뿌리며 순수한 열망과 선량한 포부를 가지고 아무도 알아주지 않고 외면하는 일들 속에 자아와 젊음을 묻어보리라고….

배움 속에 새기어 들은 산적되어 있는 도시의 문제들, 급속한 인구증가, 토지가의 앙등, 도로율의 과부족, 더운 한 여름철의 식수난 등. 과연 이 모든 문제들을 누가 해결해야 하는지 전 세대를 원망해야 할까. 결코 그것만은 아니다.

젊음은 그 마음이 영원한 사람만이 소유한다고 하는데 귀한 젊음을 이 모든 일들 속에 묻어보는 것이 결코 쉽진 않지만 우리 모두의 사명이자 운명이 아닐까. 누구의 인정을 바라기보다 누구의 찬사를 더하기 위해서라기보다 할 일을 당연히 한다는 마음으로 시간과 노력을 더하는 것이 이 모든 것에 보답하는 것 아닐까.

정말로 많은 것을 듣고 배웠다. 전혀 생소한 과목인 신규 사업의 타당성 분석이나 도시계획개요나 도시계획시설기준 등등 강의해 주신 강사님께 감사를 드린다.

교육원 위 약수터에서 졸졸 떨어지는 산물(속칭 약수)을 한 그

룻 받아 마시며 수목이 진 산능선을 바라본다. 멀리 높은 하늘 위로 한 점 먹구름이 떠간다.

실무경험이 많지 않은 나이지만 가끔씩은 적은 한 부분이지만 국가예산이 내 손으로 집행되어진다는 사실 앞에 떨리고 엄숙해지다 못해 집행자체를 미루고 회피하기도 하지만 이왕 하는 것이라면 공의로운 역사의식을 가지고 좀 더 잘하자고 자신을 가다듬어 본다.

대강당에서 소강당에서 교육 받은 이 모든 것. 이미 선택되어 가는 삶의 모습이 아닌가.

극기 훈련 시간에 산능선을 오르며 5조인 우린 통일 그리고 의지를 외치던 손길도 명강의 강사들의 해학에 배꼽을 잡던 기억도, 시험공부 한답시고 집에서의 잠을 설치며 책을 펴들고 외우던 그때도, 이제는 마치 석양에 걸리는 낙조처럼 지나가지만 배움은 영원한 것이기에, 우리가 다수의 보편적 이익을 위해 지향해야겠다고 지향하자고 제언하고 싶다.

그동안 여러 모양으로 애써주신 교육원장님 이하 식당에서 우리에게 설렁탕이다 콩나물밥이다 거저 주시던 아주머니들. 정말로 고맙습니다. 그리고 여러 가지로 수고해 주신 교관님들 정말로 고맙습니다. 교육을 받고 와서 마음에 닿는 것이 있어 여기까지 써본다.

〈85. 3. 28〉

발령을 받고서

오직 너희는 택하신 족속이요
왕 같은 제사장들이요
거룩한 나라요
그의 소유된 백성이니
이는 너희를 어두운데서 불러내어
그의 기이한 빛에 들어가게 하신 자의
아름다운 덕을
선전하게 하려 하심이라
(벧전 2:9)

구청에 근무한지 3년 8개월.

발령이 있다는 말을 들었으면서도 실감이 나지 않았는데 막상 전체의 흐름 속에 나 자신도 포함되어 발령이 났다는 사실 앞에 그동안의 여러 가지가 머릿속에 떠오른다.

지난 3년여 간 기사보 발령을 받아 근무하면서 나름의 열성과 정열을 쏟았던 곳. 아파트(한신 23차) 급수공사를 한다고 고속터미널 앞 도로 횡단을 하기 위해 밤을 새우며 감독이고 뭐고 떠나서 교통정리를 하던 일, 한겨울 양수기 동파 관계로 정신없이 전화를 받던 일, 주민에게 친절봉사하여야 한다는 걸 알면서도 너무 약이 올라 막무가내로 대하였던 일 등등….

토목과로 와서 무엇보다 경험도 없는 것이 하천개수공사를 맡아 설계 용역에서부터 지적결정 및 고시 도시계획 사업인가와 시공까지 감당할 수 없는 큰 일들을 정신없이 뛰어다니며 큰 무리없이 해냈다는 걸 생각하니 –윗분들이 판단하시고 다 하셨지만– 자그마한 자부심도 든다.

그러나 막상 떠나려하니 섭섭한 마음이 드는 것은 왜일까? 여기서 결혼을 하였고 여기서 아버님 상을 당했고 여기서 꼬마들(명수, 정수)을 얻었기 때문일까! 인생이 잠시라는데 할 일이 굉장히 많은 것 같은데 돌이켜보니 너무 많은 것을 못하고 떠나는 것 같다.

나라와 민족을 위한다는 것은 어떠한 것인지 과연 다수의 보편적 이익에 기여하는 삶은 어떠한 것인지 알 것 같으면서도 잘 모르겠다. 보일 것 같으면서도 보이지 않고 잡힐 것 같으면서도 잡히지 않는 저 먼데 있는 것 같다.

새 근무지의 자리 배치를 받아 앉으니 곧바로 정부종합청사를 좌로 중앙청 박물관이 보인다. 어디서 근무하든지 성실하게 근무하라고 고향에 들를 때마다 말씀해주시던 아버지 생각이 난다. 생전에 편찮으시던 아버지. 그 머리맡에 앉으니 기력이 없으셔서 겨우 말씀하시던 '대성아, 우짜든지 착하게 살아라' 고 하신 그 말이 생각나는 것은 웬일일까.

잘 모르는 사람 틈바구니에서 생소한 업무를 내일부터 취급해야 되겠지만 그 나름의 법규 안에서 열심히 일해야겠다고 마음을 다진다. 삶의 보람은 자기가 정열을 쏟는 일 가운데서 괴로움과 더불어 찾아내는 깊은 즐거움이라고 한다는 데 무엇보다 작은 일에 충성하라고 성경은 기록하고 있건마는 이 사실은 자연스레 잊어버리고 업무에 있어서는 편한 길만 걸으려하고 보다 먼 안목을 가지고 업무를 대하지 못한 내가 아니었던가.

어벙한 가운데 상사와 동료의 속만 썩인 것이 한두 번이 아니기에 죄스런 마음도 든다. 지난해 아시안 게임 개회식 날, 가랑비가 부슬부슬 옷깃을 적시는 날, 아시아인의 시선이 집중된다는 잠실운동장 부근에서 새벽부터 탄천 정화 일을 할 때 하늘 위로 오색연기가 퍼지고 공수특전단의 고공낙하를 보며 간간히 들려오는 우렁찬 함성소리를 들을 때 눈에 맺히는 자그마한 이슬은 영원히 잊혀지지 않을 것 같다.

아시아인의 시선이 집중된다는 이 역사의 현장에서 입장하는 운동선수도 아니고 나를 누가 지켜봐 주는 것도 아니고 아무도 알아주는 사람도 없지마는 왜 그렇게 우리는 해냈구나 하는 마음 깊은 속에서 울려나오는 그 소리를 억제치 못하는지…

생각해보면 정말 이 순간까지 길거리 보 · 차도 상의 돌멩이 하나까지도 순찰하시며 우리 과장님께 지적하시던 청장님, 이른 새벽부터 탄천 정화현장에서 독려하시던 국장님, 큰 행사의 환경 정비를 위해 불철주야 뛰시던 우리 과장님.

정말 모두 훌륭하신 분들이다. 화려한 경기를 보여준 선수들과 별 문제없이 그 경기가 치러진 이면에는, 이 경기를 위하여 보이지 않는 무수히 많은 사람들의 정성과 노력들이 있었기 때문이지 않을까?

세월은 모든 것을 묻어버린다.

기억하고 싶은 추억도, 기억하고 싶지 않는 추억도….

비록 높은 위치에서 보다 큰 현실 참여는 못할지라도 내가 서 있는 위치에서 자족하고 감사해하며 특히, 무엇보다 성실이 가장 좋은 빽이란 우리 과장님 말씀처럼 "그저 성실하게 하루하루 살아가는 것이 한번 사는 이 삶을 보다 더 잘 사는 것"이 아닐까 하고 생각해본다.

〈87. 2. 24〉

독백

그러므로 형제들아
우리가 예수의 피를 힘입어
성소에 들어갈 담력을 얻었나니
그 길은 우리를 위하여
휘장 가운데로 열어 놓으신
새롭고 산 길이요
휘장은 곧 저의 육체니라
(히 10:19~20)

"큰 돌은 위로 구른다"고 고등학교 다닐 때 선생님으로부터 들은 기억이 난다. 봄, 여름, 가을, 겨울 세월은 흘러 사회의 구성원으로서 발을 디디며 살아 온지도 여러 날이다.

나이를 먹는 것이 싫은 기억도, 동심을 잃어가는 자신을 바라봄이 싫어지더니 결혼을 하고 한 아이의 아빠가 되었다. 내가 아빠라고 따르는 책임에 대한 중압감 이전에 인생이란 과연 무엇인가라고 자문해 본다.

인생이란 과연 무엇일까. 한 번 사는 삶! 주어진 시한부 인생. 시인 롱펠로우는 "과거는 죽은 채 묻어두고 미래는 믿지 말라"고 하였지만 오늘을 사는 우리는 미래를 상당히 불안해한다. 그러나 분명한 것은 우리에게 희망이 있다.

불안과 공포 속에서도 미지의 분야에 도전한다는 열정을 가슴에 안고 나아간다. 마하트마 간디는 그의 논문「윤리와 종교의 결론」에서

"이것이 너의 일이요, 너의 책임이다. 너만이 너의 성패에 책임을 지니고 있다. 너만이 너일 수 있으므로 자연은 똑같은 것을 창조하지 않는다. 네가 만일 너의 책임을 다하지 못한다면 아무도 이를 수행하지 못하며 그리하여 그것은 영원히 이루어지지 않는다" 라고 하였다.

또한 그는 "인간은 자기사념의 산물이다. 생각하는 곳에 뜻이 가게 마련이다. 그러므로 해악에의 유혹은 엄격히 억제되어야 한다. 자기의 감각과 감정의 완전한 주인이 될 수 없는 사람은 선을 행할 수 없다"라고 하였다.

생명이란 존귀하고 그 인권의 존엄성이 크다. 존엄함을 하나님이 우리에게 부여하여 주셨는데 그 안에서 우린 주의 뜻을 찾아보자.

믿음이 상실되어 가는 세상 위에 믿음을 세우고 소망을 일구어보자! 인생이란 그렇게 가치 있는 것이리!

〈87. 3〉

천재일우

8월 정례조회를 세종문화회관 제1별관에서 하는 날이다. 시장님의 훈시 뒤에 노교수 한 분이 단위에 서시는데 안병욱 교수님이다. 첫 말씀이 머리 좋은 것보다 무딘 연필이 낫다고 필기를 하라고 하시며 3가지 숙제에 대해서 말씀을 하신다.

경청하는 것을 배우라고 하시며 오늘 이 시대는 해결해야 할 세가지 숙제가 있는데 바로 역사의 숙제로서, 첫째가 민주화요, 둘째는 정국이양이요, 셋째는 올림픽이라고 한다.

민주화는 질서요, 협동이요, 대화요, 타협이요, 자제요, 이것은 그 기회가 4 · 19때도 오고 80년대도 왔는데 못하였다고 하신다.

오늘 문제가 되는 노사문제는 대화와 타협이요, 그렇지 못하면 공투 공멸한다고 한다. 올림픽이 100년에 한 번 오면 백재

일우요, 천년에 한번 오면 천재일우라고 하는데 우리에게 이 천재일우의 기회가 왔다고 한다. 우린 지혜와 용기와 자제력을 가지고 우리나라를 세계의 눈과 귀가 지켜보니 이 시대적인 숙제를 잘 풀어서 역사의 우등생이 되어야겠다고 하신다.

그럼 우리 공직자를 돌아보자. 나는 누구냐이다. 나는 980만의 살림을 돌보는 사적인 일을 하지 않는 나라 일을 하는 사람들이다. 국가의 공적 일을 하는 사람 즉 국민의 공복이라고 한다. 이 어려운 시대에 4만여 서울시 공직자가 투철한 책임의식을 가지고 나아가야 한다. 알링턴에 있는 존 F. 케네디 무덤의 그 묘비에 아래와 같은 말이 기록되어 있다고 한다.

"역사의 제물이 되지 말고 역사의 주인이 될 수 있도록 새로운 결단을 내리자."

이 시점에서 정신자세를 가다듬어야 한다. 우리 한국인은 적당하게 얼렁뚱땅 되는대로 하는 경향이 많은데 한심한 일이다.

우리의 선조 가운데 도산 안창호 선생이 계시는데 세상에서 가장 불쌍한 것은 고아와 망국인이라고 한다. 도산은 외치기를 3대 자본의 저축을 말씀하시는데 1. 금전의 자본 2. 정신적인 자본 3. 신용 즉 도덕적 자본이라고 이것을 더 많이 저축하여야 된다고. 우리 각자 각자가 튼튼해야 되는데 그러기 위해서 주인정신을 가져야 된다고 방관자가 아니고 주인이기에 도산 선생은 곧잘 이렇게 물으신다고 하신다.

"당신은 이 나라의 주인입니까, 손님입니까?" 라고.

가장 경계해야 되는 것은 적당주의라고. 적당주의가 나라 망친다고 하신다. 주인정신은 책임정신이다. 내 인생 내가 산다는 것 남이 살아주지 않는다는 것, 그러기에 나만의 대의에 서서 메고 가야할 멍에가 있다. 그것이 어렵고 힘이 들더라도 외면하지 말고 두려워 말고 메고 나아가야겠다.

1. 가정의 주인으로서 가문을 일으켜야 된다.
2. 직장의 주인으로서 일체감과 공동체감을 가져야 된다.
3. 지역사회의 주인이 되어야 한다.

강의를 해주신 안병욱 교수님은 주인은 책임을 지는 사람이다. "청심화기"란 글을 쓴 《삶의 길목에서》 라는 책을 우리들에게 주셨다.

"나라 일하는 사람, 긍지를 가지고 역사의 우등생이 됩시다! 훈훈한 마음으로, 빙그레 웃는 마음으로. 그러기 위해서는 공무원은 국민수준보다 더 높이 올라가야 됩니다. 그리하여 4,000만 국민의 존경받는 모범적인 공무원이 됩시다."

세종문화회관 정기조회에 참석했다 안 교수님의 강연내용이 좋아 집에 들어와서 정리해 보았다.

〈88. 8〉

나 자신自我을 알자

너희가 다 믿음으로 말미암아
그리스도 예수 안에서
하나님의 아들이 되었으니
누구든지
그리스도와 합하여 세례를 받은 자는
그리스도로 옷입었느니라
(갈 3:26~27)

서구의 철인 플라톤의 스승 소크라테스를 우리들 중에 모르는 사람이 별로 없을 줄 압니다. 그 사람은 무지(無知)의 지(知)로 사람들이 자신을 반성하여 정신적인 배려를 하도록 촉구하였다고 하는데 그가 남긴 유명한 말 중에 "너 자신을 알라"고 한 금언이 생각이 나서 나를 포함한 방송대인 모두에게 우리는 좀 더 나 자신을 알자고 바라고 싶어 몇자 적어 봅니다.

현대 사회가 갈수록 전문화, 분업화, 고도화로 가는 시대에 옛날의 10년이 요즘의 1년이라면 과언일지 모르지만 너무 모든 것이 바쁘게 돌아가기에 과거와 현재와 미래를 분간 없이 그저 사는 것이 아닌지.

하도 세상이 배금주의로 팽배해져 물질만능주의로 각박해지는 가운데 훈훈한 정은 점점 보여지지 아니합니다.

이러한 시대에 21세기를 준비하고 우리의 자손을 키우며 살아가야할 우리 모두의 이 터 위에 우리가 지향해야 하는 것이 무엇인지.

그것은 나와 우리를 좀 더 아는 것이 아닌가 싶습니다.

요즘 너무 우리를 모르고 사는 것 같습니다. 무언가를 추구하고 열심히 사는 것 같은 것. 마치 노루가 사냥꾼에 쫓겨 열심히 도망치다 왜 뛰어 왔는가를 잊어버리고 서서 뒤를 돌아보는 것처럼 열심히 뛰어온 것 같은데 멍하니 돌아보면 가치 있는 삶을 지향하지 못한 모래성을 쌓는 것 같은 삶이 아닌지 모르겠습니다. 무엇을 향해서 우리는 뛰고 있는지 우리는 나만 생각하고 주위를 밟진 않는지.

존 F.케네디는 늘상 높은 이상과 거룩한 사명감을 가지고 세상을 살았다고 하는데 우리의 삶이 추구하는 방향은 출세지향, 물질지향에 묻혀 삶 그 자체의 성스러움과 거룩함을 망각한 채 바삐 뛰진 않는지 돌아보고 싶습니다.

우리에겐 나름대로의 정상이 다르겠지만 산꼭대기에 떨어진 빗물이 처음에는 같이 떨어져 밑으로 흐르지만 그 첫 방향 설정에 따라 흐를수록 너무나 다르게 흐른다는 이야기는 우리에게 시사하는 바가 많은 것 같습니다.

그것은 차라리 높은 현실참여를 지향하기보다 그렇지 못할지라도 현실의 삶(이웃, 일터와 가정) 속에서 본이 되는 삶이 참된 나를 아는 삶이 되지 않나 생각해 봅니다. 그것은 이름 모를 산골의 존경받는 한 촌장이 불명예스런 졸업장을 받은 여타의 높은 분(?) 보다 바르지 않는가 여겨봅니다.

일간신문 사회면을 보면 왜 이런 사건, 사고들이 많이 일어나는지 여러 형태의 가슴 아픈 일들이 너무 많습니다.

내가 좀 더 현실의 삶에 섞여지자고 소리 높여 봅니다. 분명, 내부의 적이 외부의 적보다 더 무섭기에 우리 모두 다시 한 번 나 자신을 점검해 봅시다.

우리들의 동창회가 활성화되는 것은 이 작업이 얼마나 확산되느냐에 달렸다고 생각합니다. 우리 방송대인의 공통점(혼)은 분명합니다. 그것은 거센 바람을 가슴으로 받으며 나아가는 형설지공이 아닙니까? 이런 힘찬 발걸음으로 동창회에 적극 참여한다면 어떠한 난관도 뚫고 나갈 수 있지 않을까 생각합니다.

제 사무실에서 인상적으로 본 두 월보가 있습니다. 하나는 '고시동문회보' 이고 하나는 '서울대동창회보' 입니다.

우리 동창회의 재정이 어렵다고 들었습니다만 동문들의 소식을 전해줄 수 있는 동창회보를 매월, 아니면 격월이라도 발행하여 동문들의 동정과 삶의 이야기를 전해 주었으면 합니다.

물론 이 일이 쉽진 않지만 우리 동문들을 위해서 이 일은 해야 된다고 생각하며, 이 사업을 수행하기 위해서는 무엇보다 재정이 축적돼야 하므로 동문 각자 동창회의 사업에 적극 협조해 줄 것을 당부하며 한 가지 제언코자 합니다.

동창회보 1회 발행시 드는 7, 8백여 만원의 막대한 재정을 충당키 위해서는 타대학 동창회처럼 동창회보 발간을 위한 찬조금 납입 계좌를 따로 두어서 그 찬조금으로 발간비용을 다소 충당토록 하고, 회원 각자는 동창회보에 게재된 찬조금 및 연회비 납입계좌에 회비를 충실히 납입함으로써 소식이 끊기지 않고 계속 이어지는 동창회보를 접할 수 있도록 하는 것이 어떨까 하는 생각입니다.

우리 방송대인의 소식을 자주 접할 수 있는 것이 우리들 자신을 확인할 수 있는 길이라고 생각되어 평소에 생각하고 있던 점을 몇 자 적어 보았습니다.

〈한국방송통신대학 총동창회보 90. 3. 15〉

회상의 길목

그런 즉 너희가
어떻게 행할 것을 자세히 주의하여
지혜없는 자 같이 말고
오직 지혜 있는 자 같이 하여
세월을 아끼라 때가 악하니라
그러므로 어리석은 자가 되지 말고
오직 주의 뜻이 무엇인가 이해하라
술 취하지 말라 이는 방탕한 것이니
오직 성령의 충만을 받으라
(엡 5:15~18)

내가 군에 입대하려고 결심한 것은 대학 1학년 때였다.

당시는 대학을 졸업한 뒤 군에 입대, 군복무를 마치고 곧바로 사회에 나가는 것보다는 군을 갔다온 뒤, 학교에 복학하여 졸업을 하고 사회에 나가는 것이 전반적인 추세였다.

그래서 나도 그 추세를 따라 육군에 지원하려 했지만, 여러 가지 여건과 상황이 맞지 않아 육군을 포기하고 그냥 타군에 지원하기로 결심했다.

처음에는 전경이나 공군으로 가기 위해 모집 공고를 찾아보았으나 그쪽으로는 모집이 없고 해군에만 모집이 있었다.

나는 친구와 함께 해군에 지원을 했다. 그리고 정해진 날짜에 신검을 받으러 오라는 통지를 받았다.

하지만 나와 친구는 해군지원 신검에서 둘 다 떨어졌다.

그 사유가 나의 경우는 이빨 때문이었는데, 다른 신체 검사에는 모두 통과하였지만 당시 위어금니가 빠져서 없는 것이 화근이 되었다. 또한 같이 지원했던 친구는 혈압에 문제가 있어 불합격 되었다.

그 후에 나는 치과에 가서 치아 치료를 받고 다시 지원받는 데가 없는가하고 알아보던 중에 해병대 모집 포스터를 보고 지원서를 넣었다. 하지만 이번에는 친구가 그곳(해병대)은 훈련이 너무 세고 힘들어서 자기는 안가겠다고 포기해 버렸다.

그리하여 홀로 해병에 입대하게 된 나는 1977년 2월 3일 진해훈련소에 입대하므로써 신성한 국방의 의무를 다함과 동시에 막강한 전통을 가진 해병의 한 가족으로 인연을 맺게 되었다.

진해는 예나 지금이나 조용한 도시다. 천자봉의 정기아래 아담한 군항도시로서 벚꽃이 만개할 때의 아름다움은 정취 있는 우리나라 남도 중의 하나이다.

그 가운데 있는 훈련소에서의 8주 교육은 한 젊은이를 씩씩한 군인으로 바꾸는 엄청난 변화의 기간이었다.

진해에서 8주 교육, 후반기 포항에서 4주 교육을 받았는데 이 모든 기간이 그렇게 긴 것도 아니건만 몇 년은 되는 것 같다. 노트 뒷장에 달력을 만들고 그 날짜를 하나씩 지웠다. 그래서 하루, 이틀…

입소 후 3일째의 연병장에서의 좌우소이동, 한밤중의 팬티 바람의 연병장 선착순, 제식훈련 등… 5주째인가 천자봉까지 구보했다. 지금도 그곳에서 찍은 사진을 가지고 있지만 봉우리에 적힌 세 글자 "해병혼"은 무언가 우리 해병인에게 시사하는 바가 많다.

병 158기 선배님들이 소대장(김정배 중사)의 지휘로 떡시루모양으로 생긴 천자봉 아래 세 글자를 새겨 놓았다고 하는데 우리 해병의 마크가 그러하듯 정의와 자유를 위한 해병혼은 지금도 내 마음속에 살아있다. 해병혼은 하면 된다는 필승의 신념이고 무에서 유를 창조하는 유비무한의 정신이다.

진해 훈련소를 수료한 뒤, 일병 계급장을 달고 어머니와 면회를 하던 때의 그 순간의 뿌듯함은 그 무엇과도 바꿀 수 없었다.

포항에서의 후반기 교육을 다 마치고 나는 백령도로 배속되었다. 해병에 지원하지 않았다면 내 생애 정말 가보지 못했을 곳 백령도.

백령도에 관한 약력은 졸병 때 줄줄 외었지만-인천에서 120마일 떨어진 서해고도 백령은 심청의 전설을 담은 임당수를 8마일 북으로 바라보며 자리 잡은 면적 47㎢의 섬으로 우리나라 도서 중 14번째 손꼽는다고. 지금도 기억난다만 북녘의 산하가 눈앞에 전개되고 칠흑같이 어두운 밤 북녘 땅에서 우리를 향해 서치라이트를 비추는 최전방 한 초소에서 초병으로 근무하였다.

우리 사회를 지탱하는 여러가지 가운데 여러 힘들이 있다고 생각한다. 다수의 보편적 이익을 지향하는 정치, 경제, 그리고 문화 등등. 그러나 보다 더 중요한 것은 바다 위에서나 최전선에서의 이름 모를 초병들이 우리의 영토를 꿋꿋하게 지키고 있기 때문에 다른 여러 가지 삶의 이야기들의 진행이 가능하지 않은가 생각한다. 때론 해안에서, 때론 철책선에서 말이다.

군을 제대한 후, 다시 학교에 복학하여 졸업을 하고 사회에 발을 디뎠다. 결혼도 하고 아이도 낳았다.

그러나 오늘날 나의 삶속에 한 부분을 크게 차지하는 것은 내가 해병이었다는 사실이다. 난 그 이야기를 주위에 자랑스럽게 이야기한다. 간혹, 후임들을 만나면 몇기냐고 물어도 보고 내가 몇기였다고 이야기하는 마음은 왜일까.

그렇다. 그것은 한 번 해병이면 영원한 해병이란 '해병혼' 에 의한 해병인만의 가슴에 간직된 뜨거운 그 무엇 때문이 아닐까. 비록 군대 생활은 힘들었지만 그렇기에 더 추억이 많은 것이 아닐까싶다.

얼마 전에 우리 동기들만의 모임을 만들었다.

모든 되어진 일과 앞으로 되어질 일들 위에 모든 것들이 다 잘 이루어지길 희망해 본다.

〈해병혼 90. 3. 19〉

장모님의 회갑回甲

아무것도 염려하지 말고
오직 모든 일에 기도와 간구로
너희 구할 것을 감사함으로 하나님께 아뢰라.
그리하면 모든 지각에 뛰어나신 하나님의 평강이
그리스도 예수 안에서
너희 마음과 생각을 지키시리라
(빌 4:6~7)

인생 70이요, 길면 80이로되 그 지나감은 수고와 슬픔뿐이라고 한다. 한 번 사는 우리 삶 가운데 지난 며칠 전의 하루는 내 가정에 있어 상당히 의미 있는 날이다. 그것은 삶 자체가 숭고해 보였던 하루였고 나와 남에게 무언가 이야기꺼리가 될 수 있는 하루였다.

사위로서 장모님을 바라본 모습이라면 편견이 작용될 수도 있다고 혹자는 말하겠지만 될수록 객관적인 마음가짐으로 차분히 술해보고 나와 우리를 격려해 보고자 필을 들었다.

내 처가는 춘천이다. 장모님은 6 · 25로 장인어른이 춘천 군부대에 근무하게 되면서 그곳에 자리를 잡았다고 한다. 그동안 고생하다 이제서야 조금 살만하게 되자, 장인어른께서는 딸 아이 셋을 남기고 지병으로 세상을 뜨셨다고 한다. 그 때 장모님 나이 30대이셨다고 한다. 그리고 장모님 말씀에 의하면 장인어른께서 그렇게 돌아가신 것이 6 · 25 때 인민군에게 얻어맞은 것이 화근이 된 것 같다고 하셨다.

장인어른이 돌아가시고 빚만 남아 모든 재산은 넘어가고 눈만 말똥말똥한 세 딸들과 홀로 세상을 살아나가야 될 환경에 처하게 되었다고 한다. 그러니까 그 이후 장모님의 삶의 여정은, 살기 위해선 무슨 일을 못하랴는 생각으로 여자의 몸으로 힘든 일도 마다하지 않았다고 하셨다.

아이들 학교도 보내야 하고, 먹고도 살아야 하는데, 기본 터전이 없기에… 그래서 시작한 일이 춘천 군부대에서 나오는 휘발유장사였다고 한다. 부대에서 뽑아낸 것을 일반 주유소에 팔아넘기는 일이니 보통 어려운 일이 아니였다고 했다.

가끔씩 그 이야기를 들어보면 굽이굽이 사연이 많아 보였다. 헌병들의 불심검문에 걸려 군에 붙들려간 이야기하며, 또 그 때 헌병 짚차를 붙잡고 나를 감옥에 보내느니 차로 밀고 지나가라고 했다는 이야기, 그리고 나의 아이들을 살려내라고 헌병과 실랑이를 많이 벌였다는 이야기 등등 많은 일들을 겪으며 살아오신 것 같았다.

우리 선대가 그 당시는 모두 어려웠다고 하지만 그 중에서도 오로지 먹고 살아야 되는 그 처절한 이야기는 나만이 들어야 할 이야기는 아닌 것 같다.

그 뒤 검문, 검색이 심해지고 또 군인들이 피해를 볼까봐 그 장사는 그만두고 청량리 시장에서 청과물장사를 시작했다고 한다. 지금도 장모님은 새벽 4시에 집을 나선다.

10년 전 나는 장모님의 둘째딸과 결혼을 했다.

그 당시 나는 강남구청 수도공사과에 근무했었다. 1982년도에 "서울시 시행 7급 공채시험"에 합격하여 발령 받은 곳이 그 곳이었다.

배우자도 선택이라고 했다. 사람은 태어나서 세 가지를 선택하는데 첫 번째 선택은 '가치관' 이고 두 번째가 '직업' 이며 세 번째가 '배우자' 라고 한다.

'가치관' 은 내가 주일성수하며 생활하니 해결이 되었고 '직업' 도 시험에 합격하여 구청에 근무하니 해결된 셈이었다. 마지막으로 '배우자' 의 선택만이 남았었는데… 선을 여러번 보았지만 내가 좋다고 느끼면 상대편이 싫다고 해서 해결이 되지 않고 있었다. 그러던 중 아내를 소개받았고 만난 지 5개월만에 결혼을 하게 되었다.

초생달은 갈수록 커진다는 가르침을 따른 것도 있겠지만, 또 무엇보다 아내의 얼굴이 마음에 들었다. 결혼 얼마 후, 나는 장모님께 그동안 어렵게 살아오신 삶의 한 단막 단막을 조금씩 듣게 되었으며 그 꺽달졌던 삶의 "한"을 느낄 수 있었다.

눈물은 가장 진실된 삶의 표현이라면 그런 이야기 속에 섞인 눈물을 난 어떻게 받아들여야 할까.

장모님은 꼭 새벽 4시에 집을 나와서 춘천 어느 한 마을에 있는 '번개시장' 으로 가신다. 그곳에서 잡곡과 채소 등을 사서 트럭으로 부치고 8시쯤 서울행 기차를 탄다. 그리고 오전 내 도매로 물건을 소매상에 넘기고 오후에는 가게에서 소매로 물건을 팔다 저녁 8시쯤 춘천으로 다시 내려가신다.

딸들이 결혼해서 서울에 살고 있으니 집에 가면 반겨줄 누군가가 있겠는가. 아무렇게나 밥 한끼를 때우고 잠을 청한 뒤, 다음날 또 다시 집을 나서는 반복의 생활을 하셨다. 나는

"장모님, 차라리 서울에서 정주하시지요."

하고 말씀을 드려보았지만, 그건 안 된다고 하신다. 동생이 바로 옆에 살고 있는데 동생 살림을 돌봐줘야 된다는 것이다.

텔레비젼은 우리에게 여러 가지를 보여준다.

일상적인 뉴스, 운동시합, 연속극 등… 그 중에서 나는 TV 교양프로 〈인간시대〉를 즐겨본다. 가끔씩 〈인간시대〉를 보며 억척스럽게 살아가는 여러 사람들의 다양한 삶의 이야기를 접하게 될때면 우리 장모님이 생각난다.

〈인간시대〉 소재를 통해 표현하려는 것이 어려운 가운데서도 굴하지 않고 당당하게 삶을 일군 사람들의 이야기라면 나의 장모님의 삶은 어쩌면 〈인간시대〉의 주인공 이상이 아닌가 싶다.

가난은 죄가 아니라고 했다. 그 가운데도 직업엔 귀천이 없는 것이고 보면 억척스레 삶을 일군 이들의 인간승리는 오늘날

우리나라가 이만큼 일어서는 기틀이 된 것이 아닐까 생각해 본다.

며칠 전, 호반의 도시 춘천 어느 경치 좋은 한 장소에서 인간승리하신 장모님의 회갑연이 벌어졌다. 오신 손님의 절반이 시장사람이었다. 난 눈앞이 흐릿해졌다. 점의 연속이 선이요, 그 굵고 짧은 선의 연속이 인생이라 할 때, 삶이란 크게 선 하나밖에 그을 수 없다해도 이는 숭고한 것 아니겠는가.

모두 어울려 노래도 부르고 술도 마시고 같이 뛰면서 춤도 추었다. 그리고 우리 세 사위는 장모님을 등에 업고 '어머님 은혜' 를 불러드렸다.

나는 10년 전, 서울시 7급공채 국어시험에 났던 한 문제가 생각이 났다. 괄호안에 골라 넣기 문제였는데,

"( )는 백행(百行)의 기본(基本)이라?" 하는 문제였다.

그 보기로 ①예(禮) ②충(忠) ③효(孝) ④신(信)이 나왔었는데, 그 중에서 답은 뭐였을까?

답은 ③번이다. 그렇다. 효가 백행의 기본이다. 어떤 면에서 사위자식으로 당연히 해드려야 할 오늘이지만 장모님으로선 엄청나게 기쁘면서도 들뜬 하루가 아니였을까?

기쁜 하루, 우리 한국 사람은 너무나 기쁘다보면 눈물을 흘리기도 한다. 실제로 나는 여러번 장모님이 우시는 모습을 보았다. 오늘도 눈물을 훔치시는 장모님을 보면서 그동안 얼마나 힘드셨을까? 그 고달프고 힘들었을 장모님의 삶과 여정을 생

각하니 마음이 아련해져왔다.

이 귀한 하루, 영원히 기억하고 싶은 하루를 보내며 내가 할 수 있는 일이 무엇일까 생각하다 비록 둔한 필체이고 짧은 문장 실력이지만 장모님의 숭고한 삶을 생각하며 필을 들어보았다.

"장모님, 오래오래 그리고 건강하게 사십시오."

〈둘째사위　90. 4. 28〉

분수 지키기

길거리엔 한 잎, 두 잎 낙엽들이 굴러다닌다. 여름의 그 무성한 숲이 벌써라기도 전에 울긋불긋 옷을 갈아입는 계절이다. 우리가 의식하든 의식하지 못하든 자연은 우리 가까이에서 자기만의 삶에 충실하다.

서구의 철인 '하이데거' 는 "사람은 던져진 생을 산다" 고 하였는데, 만물의 영장이란 우리는 과연 한 번 뿐인 이 삶을 어떻게 사는 것이 잘 사는 것일까.

우리 모두의 삶이 점의 연속인 하나의 선에 불과하다 할지라도 그 자체는 엄숙한 것 아닌가.

원칙과 절제, 질서와 조화, 정의를 지속적인 자질로서 우리는 왜 자신을 향상시킬 수 없을까.

얼마 전 길거리에서 우연히 10여 년 전의 한 친구를 만났다. 서로 연락이 전혀 없은채, 그러나 얼굴은 서로가 기억하기에 반가워하며 안부를 물어보았는데 둘 다 사정은 비슷하다.

학교 졸업하고, 직장을 가졌고, 결혼을 해서 아이의 아버지들이 되어있으니 피차 열심히, 바쁘게 지내온 것 같은데….

그 친구와 헤어진 후 돌아오면서 생각해 본다. 또 10년, 그리고 10년이 지났을 때 또다시 어떤 모습으로 변할까 하고.

그리하여 언젠가 삶의 종착에 달했을 때 내려지는 삶에 관한 평가는 어떨까하고 생각해본다.

성경에 보면

"너희 중에 크고자 하는 자는 섬기는 자가 되고, 으뜸이 되고자 하는 자는 종이 되어라"

는 말씀이 있지만 우리는 너무 오만하게 급하고 바쁘게 그저 앞만 보고 달리며, 포기 또한 쉽게 하는 것 같다.

가끔씩은 옆도 보고 겸손하게 뒤도 돌아보아야 하는데 말이다. 조삼모사처럼 변덕 또한 심한 것 같다.

그러나 우리를 감싸고 있는 자연은 그렇지 않다. 자연은 변함이 없다. 언제나 포근한 어머니의 품과 같이 변함없는 사랑으로 우리를 감싸고 있는 산천의 의연함 속에 인간은 그것에서 와서 그곳으로 가는 것이라 여겨진다. 떨어진 낙엽이 그 나무 밑에서 썩듯이 말이다.

요즘 세상이 각박해지고 인심이 험악하여 자기밖에 모르는 이기주의와 물질만능, 배금주의가 팽배하여 상식 밖의 사건·사고들이 우리의 가슴을 아프게 한다고 뜻있는 사람들의 걱정이 많다.

그러나 나는 그렇게 걱정만은 안한다. 그 이면을 보면 그래도 우리 사회 각계각층에서 소리 없이 자신의 직분을 다하며 다수의 보편적 이익을 위해 노력하는 선량한 소수의 분들이 각 요소마다 기둥들로 버티고 있잖은가.

숭고한 이념과 거룩한 동기의 바탕 위에서 자기의 갈 길을 아는 자에게 세상은 그 길을 열어줄 것을 믿으며 묵묵히 걷는 자 또한 많다고 믿어본다.

언론(TV · 신문) 등은 우리들을 여러 가지 면에서 선도하지만 그중 요즈음 신문을 펼치면 수재민을 돕자는 지면에 십시일반으로 모아지는, 끊임없고 자발적인 성금들은 우리 사회가 그래도 인정이 넘치고 있다라고 단정한다면 나만의 독선일까.

분명한 것은 인생은 얼마나 사느냐보다 어떻게 사느냐가 중요한 것 같다. 어차피 "공수래공수거"이기에 한번 뿐인 나의 삶을 어떻게 살 것이냐고 의미를 부여해 보며 결실의 계절을 맞이해 우리 모두 곰곰히 생각해 보는 자신만의 시간을 가져 보아야 하지 않을까?

수분지족(守分之足)이라고, 주어진 현실에 만족해하며 자기가 할 수 있는 범위 내에서 도전하고, 인내하고, 위험을 범하고, 모험을 시도하면서 미지의 길을 걸으며 꽃이 필만한 곳에 씨앗을 뿌리며 나아가자고, 깊어가는 가을의 한 길목에 서서 부족한 젊은 것이 제언해 본다.

〈서울시보 / 90. 10 .12

파도가 바위를 깎듯이

시험을 참는 자는 복이 있도다
이것에 옳다 인정하심을 받은 후에
주께서 자기를 사랑하는 자들에게 약속하신
생명의 면류관을 얻을 것임이니라
(약 1:12)

우리가 살고 있는 이 터 위에, 유구한 역사 속에, 무수히 많은 사람들이 나서 살다 죽었다. 그 영겁의 세월을 넘어 미래의 우리 후손들이 살아갈 이 터 위에 오늘 우리는 살아간다. 그 와중에 열심히 사는 사람도 있고 얼렁뚱땅, 적당하게 되는대로 사는 사람도 있고, 자아실현을 위한 자기만의 비젼을 가지고 열심히 살아가는 사람도 있다.

서구의 철인 하이데거의 말처럼 "사람은 던져진 생을 산다고 한다" 한 번 왔다 한 번 사는 삶이길래 이 삶이 귀하고 엄숙하다고도 한다.

우리는 어떤 삶을 살아가고 있는가. 따스한 봄볕은 처마 밑

고드름을 녹이지만 양지쪽 땅은 더욱 단단하게 하지 않는가. 삶이란 길게 볼 때 하나의 점에 불과하다고 하나 그것은 엄숙하고 거룩한 것, 점의 연속은 선이길래 부여받은 한 삶을 일굼에 있어 무언가 주위환경 속에 자신을 더 다듬고 싶어 어려운 코스를 택한 우리들이기에 우리 대열에 서있는 또한 관문을 지나고 넘어 선 모든 이들 사이에는 공통점이 있다고 할 것이다.

그것은 도전하고 인내하고 위험을 범하고 모험을 시도하면서 미지의 길을 걷는 배움에의 열망과 내가 머물러야 할 곳이 여기가 아닌데 라고 외쳐보는 자들만의 공통점, 세상은 자기의 갈 길을 아는 자들에게 그 길을 열어준다고 하는데 인생의 시련은 우리를 해치는 것이 아니라, 우리를 강하게 만드는 것이라고 하는데 우리들만의 공통점이 바로 이것 아닌가.

가난은 죄가 아니요, 그것은 단지 극복되어져야 할 대상이라고 하기에 그래서 난 이 글의 제목을 '파도가 바위를 깎듯이'라고 붙여보았다. 부족한 글을 써달라는 부탁을 받고 고민고민하다 무슨 제목을 달아볼까 생각하던 중, 아무렇게 깎여진 듯하나 무언가 마음에 와 닿는 바위들이 생각났다. 그 바위들이 그 형상으로 깎여진 것은 하루 이틀에 된 것이 아니라, 또한 누가 유도한 것도 아니고 누가 감독한 것도 아니리라. 정말 감독하였다면 그것은 창조주 하나님이 아니겠는가?

어떠하든 오늘 우리에게 보이는 그 바위들의 깎여진 형상들은 밀려왔다 밀려가는 파도에 의해 다듬어져 그 형상들을 백이면 백, 천이면 천, 만이면 만, 전부 그 모양을 달리하지 않은가.

각자 자기만의 모습을 가지고 오늘 우리 앞에 서 있다.

누가 그 형상을 알려주든 그렇지 않든 누가 그것을 쳐다보든 쳐다보지 않든 늘 우리 앞에 있을 뿐만아니라, 앞으로 그 바위 앞을 지날 모든 것들 앞에 서 있다.

저 파도가 정말 저 바위를 깎았을까. 가끔씩 난 자신에게 물어본다. 파도와 바위가 시사하는 것이 무언가. 바쁘게 설쳐대며 시간에 매달려 사는 우리들, 우리들도 바쁘게 살아가지만 무언가 우리도 모르게 깎으며 산다.

그 와중에 우린 방송대학을 졸업했다. 방송대란 바위를 깎는데 있어서 들었던 힘은 나름대로 다 다를 줄로 여겨진다. 그 바위는 실은 단단하고 그 바위는 실로 육중했다. 어떤 면에서 그 기간이 가장 귀하고 가치 있는 것으로 여겨진다.

또 우리는 바위를 깎아야 한다.

그러나 주경야독, 형설지공 이 과정을 거친 우리이기에 무엇이 더 어려울까.

보다 더 순수한 열망과 선량한 포부와 진실된 근면한 자세로 나에게 주어진 이 귀하고 가치 있는 한 번의 삶을 다듬어서 정말 방송대인들의 선배로서 우리만의 터 위에 한 획을 긋는 우리가 되어보자고 간구해본다.

〈한국방송대학보 91. 1. 20〉

편집후기

그가 우리를 흑암의 권세에서 건져 내사
그의 사랑의 아들의 나라로 옮기셨으니
그 아들 안에서
우리가 구속 곧 죄사함을 얻었도다
(골 1:13~14)

파도가 바위를 깎는다.

누가 보든 안 보든 1년 전, 10년 전, 아니 그 이전부터….

어느 날 갑자기 맡겨진 편집부장이란 소임은 이 모든 것을 담당하기에 솔직히 역부족이나 전부터 관심이 조금 있는 분야라 열과 성을 담아보았지만 우리 동문들의 마음에 어떻게 받아들여질지 걱정된다.

편집방향, 원고청탁, 매수조정 등 주로 점심시간에 모여 보다 나은 작품(?)을 잉태해 보고자 고심한 서철모, 박홍수, 조관호, 박선영, 김은제 님 외 편집위원의 노고에 무어라 말을 못하겠다.

새해 예산 편성 관계로 그 바쁜 와중에서도 바깥으로 뛰어주신 서부회장님에게는 전화 드리기조차 미안했다.

특히 이번 일에 가장 큰 애로는 동문 명부 작성이었다. 존함만큼은 한문으로 옮기려고 했지만 100% 그러질 못해 아쉽고 또 무엇보다 전화번호가 틀렸거나 누락된 동문이 있으시다면 용서를 바라는 마음이다.

어릴 때 시골 여름밤에 길을 밝히며 날아가는 반딧불처럼 이 한 권의 책이 비록 큰 가치는 없을지라도 동문간의 보이지 않는 끈으로서 다수의 보편적 이익을 위해 보다 머리를 숙이게 하는 길잡이가 되어주길 바란다면 너무 큰 욕심일까?

2차대전의 영웅 알라메인 몽고메리가 쓴 「지도자의 길」이란 저서 맨 뒤편 에필로그 중의 두 구절이 생각난다.

"진정한 자유란 하지 않으면 안 될 일을 하는 자유이지 하고 싶은 일을 하는 자유는 아니다" 그리고 "이 세상은 신앙의 인생이며 그렇지 않으면 안 된다" 라고.

노 장군 몽고메리는 퇴역 후 집필한 이 저서의 결론으로 위와 같은 글을 남겼다.

"부족한 저는 우리 동문에게 이 말을 제언하고 싶다.

세상에서 하지 않으면 안 될 일이 무엇인지 모르지만, 각자가 서 있는 위치에서 우리가 그 일을 감당하자고."

〈서울통우 창간호 / 91. 3〉

여름휴가

우리 모두가 다 그렇겠지만 일년에 한 번인 휴가는 귀중한 시간이다. 내 개인적으로도 휴가 날짜가 결정되면 가고 싶어지는 곳이 많다. 어디로 갈까? 관광지도를 놓고 궁리도 해보고 주위사람들 이야기도 들어본다. 그러다가 금년에도 고향으로 갔다왔다.

동네 어른들, 정든 푸른 산야, 그리고 아버님 산소 등 이런 것이 나를 이끈다. 그리고 변하지 않는 푸른 산야, 봉우산, 여항산 등은 높은 하늘과 어우러져 나의 좋은 마음의 쉼터이자 활력소이기도 하다.

원래 6 · 25 전쟁 이전에는 나의 고향이 군청 소재지였었다. 그런데 전쟁 이후로 철도가 놓여진 교통이 편리한 지금의 소재지인 가야읍으로 내려왔다고 웃어른들이 이야기한다. 군청이 이전되지 않았더라면 더 좋았을 텐데….

작년 이맘때가 생각났다.

아이들과 같이 시골동네 과수원에서 내 세상이다 하고 우는 매미와 잠자리 등을 잔뜩 잡아 무엇보다 큰 수확이었는데 상경하는 길에 깜빡 잊고 나섰다. 그도 그럴 것이 며칠 지낸다고 옷가방, 책가방 등을 잔뜩 들고다니니 마침 잠자리 통을 챙길 겨를이 없이 버스를 탔다. 아이들은 아이들대로

"아빠, 잠자리통."

하면서 당장 집으로 가지러 가자고 마구 보챘다. 나는

"잡은 잠자리들을 살려주었다가 내년에 다시 잡자."

고 아이들을 달랬다.

올해에도 작년에 놀던 과수원으로 갔다. 매미와 잠자리가 나와 꼬마들의 사냥대상이었다. 올해는 작년과 달리 큰 아이가 자기가 잡겠다고 마구 나선다.

우리 집과 과수원 사이에 논이 하나 있는데 과수원에 가려면 논두렁을 지나가야 된다. 그 논두렁에 크고 작은 개구리들이 펄쩍 논으로 뛰어든다. 그때부터 잠자리채가 개구리 채로 변했다. 잠자리통도 개구리통으로 바뀌어 채로 덮쳐 손으로 잡아 통에 넣는다. 논두렁 사이에 두 어린놈이 들어가더니 나올 줄을 모른다. 발이 논에 빠져 신과 옷은 버린지 오래고…

난 거기서 도시의 아이들을 생각해 본다.

도시 내 놀이공간이 부족하여 전자오락이란 비디오로 물들어 그것이 전부인양 크는 요즘 아이들을 볼 때 마음이 아프다.

녀석들이 논에서 개구리 잡는 것을 보는 내 마음은 왜 그렇게 흡족하게 느껴지던지…

며칠을 보내고 상경하는 날이다.

집을 나서기 위해 짐을 정리하는데 큰 아이가

"아빠, 잡은 잠자리 살려줘요. 그래야 내년에 또 오잖아요."

한다. 나는

"그래 네 말이 맞다, 살려주자. 그리고 내년에 또 오자."

하고 말했다.

잠자리 통의 뚜껑을 여니 통 안의 잠자리들이 서로 내가 먼저라고 흡사 기다렸다는 듯이 푸른 창공을 향해 힘차게 날아갔다. 마치 논두렁에 앉아있던 개구리가 논 안으로 풀쩍 뛰어드는 것처럼.

〈함안소식 / 94. 8. 1〉

청계고가도로와 명동

하늘과 땅의 모든 권세를 내게 주셨으니
그러므로 너희는 가서 모든 족속으로 제자를 삼아
아버지와 아들과 성령의 이름으로 세례를 주고
내가 너희에게 분부한
모든 것을 가르쳐 지키게 하라
볼찌어다 내가 세상 끝날까지
너희와 항상 함께 있으리라 하시니라
(마 28:18하~20)

"세월은 흐르는 물과 같다."

국민학교 졸업식장에서 교장선생님이 하시던 말씀이 생각난다.

흐르는 물 가운데 던져진 생을 살면서 직업, 배우자, 가치관이 선택이라면 나의 경우 직업의 선택에 있어 70년대 후반 군에서 제대하고 학교에 복학해 취업을 준비하면서 공무원을 하기로 마음을 정했다.

그 당시 내가 기업체로 가고 싶은 마음이 없었던 것은 기업의 이익을 위해 노력하는 것보다 타인의 삶에 봉사할 수 있는 길이 무엇인가 생각하다가 서울시에서 시행하는 공무원 시험에 응시, 오늘에 이르렀다.

기쁨과 슬픔, 보람과 긍지, 좌절과 실망 등으로 점철된 그 지난날의 기억 중에서 유난히 기억에 남는 이야기 한 두 가지를 소개해 보고 싶다.

81년 말 종로구청 토목과에서 시보를 마치고 동사무소에서 근무하였는데 내가 근무한 창신3동은 그 당시 주거환경이 썩 좋은 편은 아니었다.

나는 통 담당이어서 고지서 발부, 통내 민원사항 건의 등 잡무를 맡아 5개월쯤 지났을 때였으며, 연휴가 며칠 계속될 때였다.

사무실에 출근하니 동사무소에서 조금 떨어진 버스종점 부근 근린상가 건물이 무단 증축되고 있다는 제보를 받았다. 버스종점 위로 지금은 아파트가 들어섰으나 그 당시는 계획 없이 지어진 집들이 태반이었으며 버스종점 부근 근린상가 건물은 동네에서 상당히 큰 건물 중의 하나였다.

달려가 보니 기존 건물에 무허가로 건축물을 증축하는 중이었다. 나는 즉시 무허가 건물 증축을 중단시키고 건물 주인에게 철거하도록 종용하였으며 건물 주인으로부터 철거하겠다는 약속을 받고 돌아왔으나 무허가 건물은 계속 증축되었으며 나는 그 건물을 철거하기 위하여 노력하였으나 철거치 못하고 건물주와 동료의 비협조 속에 고민하다 사표를 썼다.

"동장님 죄송합니다. 제가 맡고 있는 동네에서 제가 없는 사이에 무단으로 증축된 건물이 들어섰는데 저는 경험이 없어 해결할 수 없으니 이만 고향으로 돌아가겠습니다."

그리고는 고향에서 속 모르는 부모님과 며칠 지내는 사이 전혀 생각지도 않았던 전보가 동장님으로부터 날아왔다.

"임대성 귀청 속래."

전보를 받고 전화를 드렸더니 당장 상경하라고 하신다. 근무지에 돌아와 보니 그 무허가 건물은 이미 구청 주택과 단속계에서 나와 말끔히 철거가 되어 있었고 건축담당은 나를 보고 어쩔 줄 몰라했다.

괜히 동료와 상사에게 미안한 마음이 들었다. 지금 와서 곰곰이 생각해 보면 그 방법보다 더 주위를 자극하지 않고 해결할 수도 있었는데….

공무원을 시작해 7년쯤 된 것 같다. 7급 공채시험에 합격해서 본청 재개발과로 발령받아 근무할 때이다. 세월이 지난 지금 만약 그 순간 일을 잘못하였으면 어찌 되었을꼬 하는 것만 골라 적어본다.

당시 본청 주택국 업무 중 불량주택 재개발은 주택개량과에서, 도심재개발 업무는 재개발과에서 취급하는데 도심재개발을 촉진하기 위하여 도심재개발의 구역지정, 2년 내 사업계획결정, 결정된 사업계획의 변경결정(지구분할, 지구통합 등), 결정된 지구의 인가, 변경인가, 건축허가 등이 재개발과의 고유업무이었다.

지금도 그렇지만 재개발은 이해관계가 복잡해 민원이 많고 행정심판, 소송 등이 끊이질 않는다. 그러나 행정행위들은 상위법인 도시계획법에 의거 또는 모법인 도시재개발법 및 지침 등에 의해서 시행되는데 내가 근무할 당시는 80년대 후반으로 80년대초 올림픽 유치 후 활성화를 위해 벌려졌던 사업들이 거의 마무리되고 있던 때였다. 내가 맡은 구역은 서린구역, 소공구역 등이었다.

내가 쓰고 싶은 사례는 서린구역 제6지구 사업시행 인가와 관련한 민원에 대해서다. 당시 서린구역 제 6, 8, 9지구를 신문공고, 도시계획 심의 등 적법절차에 의거 서린구역 제6지구로 사업계획 결정하여 사업시행 인가가 나갔다. 그러니까 사업계획 변경 결정전 8지구에 토지를 가지고 있던 민원인으로 기억된다.

이 민원인은 연세가 많은 분으로 꼭 할머니와 같이 사무실을 찾아오셔서 무조건 왜 나에게 사업계획 변경을 변경결정 전에 통보도 없이 당신들(?) 임의로 하였느냐고 막무가내이셨다. 나는 그 민원인에게 재개발법, 재개발 업무지침 등을 펼쳐놓고 도심재개발은 도심발전을 위해 도시계획으로 사업시행인가 및 변경인가 등의 행위가 이루어지고 도시계획 심의 이전 2개 일간신문에 공람 공고를 거쳐 행위가 이루어졌다고 차분하게 말씀을 드렸다.

또 실상은 사업시행자에게 이득이 많이 가는 것 같으나 실은 사업시행자 입장에서는 재개발 해제를 원하는 것은 더 많은 토지의 재산권 행사를 법에 의거 제한받다 시에서 정한 기준에 의거 공공용지(공원, 도로, 주차장 등)를 시에 기부체납 하였으며 불특정 다수가 이용하므로 할아버지 입장에서는 어쩔지 모르나 저로서는 도움이 못되니 어떡합니까라고 차분하게 열심히 설명을 드렸으나 이해를 못하시었다. 그 이후 수시로 오셔서 사업계획 변경이 잘못되었다고 사무실이 떠나가도록 소리를 지르시고 돌아가셨다.

나 같으면 잘잘못을 따져보고 항의하겠으나 이분은 그게 아니었다. 결국 정부합동민원실, 건설부, 서울시는 말할 것도 없고 여러 곳에 진정을 하다 안 되자, 행정심판을 제기하였으나 기각되자 행정소송, 민사소송 등을 제기하였다.

자기의 억울함 및 행정행위의 부당함의 결정을 법원에 구하였으나 모두 패소 내지 기각되었다. 나도 이제 그 할아버지가 찾아오면 은근히 부아가 치밀었다.

그런데 난데없이 검찰에서 사업계획 변경이 잘못되었으니 서류 사본을 가지고 오라고 통지가 왔다. 나는 솔직히 재개발과 명을 받아 처음 처리한 일이라 변경요건에 따른 동의 인원수 산정에 있어 혹시 내가 잘못하지 않았나 하고 손끝이 떨렸다.

당시 재개발법상의 동의 인원수 산정에 있어 토지, 건물소유자의 3분의 2이상의 동의는 사업계획 변경에 따른 요건은 아니고 사업시행 인가에 따른 요건으로 되어 있었으나 관행상 사업계획 변경시 인가 등을 전제로 하기에 내부적으로 토지, 건물 소유자의 동의 요건을 확인한 후 처리하였다.

그래서 엄밀히 말하자면 도시계획으로 사업계획 변경시 본인 불고지나 동의 인원수 산정 등은 법사항은 아니었다. 그러나 잘못되면 파문이 일 것 아닌가.

검찰에서 오라고 하는 날에 계장님이 결정시의 필요(요구) 서류와 인가시의 필요(요구) 서류를 복사해서 검찰에 가서 조사를 받았다.

가서 곧 해명은 되었고 바로 퇴근하셨다는 연락을 받았다. 그 순간 나는 그 할아버지가 원망스럽기도 하고 또한 과연 이런 공직에 어떤 매력을 느껴야 할까 하는 공직에 대한 회의도 일었다.

얼마 전 재개발과 소식을 들으니 아직까지도 민원을 제기한다고 하며, 이제는 진정서류가 와도 회신를 않는다고 한다. 곰곰이 자신에게 되뇌여 본다. 그 민원인께서 얼마나 억울하였으면 그러시기까지 할까. 내가 정말 그 민원인을 위해 해줄 수 있는 일이 무엇인가 하고. 만약 사업계획 그 자체를 번복할 수 있다면 그 땅만 해제해서 그 민원인에게 드릴 수 있다면 얼마나 좋을까 하고….

그러나 이것은 나의 희망사항일 뿐 정말로 내가 할 수 있는 일은 아무것도 없었다. 앞으로는 정말 기안 한 장, 방침 한 건, 깊이 생각하고 정확하고 합리적인 기준 및 규정 등에 의거 처리해야 하겠다고 다짐해 본다.

얼마 전 우리 모두 다시는 기억하고 싶지 않은 성수대교 붕괴 사고가 났다. 그 사고로 서울시에 있는 한강 교량을 비롯하여 모든 도로시설물을 총괄 점검하고 유지관리 하는 도시시설안전관리본부가 발족되었다. 나는 여기로 발령받았다. 우리 본부가 행하는 많은 일들 가운데 내가 맡은 업무는 청계고가도로 보수공사 업무 담당이다. 건설기술 관리법에 의거 일정규모 이상의 공사는 책임 감리제가 도입되어 책임감리 하에 보수공사를 하고 있다. 담당자로서 신경이 쓰이는 일이 한 두 가지가 아니다.

서울시에 사는 시민으로서 한 번도 청계고가도로를 이용해 보지 않은 사람은 없을 것이다. 청계고가도로는 67년 10월부터 76년 8월에 준공된 국내 최초의 고가도로로서 도시의 명물인 동시에 동과 서의 축을 잇는 교통혈관과 같은 역할을 하고 있다.

청계고가도로는 램프 15개소, 본선 약 6㎞로 건설 당시는 삼일고가도로로 불리어졌는데 건설 당시 삼일빌딩이 바로 옆에 있어 그렇게 명명되었다고 한다.

우리 모두 자기가 맡은 일에 나름의 고민이 없을 수 없고 해결해야 할 난제들이 있으나 피하여서도 피할 수도 없는 것들이기에 항상 내 신경은 어디에 있든 청계고가 상판에서 핸드 브레커 또는 워터젯 장비를 가지고 공사하는 작업자 그들과 같이 있다.

우리 본부는 본청건물 4층에 있다. 현장점검이라 공사 진행사항을 확인하기 위해 시청 문을 나서 을지로 지하도를 경유해 현장으로 가는 코스를 난 꼭 명동으로 경유해 가는 것으로 잡는다.

외환은행 본점 앞을 경유해서 가는 경우나 조선호텔 앞을 경유해서 갈 수도 있으나 명동으로 잡는 것은 볼거리가 많고 젊음이 있기 때문이다. 강남이 개발되고 축이 옮기었다고 하지만 이곳만큼은 생기가 넘치는 것 같다. 특히 증권가와 고급상점가가 많다. 그 사이 사이를 낭만과 여유가 있는 젊은이들이 오고 간다.

우리나라에서 제일 토지가 비싸다는 상업은행 명동지점을 지나 명동성당을 바라볼라치면 고고하고 숭고하면서도 엄숙한 그 무엇이 마음에 와 닿는다. 또 영락교회는 공사 중인 현장 바로 옆에 있다. 영락교회도 별관을 신축하는지 터파기 공사가 한창이다. 두 건물 사이에서 하늘을 우러러 본다.

사람이 세상을 삶에 있어 가장 가치 있는 것은 무엇일까?

또 어디에 정말 비중을 두며 살아야 할까?

항상 자신에게 묻는 의문이지만 사람 간에는 신의가 아닐까 생각해본다. 어떻게 사는 것이 공인으로서 먼 훗날 부끄러움이 없는 삶인지…

높은 현실 참여는 못할지라도 주어진 현실 속에서 맡은 일을 완수할 수 있게 해달라고 교회들을 바라보면서 자신에게 타일러 본다.

2차 대전 당시 아프리카 전투에서 사막의 여우 에드윈 롬멜 독일 장군을 물리친 알라메인 몽고메리 장군이 쓴 「지도자의 길」이란 큰 감명을 받으며 읽은 책이 있는데, 그 책의 맨 마지막 에필로그에서 "이 세상은 신앙의 인생이며 그렇지 않으면 안 된다"는 경구에 공감이 인다.

얼마 전 또 기억하고 싶지 않은 사고가 났다.

삼풍백화점 붕괴사고이다. 사고가 발생했다는 연락을 받고 우리 본부 간부님과 동료들은 연일연야 그곳에서 밤을 지새웠다. 본부장님이 그곳에서 숙식을 하시므로 인해 결재를 받기 위해 여러 번 그곳에 갔다. 공무원 생활에 있어 결재를 받기 위해 왔다갔다 하는 일이 더구나 이런 사고로 인해 없었으면 하고 이를 악물어 본다.

청계고가도로를 다니는 많은 차들, 보수공사가 신설공사보다 3배는 힘들다고 하지만 본부장님 말씀처럼 완벽한 보수를 위해 혼신의 힘을 다해서 문제를 외면하지 말고 문제와 정면 대결해서 합리적으로 해결하는 것만이 주어진 소임으로 여겨 본다.

〈서울 시청 사무실에서 / 95. 10. 1〉

마지막 잎새

또 증거는 이것이니
하나님이 우리에게 영생을 주신 것과
이 생명이 그의 아들 안에 있는 그것이니라
아들이 있는 자에게는 생명이 있고
아들이 없는 자에게는 생명이 없느니라
내가 하나님의 아들의 이름을 믿는
너희에게 이것을 쓴 것은
너희로 하여금
너희에게 영생이 있음을 알게 하려 함이라
(요일 5:11~13)

주일 아침 7시 전화를 받았다.

전영구 집사님이다. 집사람을 바꾸어 달라고 한다. 오늘 성가연습 후 기도 부탁한다고. 그리고 빨리 오라고. 잠이 와서 졸리기도하나 1부 예배 성가대에 서야 된다는 마음에 아내를 깨우며 화제를 만든다.

집사람이 어젯밤에 정수(둘째 꼬마, 초등학교 3학년)가 책을 읽어 보라고 마구 보채었다고 한다. 다른 일을 하고 있어서 그 일 하고 읽겠다고 했더니 책을 눈앞에 가져와서 억지로 읽었다며 어지간하면 다 아는 단편작으로 그 내용을 요약하면 아래와 같다.

워싱턴 광장 서쪽 조그만 동네가 하나 있었다. 그리니치 빌리지 마을로 방값이 싸서 가난한 화가들이 집단으로 사는 동네이다. 그 마을에 '수와 존시' 라는 젊은 처녀 화가가 살았는데 수는 메인 주에서, 존시는 캘리포니아 주에서 왔으며 식당에서 우연히 만나 같이 화실을 꾸미고 지냈다.

이 화가들의 동네에 폐렴이 돌아 수십 명이 목숨을 잃었다. 연약한 소녀인 존시가 이 병에 걸려 눕게 되었는데 존시는 창문가 이웃집의 벽돌로 된 벽을 바라보며 눕게 되었다.

존시를 진찰한 의사가 수에게 아가씨의 병이 나을 가능성이 10%라고 했다. 마음속에 살아야겠다는 의욕을 가져야 하나 존시는 살기는 글렀다고 생각했다.

존시는 창밖의 벽에 덩그러니 있는 넝쿨 잎을 거꾸로 세고 있었다. 많이 있었으나 다 떨어지고 열 둘, 열 하나 잠시 후 열… 마지막 하나가 떨어질 때 자기도 떠난다고 수에게 말했다.

수는 존시를 진정시키고 아랫방 버만 할아버지를 찾았다. 버만 노인은 나이가 60이 넘었고 실패한 화가이다. 40년 동안 붓을 들고 있었지만 이렇다 할 작품을 남기지 못했고, 그래서 직업 모델을 쓸 수 없는 젊은 화가들의 모델이 되어주며 조금씩 벌이를 하고 있었다.

수는 존시가 너무도 마음이 약해져서 금방 세상을 떠날 것 같다고 말하자, 버만 노인은 담쟁이 넝쿨의 잎이 떨어진다고 자기가 죽게 된다는 바보 같은 소리를 하는 녀석이 어디 있냐고 막 야단을 쳤다.

두 사람은 담쟁이 넝쿨의 잎을 걱정스런 얼굴로 내다보았다. 이튿날 아침 존시는 수에게 "차양을 올려줘. 보고 싶어."라고 말했다.

올리고 보니 마지막 한 잎이 당당하게 매달려 있었다. 저 잎이 떨어지면 나도 죽는다고 말하며… 그 다음날 또 차양을 올리라고 마구 졸랐다. 그런데 담쟁이 넝쿨의 마지막 잎새가 그대로 있었다.

존시는 그것을 한참 바라보다 "내가 나빴어. 내가 죽고 싶어 하는 건 죄악이야." 삶에 관한 존엄과 의욕을 찾고 생기가 돌기 시작했다.

의사가 다시 진찰해 보며, 영양 섭취와 간호만 잘하면 살 수 있다고 말했다. 그때 수는 존시를 끌어 안으며

"버만 할아버지가 오늘 병원에서 세상을 떠나셨어. 수위 아저씨가 그분 방에 가보았더니 병이 갑자기 심해져서 손을 쓸

수 없었다는 거야. 신발과 옷이 흠뻑 젖어 있었고 얼음같이 차가웠데. 할아버지의 화실에서 초록색과 노란색이 온통 섞여있는 팔레트가 발견되었대. 저 창밖을 좀 봐, 바람이 불어도 조금도 펄럭이거나 움직이지 않는 게 이상하지 않니, 할아버지가 남긴 걸작품이야. 할아버지는 마지막 잎새가 떨어지자 그날 밤에 저기에 마지막 잎새를 그려 넣은 거야."

오 헨리의 작품이다. 나는 아들이 둘이다. 명수와 정수. 그리고 아내, 어머님 이렇게 산다. 어떻게 사는 것이 잘 사는 것인지, 던져진 생을 살면서, 살아가면서 늘 자신에게 되뇌여 본다.

인생이란 크게 선 하나 그을 수밖에 없다해도 이는 숭고한 것이고 보면 봉사와 의무, 높은 이상과 거룩한 사명감. 이는 삶의 본분이 아닐까?

2천 년 전 예수는 이스라엘 땅 베들레헴에서 태어나셨다. 그리고 서른 세살에 십자가에서 죽었다 3일만에 살아나셨다. 많은 사람은 이 믿기지 않는 사실을 믿으며 산다. 그리고 힘들고 외롭고 어려울 때 이분을 생각하며 용기를 얻는다. 남 이야기할 것 없이 내가 그랬다.

그는 지혜 없는 자 택해 지혜 있게 하셨고, 연약한 자 택해 강하게 하셨다.

성경 마태복음 5장 16절에 이런 말씀이 있다.

"이같이 너희 빛을 사람 앞에 비취게 하여 저희로 너희 착한 행실을 보고 하늘에 계신 너희 아버지께 영광을 돌리게 하라"

나는 감히 나보다 남을 위해 살자고 제언한다. 버만 할아버지처럼 살면서, 또 살아가면서 말이다.

〈96. 12〉

도전!

이것은 숙명이다

결코 좌절하거나 낙심하지 말자

의지와 노력의 조화가

합격의 지름길이라면

어차피

나이 먹어 시간 싸움의 여정에서

더 열심히 할 수 밖에…

날씨가 상당히 차갑다

- 본문 중에서 -

2부

수험 시절 이야기

참으로 공부하는 자는

앞을 보아도 보이지 않고
아래를 보아도 땅이 보이지 않으며
위를 쳐다보아도 하늘이 제대로 보이지 않는다.

앉아 있어도 앉은지를 모르고
서 있어도 서 있는지를 모르며
수많은 군중 앞에 있어도
한 사람도 보이지 않는

오로지 목표를 위해
사력을 다하여
진실로 공부에만 전념하는 자를 말한다.

• 이 글을 쓰는 이유 •

인생 50세를 바라보면서 삶의 가장 어려웠던 순간인 승진 시험공부 중 틈틈이 쓴 일기를 정리하며 책이라 할 것도 없지만 이렇게 엮어 보았습니다.

부족한 부분이 많을 것으로 생각됩니다. 그러나 공부를 하고 있거나 해야 하는 후배들에게 조금이라도 도움이 된다면 하는 일념으로 정리하여 기술하였습니다.

왜냐하면 언젠가 청년 때에 각종 고시의 합격생들이 쓴 수기들을 엮어 펴낸 책을 읽고 많은 자극과 동기부여를 받았기 때문입니다.

저 역시 이 글을 읽는 분들이 내용 중의 어느 한 부분에서 동기부여를 받고 성취해야 하는 목표의 도달에 도움이 되었다면 그것으로 만족합니다. 그리고 다른 분이 또 다른 시도를 저와 비슷한 경험을 하였을 때 저보다 더 좋게 하기를 바라는 마음입니다.

이글은 제가 사무관 승진시험을 준비한 1996년 12월 19일부터 1999년 12월 14일까지 틈틈이 써 모았던 일기입니다.

직장을 다니며 40이 넘어 공부를 한다는 것은 그 자체가 어렵지만 상대적인 평가 앞에서 선택의 여지가 없기에 죽지 않을 만큼 하였습니다. 그 정도의 열정을 가지고 20대에 하였다면 어떤 고시라도 통과 되지 않았을까 하는 세월이 지난 뒤의 아쉬움이 있습니다.

1996.12.19

강한 욕망에 이끌려 이 세상 그 어느 것에도 패하지 않는다고 마음먹게 될 때까지 한 인간의 진정한 능력은 알 수 없다.

옥상 방이 너무 차다.

수험서(행정법)를 읽어보건마는 머리에 하나도 들어오진 않고… 어떻게 수험 계획을 세워야 할 지 감이 잘 안 온다.

내년 3월에 승진시험이 있다는 말을 듣고 학원에 가지 않고 혼자 공부하겠다고 마음을 정했지만 갈등이 생긴다.

과연 짧은 시간에 완전히 이해할 수 있을까?

하수처리장 하수 처리공정을 획기적으로 개선하는 것으로 제안하여 1차 심사와 2차 심사가 통과되어 서울특별시장상과 포상금을 받고 관련규정에 의거 사무관 승진시험을 볼 수 있는 기회를 4회 부여 받았다.

감사하다.

향후 시험공부를 하면서 가능한한 수험일기를 쓰려고 마음을 먹었다. 감히 이순신 장군의 난중일기에 비유할 순 없지만, 나와 같은 처지의 분들에게 도움이 될 수 있을까하고.

시험이란 정해진 시간에 실수 없이 아는 것을 표출하는 것이고 보면 시험을 보는 날까지 최선을 다하자.

여태까지 살아온 것도 그렇지만 아내와 아이들과 시간을

같이 할 수 없다고 생각하니 미안한 마음이 든다.

그러나 어찌할 수 없다.

내 입장에서 할 수 있는 것은 부단한 노력, 그것 외에는 없다.

1996.12.31

큰 바다 위에 돛대도 없이 표류하는 배들처럼 속수무책인 가운데서도 가장 중요한 건 스스로의 마음을 지키는 것이다.

한 해의 마지막 날이다.

서울특별시장 표창을 받았다.

〈 제2038호 〉

• 동상

• 도시계획과

• 지방토목주사 _ 임대성

위 공무원은 맡은 바 직무에 정려하여 왔으며 특히 1996년도 하반기 서울특별시 공무원제안 심사결과 우수한 창안으로 채택되어 행정 제도의 개선 및 발전에 기여한 공이 크므로 이에 표창함.

1996. 12. 31

서울특별시장　조 순

내가 제출한 직무제안이 제안심사의 까다로운 과정에 통과되어 동상과 포상금 100만원 및 승진시험(4회)을 응시할 수 있는 기회를 부여 받았다. 업무를 보면서 집중적으로 공부를 해야한다는 부담이 많이 온다.
옛날로 치면 과거시험에 해당되는 시험으로, 준비하다 죽은 사람도 있었다는 말을 들었다. 그러나 어차피 조직에서 넘어야 할 관문이라면 정면 돌파를 하자.
십수년 전 7급 공채시험 공부할 때처럼 학원 다니는 것은 유보하고 아이들 방에 써 붙여 준 글귀처럼 '기초공사(공부)를 튼튼히 하는 것' 이 급선무다. 그리고 교만하지 말고 겸손하게 머리를 숙이고 합격 때까지 모든 것을 참자. 파도가 바위를 깎는 것처럼 기초부터 차근차근 다지면서 말이다.
시험과목이 물리, 행정법, 측량학개론, 응용역학인데 이 과목들을 송두리째 외워버리자.

1997.1.1

집에 있는 '난' 가운데 하나에서 꽃대가 올라온다.
내가 저 난을 작년 4월에 선물 받은 걸로 기억하는데 엄동설한에 아무리 집안에 두었다 해도 꽃이 피니 자꾸만 새로운 의미를 부여하고 싶다.

시험이 앞으로 3개월 정도 남았구나.

춘천 장모님 댁에 같이 가기 위해 고덕 동서 형님 집에 모였는데 TV를 켜니 타이슨과 홀리필드 선수의 권투경기를 재방송 하고 있다. 좀 보고 싶었으나 어서 가자고 아이들과 집사람이 성화를 하여 TV를 끄고 집을 나섰다.

타이슨이 이기리라 예상하였으나 그는 시합에서 졌다.

왜 모두가 이기리라고 예상했던 타이슨은 홀리필드에게 졌을까.

키와 팔이 작아서…

연습이 부족해서…

그것보다 홀리필드는 무섭게 타이슨에 관해 집중적인 연구를 하였다고 한다.

꾸준히 자기와 비교하며 연습하는 홀리필드!

냉정한 링 위의 세상에서는 그것만이 승리의 비결이라고 생각해본다.

1997.1.2

춘천 처가에 도착해 혼자 옆방에서 책을 잡아 보았다.

〈행정법〉교과서를 정독하는데 얼른 이해가 잘 되지 않는다.

서울에 와서는 〈삼국지〉비디오를 빌려다 봤다.

손위 동서도 공무원인데 풍납2동장으로 근무한다.
동서는 인심이 후하고 내가 어렵더라도 남을 배려하는 분으로 그 마음은 높이 살만하다.
동서도 이번에 만나 보니 머리가 많이 빠졌다.
아들을 늦게 보았는데 늦게 본 아들을 보고 너무나도 좋아한다. 자식이 이렇게 우리를 기쁘게 만드는가.
남아선호사상은 어제, 오늘의 일이 아니었지만,
늦게 본 자식이기에 더 애정이 많이 가는가 보다.

1997.1.4

순수한 동기에서 행위를 하는 자에게 신은 자비를 베푸신다.
-마하트마 간디-

격주 토요휴무제로 쉬는 날이다.
담당계장이 모친과 부친이 거의 동시에(1주일 사이) 돌아가시는 바람에 사무실에 나오지를 못하였는데 업무 공백이 생기지 않도록 과장님이 당부하신다.
요즘 격주 토요 휴무제로 논란이 거듭되다가 1년간 유보키로 결정하였다고 하는데 그 명분이 '국가 경쟁력 강화' 라고 한다.
계장 모친의 상을 당했을 때 어떻게 통보하는 것이 효과적일까 생각을 하다 유인물을 만들어, 본청과 사업소는 시민봉사실에 있는 문서함에 넣고 구청 및 동은 해당구청 도시정비과로 연락했다.

평소 가까운 지인들에게는 직접 전화를 드리고…

낮에 과장님과 점심을 같이 하면서 대화를 나누었다.

시험 보게 된 것을 아시는 과장님은 축하해 주시며 열심히 공부하라고 하신다.

1997.1.5

나와 주님과의 약속이 있다
-존 F. 케네디의 자서전에서-

2차 대전에 참전한 존 F. 케네디,

그는 자기의 갈 길을 스스로 보았다고 한다.

동네 산에 한 번 갔다와서 신년계획을 세워본다.

시험에 몇 번씩 실패를 하여 의기소침 하는 주위의 선배들을 돌아보았지만 나 역시 속히 시험공부를 끝내는 것이 모두를 위하는 것이라고 생각하지만 몇 년씩 해야 된다고 하는데 몇 달 준비해서 합격한다면 그것은 기적일 것이다.

그러나 7급 공채 준비할 때의 마음으로 매진하자.

그 때는 지금보다 훨씬 공부여건이 좋았다.

왜냐하면 그때는 서울 상경하여 결혼 전이라 나 혼자였고 주위에 아는 사람이 거의 없었기 때문에 오직 시험대비와 공채 수험서가 친구였고 하숙집 할머님이 유일한 벗이 었었다.
그 할머님이 교회를 열심히 다니셨는데 내가 공부하는 것을 보고 새벽마다 기도해 주셨었다. 지금도 너무나 고맙게 생각하고 있다.
세월이 흘러 지금은 나도 아이가 둘이고 직장 다니는 아내가 있으므로 가정을 소홀히 할 수도 없다. 그러나 이 모든 것을 극복해야 한다.
집 앞 독서실에서 마칠 때까지 공부를 하고 왔다.

1997.1.6

변화에 조속한 대응이 생존경쟁에서의 이기는 적극적인 삶이 된다
-카네기-

고향 선배 되시는 국무총리 행정실장님께 새해 인사를 갔다 왔다. 보고할 분들이 줄을 서 있고 외래 손님도 많아 비서관들이 몹시 바쁜 것 같다.
세간에 들은 격주 토요휴무제에 관해 논의를 한다고 한다.
결재를 받으실 분들이 여러분 대기하고 있다.
기자들도 온 것 같으나 보안유지 하는 분위기는 우리 서울시와 비슷한 것 같다. 밖에서 기다리며 결재를 기다리는 모 과장님에게 이야기를 건넸다.

집에 난이 있는데 겨울에 피었다고…

그분 말씀이 실내 기온이 따뜻하여 개화할 수도 있다고 하며 앞으로 집안에 좋은 일이 있을 것이라고 하신다.

잠시 후 선배님을 뵈었는데 말씀이 인상 깊다.

"공무원 생활은 직급 관계없이 오래하는 것이 중요하며 자기관리를 잘하여 주위에 누가 되지 않는 삶이 되라"고 격려해 주신다.

자기관리란 어떻게 하는 것이 잘하는 것일까?

남에게 피해를 주지 않고 사는 삶, 원칙대로 사는 삶이 아닐까.

뵐 때마다 느끼지만 선배님은 유순하시며 매사를 원만히 처리하시는 것 같다.

수험준비가 당면과제이기에 길을 걸으면서 공부한 것의 기억을 더듬어 본다.

계속적인 반복만이 학문 왕도의 지름길이기에….

1997.1.7

문명의 댓가는 불행이다
-프로이트-

오늘은 공부를 많이 못했다.

남들에게 나의 사정이야기 하는 게 창피하다.

출근을 해도 업무 외에는 사람들과의 만남을 자제하고 사람들을 만나지 말아야 되겠다.

어차피 시간과의 싸움 아닌가!

4번의 기회를 부여 받았으니 단번에 합격하면 좋겠지만 그러하질 못할 수도 있을 것이고 보면 너무 조급하게 서두르지 말고 천천히 여유를 가지고 수험공부에 임하자.

1997.1.8

이해를 하고 원리를 파악하여 정리하는 것
즉, 이것이 학문하는 자의 기초공사 아닌가!

눈 속에 핀 꽃을 설화가 피었다고 한다지만,

눈 속은 아니지만 집에 있는 난에서 꽃대가 힘있게

올라오더니 여섯 잎이 피었다.

세 잎은 개화를 하였고 세 잎은 막 피려고 준비중이다.

아무리 실내라고 하지만 이 엄동설한에 꽃이 피다니!

난아, 정말 대단하구나!

화장실에 두었다 거실로 옮겼건만 현관문에서 2~3m 밖에 두어 문을 열고 닫을 때 찬바람이 늘상 들어오건만 조금도 개의치 않고 너란 난은 그 은은한 향내음을 발한다.
세상을 난처럼 고고하게 살 수는 없을까?
항상 푸르름을 간직한 채 절개 있게 겉과 속이 조금도 변하지 않는 청아한 모습으로 일생이 영위될 수는 없을까…
의지가 부족하고 결심이 약한 내가 난꽃을 보면서 자신에게 타일러 본다.
퇴근 후 동네에 있는 독서실로 바로 갔다.
11시 30분까지 공부하고 왔다.
거기서 시험 공부하는 또 다른 동료를 만났다.
그는 시험에 두 번 떨어져 이번이 세 번째 라고 한다.
처음에 1차만 되었다가 두 번째는 2차만 보았으나 낙방하여 이번에는 1, 2차를 동시에 준비해야 한다며 많이 부담이 된다고 했다.
그의 손에 소형 녹음기가 들려있다.
시청 내 아침 근무시작 전에 명상의 소리를 들려주는데 방송 기자가 나를 보고 육성녹음 하라고 하길래 방송실에 들어가 녹음을 하였다.
서울시청 구내방송에서 다음주부터 아침저녁 5분간씩 일주일간 방송이 된다고 한다.
내 목소리가 청 내에 울려 퍼진다고 생각하니 왠지 마음이 설렌다.

1997.1.10

한 시대를 우린 같이 살아갑니다.
우리들 삶의 이야기를 후세사람들은 역사라고 합니다.
그것은 우리가 어떻게 사느냐에 달린거고요.

신년 오찬 모임을 가졌다.

방송대 출신 서울시 직원 가운데 가까이 그리고 최근에 자리를 옮기시거나 승진하신 분들 가운데 10여명이 모여 식사를 했다.

모 국장님이 식사값을 내셨다. 이분은 상당히 합리적이시며 온화하나 업무에 있어서는 빈틈이 없으신 걸로 정평이 나 있다. 또한 9급에서 시작하여 최근에 3급으로 승진까지 하셨다니 정말 대단하시다.

청와대 회의에 가셨다가 조금 늦게 도착한 다른 동문 한분도 오셔서 같이 식사를 하였다.

전문대 토목과를 졸업한 나는 공직에 뜻을 두고 공무원시험에 응시하여 오늘에 이르렀으나 공무원을 하려면 행정을 배워야겠다싶어 행정학과를 편입하여 졸업을 하였는데, 그 결과 공무원 재직동문들이 본청, 구청 통틀어 상당히 많이 근무하고 있다.

승진하신 국장님에게 "정말 축하드립니다."고 하였더니

"성실과 정직으로 무엇보다 열심히 살다보면 반드시 기회가 온다."고 말씀하신다.

그 말씀처럼 살아야겠다.

평생 교육의 배움터인 방송대—

난 이 학교를 나온 걸 당당하고 자랑스럽게 말하고 싶다.

승진시험에도 행정법이 들어가기에 그때 배운 것이 도움이 된다.

1997.1.11

법관은 판결로서 말하고 소설가는 작품으로 말하며 수험자는 합격으로 말한다.

승진 시험이 3월에서 4월로 연기된다는 소문이 돈다.

소문이 돌다보면 대체적으로 그 소문이 맞다.

퇴근 후 독서실에 자리를 잡는데 같이 공부하는 그분도 이제 서열에 들어가 독서실을 정하여 공부하려고 수험서를 들었다고 한다.

유유상종인가.

고충을 서로 이야기하다보면 통하는 데가 많다.

아이가 고2, 중2라고 하니 나보다 나이가 더한 것 같기도 하고.

책을 펴서 집중하여 볼라치면 눈이 아프고 잡생각이 들지만 시험이라는 관문을 통과하여야 하겠기에 서로 열심히 힘을 낸다.

관(官)자를 달기에 치루는 댓가로서는 그 나름의 가치가 있고 또 어떠하든 수험기간을 통해 전공지식이 축적될 것이니 바람직하다고 생각된다.

그 분은 말을 참 잘한다. 담배도 잘 피우고…

롯데 36층에서의 시골 친구 모친 고희연이 있어 연락 받고 안 갈 수도 없고해서 다녀왔다.

직장 생활을 하면서 경조사비가 많이 든다.

축의금을 전달하고 얼굴만 보였다.

그는 동대문 시장에서 장사를 한다.

결혼 전 그 친구가 한 말이 생각난다.

"10년 후에 두고 보자"고 독백처럼 한 말대로 그는 장사를 하여 세월이 지난 지금 많은 돈을 벌었다.

동대문 시장에서 새벽장사를 하는데 지방에서 많은 상인들이 물건을 사가기에 장사가 잘 되는가 보다.

1997.1.12

세상을 살면서 소수를 일시적으로 속일 수는 있어도
다수를 오래도록 속일 수는 없다.
- 에이브라함 링컨 -

공부에만 마음을 집중해야 하는데 산만하다.
나는 이럴 때 복음성가를 부르곤 하는데 이런 복음성가가 있다.

나의 등 뒤에서 나를 도우시는 주
나의 인생길에서 지치고 곤해도
매일처럼
주저앉고 싶을 때 나를 밀어 주시네
일어나 걸어라
내가 새 힘을 주리니
일어나 너 걸어라
내 너를 도우리

복음성가란 기독교에서 찬송가 외에 불리는 찬양으로 '흑인영가' 라고도 한다.
흑인들이 아프리카에서 노예로 팔려와 고된 노동을 하면서 그 고달픔을 표현한 가슴으로의 찬양이니 애절함이 더하여 듣는 이로 하여금 가슴에 와 닿는다.
직장과 가정 그리고 수험공부,
모든 것을 소홀히 하지 말고 살아야겠다고 오늘도 다짐해 본다.

1997.1.13

"참으로 공부하는 자는
앞을 보아도 보이지 않고
아래를 보아도 땅이 보이지 않으며
위를 쳐다보아도 하늘이 제대로 보이지 않는다.
앉아 있어도 앉은지를 모르고
서 있어도 서 있는지를 모르며
수 많은 군중 앞에 있어도
한 사람도 보이지 않는
오로지 목표를 위해
사력을 다하여
진실로 공부에만 전념하는 자를 말한다."

위의 시는 상업은행 시청 태평로 지점에 근무하는 모 과장이 자기 수첩 속에 써 두었던 '수험시' 를 꺼내 생색을 내면서 보여 주길래 옮겨 적어본다.
은행에서 진급시험을 준비하면서 고생을 무지하게 많이 하였다고 한다. 그로부터 공부하는 방법, 시간관리, 가정생활 등에 관해 조언을 받았다.
현실적으로 시간이 많질 않으니 큰 기대를 걸지 말고 공부하라고 한다.
선배님이 따님 결혼을 앞두고 지인들에게 혼사 연락을 부탁하신다. 자상하고 좋으신 분이다.
퇴근하고 선배님 집에 들러 청첩장을 받아 왔다.

직장에서 아침마다 음악과 함께 내가 낭독한 지혜로운 삶에 관한 녹음 방송이 나오길래 아래에 옮겨본다.

지혜로운 이의 삶은
유리하다고 교만하지 않고
불리하다고 비굴하지도 않으며
무엇을 들었다고
쉽게 행동하지 않고
그것이 사실인지 아닌지 깊이 생각하여
이치가 명확할 때
과감히 행동한다

목소리를 낮추어 낭송하였으나 둔탁한 쇳소리처럼 들린다. 동료들은 목소리를 알아듣고 한턱내라고 하길래 기분이 좋아 점심을 같이 나가 먹었다.
내 목소리가 동료들이 듣기에 좋다고 한다.

1997.1.14

국가에는 헌신과 충성을
국민에게는 정직과 봉사를
직무에는 창의와 책임을
직장에는 경애와 신의를
생활에는 청렴과 질서를

-서울시 공무원교육원 대강당에 게시된 글-

공무로 공무원교육원에 갔다가 강당에 게시되어 있는 〈공무원윤리헌장〉을 옮겨본다.

이대로 살고 싶다.

그것이 공인으로서의 삶의 본분이 아닌가.

이 삶이 다하는 날까지 가슴에 새기고 살아가자.

퇴근 때 백화점에 들러 작은 놈 생일선물로 삼국지 CD게임을 사가지고 왔는데 집에 있는 컴퓨터를 바꾸어 달라고 즉, 586 PC를 사달라고 조른다.

나는 집에 있는 386 PC로도 논문을 다 작성 하였는데 무슨 소리냐고 했더니 큰 놈이 지금은 구식이라 주기억장치 용량이 작아서 활용이 되지 않는다고 하는데 아내도 같이 사주라고 편을 든다. 자기가 함부로 아이들에게 하면 안 된다고….

아내도 직장에서 엑셀을 쓰는데 집에서 쓸려면 용량이 작아 프로그램을 깔지를 못한다고 했다.

과연 PC를 바꾸는 것은 낭비가 아닐런지?

아이들을 달래며 우선 〈천자문〉을 외우라고 했다.

한문은 당장 외우지 않더라도 한글로 외우라고 하였더니 너무 많은 시간이 걸린다고 하여 100자만 조금씩 외워 나가라고 했다.

그 조건으로 컴퓨터를 사주어야 되겠다.

게임CD를 하나 사준다는 것이 컴퓨터를 사주게 되었다.

세상일이란 참으로 알 수 없는 것…

어제 받은 선배님 자녀 청첩장을 아내 보고 쓰라고 하고

집에 와서 책을 잡았으나 공부진도가 조금밖에 못나갔다.

행정법 제2편 중 행정절차 3페이지만 넘겼으니 앞으로 더욱 분발하여야겠다.

오늘 아침, 청 내 녹음방송 내용을 옮겨본다.

사람이
지혜로운 이의 삶을
살려면
벙어리처럼
침묵하고
임금처럼
말을 하며

눈처럼
냉정하고
불길처럼
뜨거우며
태산 같은 자부심을 갖고
누워있는 풀처럼
자기를 낮추어야 한다

청 내에 내 목소리가 어제와 같이 잔잔하게 울려퍼진다.
저음으로 차분하게…
내가 들어봐도 괜찮은 것 같다.

1997.1.15

화장실 라지에타에서 물이 새어 내가 고쳐보겠다고 만지다 오히려 그곳에 구멍이 크게 나서 교체를 하게 되었다.
라지에타를 구입하러 몇 군데 전화를 하다 판매처를 알아내어 직판장으로 구매하러 갔다.
라지에타를 사가지고 집으로 왔는데 크기가 달라서 즉 물건을(폭은 같으나 높이가 다름) 잘못 골라 다시 교환하기 위해 가게로 갔다.
찻길은 막히지 불같이 짜증이 났다. 공부를 위해 책상에 앉아 있어야 하는 시간인데 말이다. 가게에 가더라도 원하는 물건이 있을지도 모르겠다. 답답하다.
물건을 바꾸어서 집으로 와 수리하였는데 기술자는 다른가보다. 뚝딱 하더니 금방 교체한다.
시간을 완전 소비했다. 이러면 안 되는데…….
시골에 계시는 어머님 생신이다.
생전에 잘해드려야 하겠다고 생각하건만 마음만 앞서고 죄송하다. 용돈만 조금 보내드렸다.
공부에 몰입하려면 일상생활사의 신경을 완전히 끊어야 하는데 온통 신경 쓰이는 일들 뿐이다.
아침에 청 내 방송으로 나온 걸 옮겨본다.

> 지혜로운 사람의 삶은
> 역경을 참아 이겨가며
> 형편이 잘 풀릴 때를 조심하고 재물을 오물처럼
> 볼 줄도 알며
> 터지는 분노를 잘 다스리지만
> 때로는 마음껏 풍류를 즐기며 사슴처럼
> 두려워 할 줄도 알고
> 호랑이처럼 무섭고 사나웁다.

1997.1.16

사람은 누구나 스스로의 뜻에 따라 외부적 간섭 없이 삶을 영위해 나가기를 원하며 다른 사람에게 알리고 싶지 않은 「나만의 영역」을 혼자 소중히 간직하길 바란다.
-박윤흔 행정법(개인정보 보호)에서-

마음이 흐트러진다. 상업은행 모 과장이 말한 참으로 공부하는 자의 자세가 되질 않는다.
왜 그럴까?
사무실에 신경, 가정에 신경, 사회에 신경, 동료들과의 모임 등…
아이들에게 컴퓨터를 사는 조건으로 천자문 중 우선 100자를 외우라고 하였다. 아이들이 사달라고 조르는데 외면하는 부모가 어디 있으랴마는 주머니 사정도 생각을 아니 할 수 없기에 형편이 좋지는 못하지만 조건을 달고 사주기로 했다.
내일 삼성생명에 가서 약관대출을 받아야지.
그건 그렇고 "담담한 마음을 가지자."
담담한 마음은 당신을 굳세게 하고 총명하게 한다고 했으니, 모두가 빈손으로 왔다 빈손으로 가는 세상 아니던가.
합격하느냐, 않느냐에 관심을 두지 말고 차제에 제대로 공부하는 기쁨을 얻겠다는 마음으로 매진하자.

논어에 "배우고 때론 익히면 이 또한 기쁘지 아니한가"라고
하지 않았는가?
배우고 때론 익히자. 즐거운 마음으로
오늘 청 내 방송을 옮겨본다.

청춘이란 인생의 어느 기간을 말하는 것이 아니라
마음의 상태를 말하는 것이다.
강인한 의지
뛰어난 상상력
불타는 정열
겁내지 않는 용맹심
안일을 뿌리치는 모험심
이러한 상태를 청춘이라
부른다.

1997.1.17

일체유심조(一切唯心造)라
세상만사 마음에 의해 좌우된다는 말인데
마음을 다스려라.

그런데 마음이 잘 다스려지지 않는다.
어찌하면 되는가? 책상에 앉아도 공부습관이 되어있지 않아 잡생각만 들고 몽롱하기만 한 것 같다.
지난 연말에 개정된 노동법에 관해 노동조합(민주노총)에서 파업을 하여 세상이 시끌시끌하다.
어려운 시국에 올해는 선거까지 있으니…
모든 것이 빨리 정상화 되었으면 좋겠다.
일본에서 온 편지를 받고 답례로 아이들이 그린 그림 두 장을 넣어 일본으로 보냈다. 일본에는 큰집과 고모님 집이 있어 서신을 주고 받는다.
아내가 보약을 한재 지어 주길래 잘 먹었다.
난 뭘 이런 걸 지어왔냐고 하였지만… 보약을 싫어하는 사람이 세상 어디에 있겠는가.
시험일정이 4월 하순으로 잡힌다는 소문이 돈다.
시험이 얼마 남지 않았건만 왜이리 세월은 잘도 갈까.
세월을 붙들어 매어 두고 싶다.
오늘 청 내 방송을 옮겨본다.

> 세월을 거듭하는 것만으로는 사람은 늙지 않는다.
> 이상을 잃을 때 비로소 늙게 된다.
> 세월을 잃으면 피부에 주름살이 생기나 정열을 잃을 때에는 정신이 시든다.

고민, 의심, 불안, 공포, 실망 이런 것이야말로 사람을
늙게 하고 정기 있는 영혼을 죽게 한다.
-사무엘 올렌-

1997.1.18

물체가 일을 할 수 있는 능력을 가졌을 때 그 물체는 에너지(E)를 가졌다고 한다. 그러나 능력을 가지지 못하면 에너지도 없다.
-물리교재에서-

삼성 펜티엄 133, 32MB, 12배속 CD, 스피커, 프린터까지 그리고 15인치 컬러모니터 컴퓨터를 최신형으로 구입하였다. 아이들의 성화에 컴퓨터를 바꾸었으니 결국 생일선물로 사준 삼국지V게임 CD가 컴퓨터까지 사게 될 줄이야.
작동해 보니 좋긴 좋은 것 같다.
아이들 보고 엄마에게 고맙다고 하라고 하였더니 큰 소리로 "엄마, 감사합니다. 앞으로 공부 잘 할게요." 하고 자기 방으로 가서 공부한다고 조용하다.
약관대출 받은 것으로 물건값을 해결하였고, 배달온 사람에게 컴퓨터 가져온 케이스는 필요 없으니 다시 가져가라

고 하였다.

오늘은 행정법과 물리학개론을 같이 보았는데 공부는 되지 않고 책상에 앉으니 잠만 온다.

잠이 원수로다.

1997.1.19

이 노트가 어떤 면에서는 나의 유일한 벗인 것 같다.

시험에의 압박은 능률의 유무와는 상관없이 공부에의 피치를 올리게 만드나 책을 놓은지 오래되다보니 머리가 명쾌하지 않고 기억도 잘 안 되는 것이 나만일까.

시골에 계신 어머님 소식이 궁금하다.

며칠 전 생일에 가뵙지 못한 것도 죄송스럽고 송구할 따름이다.

연로하신 어머님의 모습을 그리니 눈시울이 붉어진다.

사무실에서 퇴근을 하고 개포도서관으로 바로 가서 11시까지 공부하고 왔다.

식사가 문제가 된다.

공부를 하려면 잘 먹어야 된다고 하는데 잘 먹기는커녕 대충 먹고 공부하니 어지러움이 오는 것 같다.

그러나 강한 욕망에 이끌려 이 세상 그 어느 것에도 패하지 않는다고 마음먹게 될 때까지 한 인간의 진정한 능력은 알 수 없다고…

비록 높은 현실 참여는 못하고 있지만 주어진 여건 속에서 최선을 다하는 삶이 나와 남을 위하는 삶이 아닐까 생각해 본다.

추한 모습을 보이며 살지 말자고 늘 나 자신에게 타이른다.

일에 관한 한 더욱 관련규정에 의거해서 남보다 빨리 해야겠다고 다짐해 본다.

1997.1.20

이 세상에 공짜는 없다.
절대 운은 존재하지도 않으며 모든 만사가 공평하다.
오늘의 불행이 내일이면 행복이 된다.
고통의 현실과 즐거움의 현실도 매사 공평 앞에 이루어진다.
항상 대가를 치러야 하며, 99.9%의 노력이 중요한 것이며
0.1% 운은 바라지도 마라.
하찮은 일이란 더욱 없다.
자신은 운이 있고 운이 좋은 사람이라고 생각하는 사람은
제일 운이 많은 사람이다.

어느 책에서 읽었는데 마음에 와 닿아 옮겨본다.

행정계장이 발령을 받아 새로 오셨다.
감사관실에 근무하다 오신 분인데 상당히 근엄해 보인다.
부임해 오신 계장 및 과장과 같이 점심을 했다.
계장이 시험공부에 앞서 자상하게 자기가 공부할 때를 생각하며 이야기 해준다.
큰 아이템으로 정리해 보면,

- 규칙적으로 공부하라.
- 체력보강을 하면서 공부하라.
- 1차 시험에 전력투구하라.
- 서두르지 말자.(특히 계산 시)
- 열 받지 말자.(다른 사람으로 인해)

계장이 준 측량노트에 위와 같이 쓰여있다.
저녁에는 대학원 동창이 모친상을 당하여 분당에 갔다 왔다.
이런 연락을 받고 안 갈 수 있나?
가서 조문만 하고 바로 와서 독서실에 앉아있다가 조금 전에 집에 들어와 이 글을 쓴다.

1997.1.21

인자무적(忍者無敵),
인내가 운명을 이긴다

수서 청소년수련원 내 도서실은 조용하고, 식당도 있고, 공부하기로는 괜찮은 것 같다.

대성아!

차분하게 너를 누르고, 날로 매진하라.

고향선배 천용 윤진섭 사장의 부친이 편찮아서 병원에 문병을 어제 다녀왔다.

주위에서 길, 흉사가 생기기에 그 이야기들을 듣고 그냥 지나칠 수는 없는 것이고 보면, 시간의 소비가 생긴다고 생각하지 말고 그 자체도 아름다운 것이라고 생각하자.

생로병사라……

나이를 먹어 늙어지면 병이 들고 그리고 죽는다.

이것이 사람이 태어나서 살다가 가는 삶인가보다.

주위에 병이 들어 입원하거나 사고로 세상을 떠나거나 하는 많은 삶들을 본다.

그러기에 사는 동안은 진정 감사하며 살아야겠다.

1997.1.22

'경제를 살리고 삶의 질을 높이기 위해서 의식과 제도를 개혁해야만 한다' 고 하는데 이 과정에서 다소간의 진통이 있을 수밖에 없다.

그러나 이러한 진통을 어떻게 슬기롭게 극복하느냐 여부가 우리 경제와 근로자의 미래를 결정하게 되는 것이다.

지난 연말 국회에서 통과한 노동법 개정 법률안에 관해 민주노총에서 해를 넘기더니 파업지도부가 명동성당에 진을 치고 철폐를 원하며 농성 중이라 TV뉴스나 신문에서 시끌벅적하다.

국제수지 적자, 무역수지 악화, 외채 누적, 온통 경제 문제는 불투명하고 빨간 불이 켜져 있는 것 같다.

과연 우리는 21세기를 바라보며 아시아의 주요 국가로서 세계사에 기여하는 경제대국이 될 수 있을까.

우리 모두 허리띠를 다시 한 번 졸라매어 검약과 검소로서 난국을 슬기롭게 헤쳐나가야 될 것 같다.

엘 알라메인 몽고메리가 쓴 「지도자의 길」 서문에서 "창조는 자유에서부터, 자유는 용기에서부터"라고 언급한 대목이 있는데 우리 모두가 용기를 가지고 먼 미래를 바라보며, 성숙함으로 항진을 해야 할 것 같다.

또한 용기는 "고난 속의 은총"이라 하지 않았던가!

우리 경제, 우리 모두의 삶의 질이 향상될 수 있도록 기도해야겠다. 국가경쟁력 강화를 위해 특히 정치, 경제, 지도자를 위해서도….
공부를 하기 위해 샤프 연필을 잡으면 오른손 엄지 관절이 불편하다. 하도 많이 글을 써서 그런지 이유는 잘 모르겠다.
그래서 힘을 너무 주지 말고 연필을 쓰기로 했다.
시골에 계신 어머님의 건강이 걱정된다.
어머님 건강이 상당히 안 좋다고 형님한테서 전화가 왔다.
어머님은 다른 부모님들도 마찬가지이지만 젊을 때 일을 너무 많이 하시어서 그렇다.
농사를 지으시랴, 집안일을 돌보시랴, 가게를 돌보시랴.
고단한 삶의 여정에서 이제 조금 형편이 나아지고 있건만, 허리가 아주 불편하다고 하시니… 어머님의 만수무강을 빌어본다.

1997.1.23

물질적 번영이 오히려 인간의 존엄성을 상실하게 하고 영혼을 부패시키는 부작용을 낳게 되었습니다.
-어느 신문 사설에서-

우연히 큰아이 일기장을 보았다.
며칠 전 집에 전화를 하였더니 아무리 신호가 가도 받지 않은 적이 있었는데,
그날 아침, 아침부터 "삼국지V" 게임을 하고 있길래 혼을 내주고 집을 나왔는데, 일기에
"새벽 1시부터 오락을 하였고 그래서 아침에 아빠에게 야단을 맞았다"고 쓰여있다.
이놈들이 급기야는 얼마나 오락을 하고 싶었는지 자지 않고 있다가 내가 잠들고 나서 밤을 새워가며 오락을 했었다니, 참으로 어이가 없었다.
그러니 아무리 전화를 해도 받지 않지.
이걸 보고 혼을 내야 하나 어떡하나?
아이들이 커가면서 내가 원하는 대로 되지 않아 참 속이 상한다. 밥을 먹으래도 잘 안 먹지, 매사를 자기 고집으로만 하려고 그러니…
어차피 자기들 삶이니 '고기를 잡아주기보다 고기 잡는 방법을 가르치라' 는 것처럼 홀로서기를 가르쳐야겠다.
어느 단체에서 〈좋은 아빠 만들기 프로그램〉이 있다는데 그곳에나 한번 나가볼까?
내가 신경을 쓸 여력이 없길래 지금의 입장에서 그 프로그램에 나간다면 말이 안 되고 교재를 한번 사서 보아야겠다.
항상 내 마음 주변에 아이들이 있다.

그것이 내 삶의 힘이기도 하고…
그래도 아이들이 잘 따라와 줘서 상당히 고맙지만 가끔씩은 속을 상하게 한다.

1997.1.24

명동에 있는 은행연합회회관 뱅크클럽에서 식사모임을 가졌다.
새로 지은 건물이라 시설이 너무나 깨끗하고 좋았다.
여러 모임이 있지만 모임이란 서로의 삶을 확인하고 얼굴을 보는 그 자체가 의미가 있는 것 아닐까?
독서실에서 밤늦게까지 공부하다가 집으로 왔다.
뉴스보도에서 한보그룹이 부도처리 되었다고 한다.
80년대 부동산으로 굴지의 재벌기업이 되었건만 이렇게까지 된 사유가 무리한 사업확장이라고 하니,
국민경제에 미치는 영향이 최소화 되었으면 좋겠다.
얼마나 많은 사람이 이 일로 고생을 할까?
무리한 사업확장이 직접적인 원인이라면 타산지석을 삼아 다른 기업들은 그런 일이 없었으면 좋겠다.
서울에 올라오기 전 아버님의 당부 말씀이 절대 서울에서 살 때 보증을 서지 말라고 하셨는데, 나는 그 당시에는 무슨

말씀인지 모르고 그렇게 하겠다고 약속했다. 그리고 서울에 와서 살면서 많은 사람은 아니었으나 보증요청이 있을 때에 아버님과의 약속을 상기하면서 정중히 거절하였다.
당시에 미안함은 크나 아버님과의 약속이 더 중요하기에 얼마 전 본청 다른 부서에 근무할 때에 소송사건이 있어서 출장 명령부를 달고 법원에 갔더니 보증관련 소송이 많이 있는 걸 보고 새삼 남의 일로 여겨지지 않았다.
순간이 잘못되어 평생에 한이 되는 일들을 많이 본다.
파도가 바위를 깎는 것처럼 작은 일에 몰두하자.
이것이 나와 남을 위하는 것이라 여겨본다.

1997.1.25

의리를 위하여 죽는 졸병이 될지언정 사욕을 위하여 사는 영웅은 되지 말자.
-"이제야 마침표를 찍는다."에서-

윗글은 5공 시절 박종철 사건으로 현직에서 물러났다가 인권변호사로 활동을 하던 모 국회의원이 쓰신 책 내용 중 일부이다.
지난번 국회의원으로 당선되어 현역으로 활발하게 활동 중인데 신문지상에 이름이 자주 거론된다.
대의에 의해서 살다보면 궁극에는 좋은 일이 있는 것이므로 역사를 통해 배우길래 세상만사가 '새옹지마(塞翁之馬)'라고 하듯이 나보다 남의 입장에서 격려받기보다 격려하며, 위로받기보다 위로하며, 꽃이 필만한 곳에 씨앗을 뿌리며 살자!
공무원이란 국민 전체의 공복으로서 멸사봉공의 자세로 증진하여야 되지 않는가.
퇴근 후, 독서실에서 끝날 때까지 공부하다가 왔다.
공부에 조금 가속도가 붙는 것 같다.
공부하는 방법에 관해서 주위의 합격하신 분들에게서 수험생활경험을 듣는 것이 많은 도움이 된다.
탈무드에 "사람이 입이 하나고 귀가 두 개인 것은 듣기를 두 배로 하라."고 한 것처럼 고견을 많이 들어야겠다.

1997.1.26

객관, 순수, 합리 이런 것들이 우리가 지향해야 할 최고 선이라 여겨본다.
- 어느 에세이에서 -

일직근무이다.

서울시 전체 일직근무자의 집계를 내어 보았더니 약 1,700명 정도가 근무한다.

현장 근무자 포함하여, 작은 인원이 아니다.

본청, 구청, 사업소, 동, 병원 등 각자 자기 위치에서 상황이 있으면 즉시 Fax 또는 유선으로 상황보고를 받는다.

1000만인이 모여 사는 서울이길래 사건사고가 많다.

교대시간 무렵 상황일지를 보니 미아동에서 불이 1건 났고, 여의도 광장에서 노동자대회를 가졌다고 보고가 들어와 있다.

대통령께서 일본을 방문하시고 돌아오셨는데 새벽에 조깅하시는 건 정말 본받아야겠다.

나는 조깅은커녕 일어나자마자 출근하기 바쁘니…

생활을 좀 더 가다듬고 규칙적인 생활로 수험공부에 매진해야겠다.

요즘 무미건조한 생활을 탈피해보고자 대하소설인 「대망」이란 책을 손에 잡았는데 히데요시 편을 읽고 있다.

소설가 산강장팔은 원래 기자출신으로 전후 자기의 일을 찾다 대하소설을 쓰기로 작정하였다고 서문에 기록되어 있다. 기자출신이라 그런지 글을 잘 썼다.

읽는 사람으로 하여금 편하게 읽게 해주니 말이다.

1997.1.27

욕심과 탐심은 인간성을 파괴한다.
남과 비교함으로 족함이 없는 마음을 가져서는 안 된다.

'90 각종기술직 및 승진, 공사시험 대비한 「물리학개론」 김해중 편저 교재를 구입하여 손에 잡았다.
이 책은 7년 전에 종로학원에서 수강할 때 잡은 책인데, 그동안 책장에 꼽혀있다 뽑았다. 그때 녹음하였던 테이프도 같이.
책을 공부함에 있어 공식이든 해설이든 외우기보다 익히려고 하지만 잘 되지 않는다.
원리를 생각하며 쓰면서 해야 되는데…
한양대 문구에 들러서 구입했던 노트에 쓰면서 공부한다.
공부를 해보니 문제가 잘 풀리니 재미있다.
책 머리말에 이렇게 써 놓았다.
"현대는 과학의 시대이다."
첨단과학을 기초로 한 고도의 기술발달로 인한 혁신적인 산업발전이 과학에 대한 과감한 투자가 이루어지게 하고 있다.
이러한 과학의 기본은 무엇인가? "말할 것도 없이 물리학"이라고.
쉬는 시간에는 「대망」 제10권 "입정야화" 편을 읽었는데 도

예전문가인 홍아미고오지의 아들 고에쓰와 이에야스의 대화가 마음에 와 닿는 몇 글귀를 옮겨본다.

"인간 세상은 고집과 미망의 깊은 수렁으로 우리만으로라도 정의를 세워나가지 않으면 안 된다." 또한

"백성보다 사치를 하여 백성에게 명령을 내리는 것은 무리한 짓으로 이 무리가 통하면 세상은 어지러워지는 법, 오로지 검소와 절약만이 으뜸이라."는 이에야스의 말.

이에야스의 평화에 대한 그리움은 조부 기요야스가 스물다섯에 전사하고 아버지 히로다다는 스물여섯에 가신에게 찔려 세상을 떠나고 부인 스끼야마의 비참한 최후, 그리고 맏아들 노부야스의 눈물겨운 생애 등이 입정안국에로 나아가는 것으로 저자는 줄거리를 엮고 있다.

1997.1.28

행정조직에 있어서의 민주적 통제란 정부에 직을 가진 자의 권력에의 탐욕의 결과가 아니고, 그것은 농민, 근로자, 소비자, 선원, 봉급생활자 기타 많은 삶의 국가역무와 보호에 대한 요구에 기인한 것이며, 행정조직이 그러한 사람들에 대하여 책임을 지는 것이어야 한다.
-화이트(행정학자)-

며칠 전에 고친 화장실 라지에타에서 물이 다시 샌다.

이음새에 테이프를 감았는데 그 틈 사이로 나오는 것 같다.

며칠 되지도 않았는데, 하자가 나서 사람을 불러 다시 고쳤다.
원인이 이음매에 감은 테이프에서 물이 다시 샌다고 했다.
저녁 퇴근길에 동네가게에서 사람들이 술잔을 놓고 담소를 나누며 합류하라고 하였으나, 그냥 "집에 일이 있다"하고 돌아왔다.
그 자리에 앉으면 저녁 시간을 다 소비하게 될 것 아닌가.
약속하다 할지라도 미안하다고 양해를 구하고 집에 들어와 물리 책을 보았다.
그런데 오늘은 이해의 속도가 느리다.
예전에는 그러하질 않았는데 마음이 조금 불안하다.
이런 때일수록 기초를 다져나가야겠다.

1997.1.29

조선 시대의 학자 "성삼문"은 이조 536년 사에 한 줄기 빛과 같은 "찬란한 삶을 살았다"고 어느 책에서 읽은 기억이 난다.
그분은 단종 복위사건에 연루되어 마포나루터에서 사형을 받아 세상을 떠났지만 그 기개와 족적은 역사와 함께 길이 길이 빛나리라 생각한다.
마포나루터에서 사형 직전, 그가 남긴 한편의 시,

擊鼓催人命 回頭日欲斜 黃泉無一店 今夜宿誰家
(격고최인명 회두일욕사 황천무일점 금야숙수가)

뜻인즉, "북소리는 사람의 목숨을 재촉하는데 머리를 들어 보니 해는 서산에 넘어가는구나. 저승길에는 주막도 하나 없다고 하는데 오늘은 어디서 자고 갈꼬."
한 시대의 선비의 기개가 가슴에 와 닿는 것 같다.

한보 사태가 신문지상에 연일 대서특필이다.
수서 사건, 비자금 파문 등 국민 경제에 미치는 파고가 너무나 커 가슴이 아프다.
왜 이 지경에까지 이르렀을까?
실패는 한 기업인의 곤경으로 족한 것인데, 깊이 "타산지석(他山之石)"으로 삼아 다른 기업인들도 우를 범하지 않았으면 좋겠다.
그러기 위해서는 끊임없이 탐심을 물리치고, 마음을 비우고 사업보국의 일념으로 사업을 하여야 되지 않을까?
오늘은 행정법 교과서를 숙독하는데 공부가 잘 되었다.
목표량만큼 책을 보았다.

1997.1.30

권력분립론은 로크의 의하여 〈이권분립론-입법권과 집행권〉이 제창되었지만 몽테스키외의 그의 찬란한 저서 〈법의 정신〉에서 삼권분립론-입법권, 사법권, 행정권이 제창되어 오늘에 이르렀다고 합니다.
- 신행정법(송희성 저) 4p에서 -

큰놈이 자기주장, 자기고집으로 매사를 자기 마음대로 하려고 한다. 아빠로서 자존심이 상할 정도로.
어떤 식으로 혼을 낼까 궁리하다 저녁을 먹고 이부자리에 같이 들었다. 속을 꾹 누르고, 대화를 슬슬하다 낮에 네 말에 상당히 섭섭했다고 하니, 아이가 미안해하며 어쩔 줄 모른다.
혼을 내지 않고 대화하길 잘한 것 같다.
가급적 대화로써 풀어가자고 다짐한다.
내 어릴 때 아버지가 문을 잠그고 혁대로 전신을 때리며 혼을 내던 생각이 난다만 정말 좋은 방법은 아닌 것 같다.
책상에 앉으면 잡념이 가득하다.
공부는 집중력 싸움이라고 하는데, 이런식으로 하면 안 된다고 마음을 다져본다.
물리는 1회 정독을 끝냈다.
측량, 역학은 손도 못 대었지만 행정법은 교과서를 두 번 읽고 문제점을 잡았다.

그런데 아랫배가 아파왔다. 수험공부한다고 계속 책상에만 앉아있어 그런지 아님, 소화불량인지 속이 쓰리다.
이 일을 어떻게 해결해야하나?
나이 40을 넘어 책상에 앉아야 하는 현실 앞에 왜 젊을 때 좀 더 하지 않았나 하는 자괴심이 앞선다.
운동을 조금씩 하면서 해야겠다.
약국에 가서 약을 먹고 왔다.
〈고시계〉편집부에서 발간한 '더 높이 더 멀리'를 펴보았다.
머리글에 이런 문구가 있다.
"평범하게 정상에 오른 합격자들의 이야기를 통해 그들의 삶의 성실함과 의미 깊은 충고들을 자신의 것으로 삼아 위안과 격려를 삼았으면 한다"고… 또한, "역경에도 굴하지 않고 집념과 투지로 합격에 이른 여정을 통해 역경을 극복할 수 있는 힘과 용기를 얻기를 바란다"고.
다시 한번 역경을 이겨내자.

1997.1.31

진정한 힘은 자기를 깨끗하게 지키는 데서 나온다고 생각한다.
옥상 방에 둔 책상을 어머니 방으로 옮겼다.

저녁에는 서재에서 책을 보려고 했었는데, 앉아있어 보니 30분을 더 지체 못하겠다. 날이 추워 오금이 저리고 해서 옮겼더니 그럴 수 없이 좋다.
나 자신의 여건과 환경을 생각해 본다.
올해에는 유난히 눈이 많이 오는 것 같다.
책상이래야 옛날에 쓰던 식탁이지만 차라리 사용하기 좋다.
아픈 배가 쉽게 수그러들지 않는 게, 자꾸만 트림이 나오고 속이 거북하다. 하지만, 약간 아프다고 해서 게을러질 수 있나. 아프지만 그대로 밀고 나가자. 아픔 자체가 밀려 버리게….
오른손 관절마디는 물파스를 바르고 했더니 조금씩 나아지는 것 같다. 왜 관절이 아픈가? 곰곰이 생각해 보았더니 지난 연말 글을 좀 많이 쓴 것이 탈인 것 같다.
물리 문제지를 풀어보고 이론을 정리하고 잠자리에 들었다.

1997.2.2

행정행위는 행정주체에 의한 법적 행위이다.
법적행위란 의사표시 또는 정신작용을 요소를 하는 행위를 말한다.
-송희성 「완전신행정법」에서-

행정법을 보면서 뜻이 나름대로 심오하거나 중요하다 싶은 것은 일기장에 옮겨 써 보는 것도 학업에 도움이 될 것 같아 그렇게 하기로 했다.
행정행위, 행정주체, 법적행위 등 용어들이 생소하다만 조금씩 이해가 된다.

1997.2.4

파도가 바위를 깎는다
-사형(査兄)노트에서-

그 옛날 형수님의 동생(査兄)이 공무원 시험공부 할 때에 공무원 문제집 첫 페이지 빈 백지에 "파도가 바위를 깎는다"는 글귀를 읽은 기억이 난다.
"파도가 바위를 깎는다"는 말을 예사롭지 않게 읽었는데 조급해하지 말고 나아가라는 뜻 같다.
방송대 동문회에 전화를 했다.
내가 방송대동문회 임원(편집국장)으로 임명받았는데, 별도로 시간을 내지 못할 것 같기에 사임하겠다는 뜻을 밝혔다.
홀가분하다.
동료에게 미안하지만 내가 시험을 앞두고 있지 않은가.
섭섭하다고 하기보다 홀가분하다.
진작 짐을 벗을 걸…

회장과 수석 부회장에게 전화를 드렸다.
회장은 그동안 고생했다고 하며 시험에 좋은 결과가 있기를 바란다고 했다.
나는 도와드리지 못해서 미안하다고 말씀을 드렸다.
내가 공부하는 수련원 독서실 옆의 창문가에 잎이 다 떨어진 겨울나무가 여러 그루 서 있다.
바닥에는 낙엽들이 쌓여있고, 그 위로 며칠 전 온 눈이 응달진 곳에 하얀 빛을 발하며 쌓여있다.
바깥은 바람 한 점 없다.
마치 시간이 멈추어버린 것처럼…….

1997.2.6

순천자는 흥하고 역천자는 망한다.

어려움을 겪었던 고향 선배 모 국장님이 자녀 혼사 청첩장을 아는 지인들에게 지난번 발송했는데, 일부가 집으로 반송되어 온다고 한다. 주소가 틀린 것 같다.
아직 시간이 조금 남아있으니, 집에 있는 여분의 청첩장으로 다시 발송하기로 했다.
전철 안에서 메모한 노트를 보았다.

우리과 사무실의 분위기는 참 좋다.
지방자치제 이후, 권한들이 구청으로 위임되었기에 '도시계획과' 란 과명보다 '도시기획과' 란 과명이 더 어울릴 것 같다.
오늘 아침에는 모처럼 앞산에 올라가 무역회관이나 포스코 건물(포항제철 빌딩)을 보며, 어려운 경제를 끌어 올려지길 원해 보았다.
오가는 산행길에서 학원 강의(물리)를 녹음한 테이프를 소형 녹음기에 넣어 레시바를 귀에 꽂고 들었다.
잘 들리지는 않았지만 반복해서 들었다.
반복만이 공부와 합격의 지름길이리라.

1997.2.7

"호흡이 잘 맞는 사람"
과장님이 강조하신다. 여기서 말하는 '호흡' 이란 조직생활하는 자에게는 무서운 말인 것 같다.
우리 민족의 고유명절인 설날이 내일이다.
공부를 해야한다는 강박관념에 모든 책을 가방에 넣었다.
그리고 명절에 아이들에게 줄 세뱃돈과 내려가서 자기들끼리 가지고 놀 팽이와 레고장난감 등도 가방에 챙겨 넣었다.

마음은 벌써 고향으로 향하면서 우등고속버스에 몸을 실었다.

설명절 대이동 인구가 1000만 명이라고 한다.

선물꾸러미 등을 들고 거리를 나서는 시민들.

올해는 불황에다 '한보사태' 까지 겹쳐 그렇게 밝은 명절은 못 되는 것 같다. 고속버스 안에서 메모노트를 펴서 암기하다 녹음기로 행정법을 들었다.

가끔 차창으로 바라보는 바깥 풍경은 자연의 모습 그대로 평화로와 보였다.

1997.2.8

행정국가의 법치국가적 명확성과 상황 적합적 탄력성은 모두 배척하는 것이 아니라 공존할 수 있음을 일반적으로 승인되고 있다.
-비권력 행정작용 중에서-

설날 아침이다.

늘상 그랬지만 차례상 앞에서 나는 절을 하지 않고 묵념을 했다. 그런데 동생도 묵념을 했다. 상당한 변화다.

어머님에게 새해인사를 드렸다.

올해 나이 74세이시다.

시골에서 부산으로 병원을 정해, 왔다 갔다 하신다.

큰집에서 모시느라 어려움과 고생이 많은 것 같다.
족보를 보면서 아이들과 어울렸다.
우리가 시조로부터 19대손이다.
나는 부모님에게 두 가지를 감사드린다고 했다.
첫째로 시골에서 국민학교를 나온 뒤, 중학교를 도시로 나가 공부를 할 수 있었다는 점이다.
둘째로는 아버지가 나의 이름을 "대성"으로 지어주셔서 실제로는 "중성"이나 "소성"에 거친다 할지라도 이름을 생각하며 자신을 가다듬게 되었다는 점이다.
가족이 모인 곳에서 이 말을 하는 의미는 부모를 높이고 덕담으로 연결하는 의미를 조금은 담았다 할까?
그때 큰형이 "이 석두(자신을 가리킴)가 너를 데리고 왔잖아?" 하신다.
사실, 나의 학비는 큰형이 거의 부담을 다 해주었다.
그리고 대구에서 이모님 집에 있을 때 이모가 시동생에게 하는 것을 보고 도시에 자리를 잡으면서 나의 중학교 입학원서를 큰형이 가서 사왔다고 한다.
새로운 사실을 알았다.
학교에 시험 보러 갈 때 아버지께서 학교정문에 엿을 붙이던 기억만 있었는데… 난 농담반 진담반으로 아내에게 통장을 큰형에게 맡기라도 했다.
아니 무엇보다 중요한 것은 세상을 살면서 내가 있는 위치에서 남의 신세를 지지 않고 내 몫을 다하는 삶이 가족과 모두에게 보답하는 삶이라 여겨본다.
가족회의에서 공동경비를 형이 같이 부담하자고 하길래, 그래도 형님이 조금 더 내야하지 않느냐고 너스레를 떨었다.
난 어쩔 수 없는 동생인가보다.
큰형의 '석두' 라는 표현은 정말 멋진 표현이라 생각해 본다.

1997.2.10

행정지도는 원래 상대방의 동의 또는 임의적 협력을 기초로 하나 그 배후에 숨어 있는 공권력에 대한 심리적 압박감으로 인하여 임의적 행위의 한계를 넘어서 사실상 강제성을 띨 경우가 있다.
-행정법 행정지도의 결함 중에서-

정말 이제부터는 모든 것을 억제하여야겠다.
시험날짜가 4월 27일로 잡혔다고 부산 사형이 이야기 한다.
사형도 이번 시험 대상이다.
지방자치가 실시된 이래 시험이 없어지고 서울, 부산, 대구만 실시하고 있는 실정에서 부산시에 근무하는 사형은 이달 말쯤 전문교육을 받기 위해 상경한다고 한다.
그때 뵙는 것으로 했다.

주사 승진은 89년에 했는데 승진이 빠른 것은 아닌 것 같다.
어떻게 공부하는 것이 효과적인 공부 방법일까?
공부라는 것은 결과적으로 기억력과 집중력 싸움이라고 한다면 무엇보다 중요한 것은 초연한 마음으로 학문에 접근하여 원리를 파악하고 기본 개념을 정리하여 내 것으로 만드는 것. 어차피 공부는 본인이 하는 것이므로 그룹과외도 학원 강의도 본인이 하는 것을 돕자는 것 아닌가?
그렇다면 기본서 위주로 착실히 공부하자.
조급한 마음을 누르고, 방심은 금물이다.
어차피 이 길 위에서 넘어야 할 산이라면
돌부리가 있고 가시넝쿨이 얽혀있더라도 기억력과 집중력을 길러 정상에서의 희열을 맛보기 위해 진군하자.
오늘은 밤늦게까지 공부를 많이 했다.

1997.2.11

행정벌이란 행정법상 의무위반에 대하여 일반통치권에 의거하여 요하는 제재로서의 처벌을 말한다.
즉 직접적으로 의무위반에 대한 제재이나, 간접적으로는 의무자에게 심리적 압박을 가하여 의무 불이행자에게 의무이행을 촉진시키고 타자들에게 장래 행정법규위반이 일어나지 않도록 하기 위한 것이다.
-행정벌 정의에서-

일도양단 하겠다는 마음 자세로 매진해야겠다.
마음을 더 가다듬고 계획을 세워서 밀고 나가야지.
4월 27일이 확실히 확정된 모양이다.
같이 공부하는 동료가 모여서 같이 공부하자고 한다.
좋은 이야기이다.
서로 자극을 주고 서로 위로를 하고 행동을 같이 하는 것도 공부의 촉진제이다.
4월 말이라고 하면 2달 정도밖에 안 남았다.
시간을 금쪽같이 쓰면서 수험공부에 임하자고 스스로 결의를 다진다.
결과에 연연하지 말고 말이다.

1997.2.12

남에게 신세를 지지 않고 제몫을 다하는 삶
이것이야말로 세계로 향하는 우리의 이념이라 여겨본다.
작은 아이는 성격이 상당히 감수성이 강하다.
감정이 풍부하다고나 할까?
집에 들어 갔더니 "안녕히 다녀오셨어요?"
인사하는 모양의 얼굴이 온통 울상이다.
나는 낌새를 차리고 앉고서 방으로 들어갔다.

내용인즉, 삼국지 게임 때문에 집사람에게 형과 함께 야단을 맞은 모양이다. 낮에 자기들끼리 있으면서 하루 종일 한 모양이다.

이 문제를 어떻게 해결해야하나? 작은 놈이 상당히 안쓰럽다. 앞으로 좀 더 관심을 가지고 집중적인 간섭을 해야겠다.

저녁에 같이 공부하던 분으로부터 전화가 왔다.

공부가 잘 되느냐고.

1997.2.13

행정은 구제에 있어,
손해는 배상이고 손실은 보상이다.
-행정의 구제에서-

저녁에 한양대 도서관에 갔다.

많은 학생들이 열심히 공부를 하고 있었다.

그들 속에서 나는 확실히 늙었구나 하는 실감이 났다.

최소 15년 이상은 다 나이 차이가 나니까, 밤 10시 넘어서 머리가 아프고 기력이 탕진된 것 같고 온몸의 힘이 빠진다. 가만히 생각해보니, 점심때 식당에서 양식을 먹은 이후 아무것도 먹지 못했다. 그냥 책만 보다 왔으니 집에 오는 전철 속에서 잠을 청하려고 눈을 감았으나 잠마저 오지 않는다.

몸이 너무 힘들고 피곤할 때 파김치가 된다는 말처럼 내가 정말 그 상태 같다.
몸에서 열도 나고, 오늘 몸의 컨디션은 최악이다.
집에 오자마자 도저히 못 견디어 일찍 잠을 청했다.
새벽에 잠이 깨어 책을 잡아보았으나, 눈에 들어오지 않아 다시 잠을 청했다.

1997.2.14

행정상 손실보상의 이론적 근거는 사유재산제도하에서는 행정주체가 공공목적을 위하여 개인에게 특별 우연한 희생을 가한 경우에 정의와 공정의 견지에서 보상해야 한다는 특별희생설이 타당하다.
-손실보상의 근거에서-

수험준비를 하는 기본자세가 흐트러지는 것 같다.
집에 들어가면 밥 먹고 난 뒤 그냥 눕고 싶고, TV 앞에 앉고 싶으니… 청소년 시절에는 어려서 그렇다 하지만 지금은 그렇지도 않지 않은가. 합격과 불합격의 당락이 한문제로 결정난다면 틀린 말은 아닐 것이다.
좀 더 바짝 긴장해야겠다.
내용파악, 내용정리, 암기, 미진한 부분 보충, 예제중심, 최종마무리 식으로 해야한다면 내가 하는 방법은 중구난방식이 아닌가.
기술고시 합격수기에서 한 합격자의 수기가 생각난다.
"고시는 결국 자신의 꿈을 쫓는 것이며 경쟁자도 오직 자신뿐이며 시험장에서도 믿을 사람은 오직 자신뿐" 이라고.
규칙적인 생활을 해야겠다.
그리고 내가 하는 승진공부에 좀 더 큰 의미를 부여하고 학문을 통해서 세상을 보려고 하는 안목을 겸손히 키워보아야 하겠다.
물리학개론, 행정법, 측량학, 응용역학 이 과목들을 공부하는데 있어서 암기위주보다 이해위주로 공부를 다시 해야겠다.
그것이 '학문의 왕도' 라 생각하고 무조건 외운다는 접근보다는 이해하고 난 다음, 내 것으로 만든다는 학습 태도!
바로 이것이 나에게 맞는 공부방법인 것 같다.

1997.2.15

행정소송의 판결에 있어 그 판결의 효력은 구속력(당사자와 관계인 및 제3자를 구속하는 효력) 및 확정력(불가쟁력과 불가변력의 효력) 및 집행력(강제집행을 할 수 있는 효력) 및 거부처분 취소판결의 간접강제(행정청의 부작위가 위법임을 확인하는 판결을 하였음에도 불구하고 행정청이 처분을 하지 아니하는 경우 법원은 이행하지 아니한 지연기간에 따라 일정한 배상을 명하거나 즉시 손해배상을 명할 수 있다)에 미친다.
-판결의 효력에서-

행정법 문제집을 밤 12시를 기점으로 마지막 정부조직법 및 지방자치법 그리고 공무원법 책장을 넘기면서 1회 정독을 했다. 많은 것이 이해되었고 도움이 됐다.
공무원법에 있어 징계의 종류라든가, 헌법에 규정된 공무원의 임무라든가 등등…
오늘은 또한 물리학 개론(김해중 저)도 같이 공부했다.
물리공부도 마찬가지로 많은 것을 숙지하게 해준다.
빛이 에너지를 가지고 있다든가. 태양에서 오는 빛이 지상에 달했을 때 1㎠에 1.94cal 라든가 등등…
원리를 터득하고 암기하려고 하기보다 이해하려고 노력하고 모든 공식들과 예문을 소홀히 하지 말자.
합격에의 당락에 연연하지 말고 과목의 깊이와 지식 습득에 열과 성을 다하자고 다짐해본다. 떨어져도 아직 세 번의 응시기회가 더 있지 아니한가. 차분하게 매진하자!
어머님에게 전화를 드렸다.
열심히 공부하라고 말씀하신다.
어머님은 내 삶에 있어 가장 큰 영향을 미치셨다.
부산에서 고등학교를 다닐 때, 휴일날 시골에 내려가면 오후에 도착하는데 연로하신 아버님이 밭에 가서 어머님 일을 도우라는 말을 듣고 밭에 가보면 혼자서 밭의 김을 매신다고 늦게까지 일 하시던 모습이 생각난다.
정말 열심히 인생을 살아오신 어머님께 머리가 숙여진다.

1997.2.16

힘이란 정지하고 있는 어떤 물체를 움직이든가 또는 움직이고 있는 물체의 운동하고 있는 방향이나 속도를 바꾸는 원인이 되는 것을 말한다.
-응용역학 중 힘의 정의에서-

자기와의 싸움에서 지면은 안 되는데…
독서실에서 졸음이 오면 도저히 참지를 못하겠다. 세면장에 나가 세수를 하고 들어와 책을 잡아도 연방 눈이 감긴다. 아내의 얼굴을 떠올리고 아이들의 얼굴을 떠올려도 잠이 쏟아진다. 시간 싸움에서 마음을 다잡아도 소용이 없다.
이럴 때에는 어떻게 하여야하나!
옛날 선비들이 공부를 하면서 천장에 새끼줄을 메달아 졸음이 올 때 머리가 숙여지면 새끼줄이 목을 당기어 잠을 깨었다고 했었지.
나도 졸음이 올 때 특단의 대책을 강구하여야겠다.
도전 이것은 숙명이다. 결코 좌절하거나 낙심하지 말자.
의지와 노력의 조화가 합격의 지름길이라면 어차피 나이 먹어 시간싸움의 여정에서 더 열심히 할 수밖에….
날씨가 상당히 차갑다.

1997.2.17

행정소송법 제2조의 처분이라 함은 행정청이 행하는 구체적 사실에 관한 법집행으로서 공권력 행사 또는 그 거부와 그밖에 이에 준하는 행정작용 및 행정심판에 관한 재결을 말한다.
-송희성 저 신 행정법 중 처분에서-

처사촌 큰오빠인 박명규 형이 돌아가시어 용미리 시립묘지에 갔다 왔다.
이분은 한국경제신문사 발송부장으로 계시다 몇 년 전에 퇴직하였는데 술을 너무 좋아하였기에 술 때문에 인생이 망가진 것 같다고 하면 나만의 푸념일까?
장인이 일찍 돌아가시어 결혼할 때 집사람의 손을 잡고 나오시던 모습이 눈에 선하다.
아프다는 말을 들었건만 문병 가보지 못한 것이 못내 마음에 걸려 가시는 마지막 걸음을 보고자 장지에 갔다 왔다.
처가의 크고 작은 일처리는 이 형님이 다 하셨는데…
한번 사는 삶이기에 이 삶이 너무나 귀하고 큰 법인데 죽음 앞에서는 그 모든 것이 끝이다.
긴 동면에 들면 이생과의 영원한 이별.
목을 놓아 우는 생전의 지인들과 친척들을 멀리하고 아쉽고 한 많은 삶의 종지부를 찍는다.
그렇다. 삶이 영위될 때 감사하며 삶이 귀하다는 것을 깨닫고 공의를 행하며 정직하게 살자. 고인의 묘 앞에서 고이 잠드시기를 간절한 마음으로 기도드렸다.
응용역학을 손에 잡았다.
토목직 승진 2차 시험의 필수과목이다.
야무지게 하자.
그래 다부지게, 정말 야무지게 하자!

1997.2.18

지혜로운 자는 그 행동을 삼가고 절대 조급해 하지 않는다.
-잠언-

같이 독서실을 잡고 공부하는 분 중에 서울지검에 근무하시는 분이 있다.
한동안 보이지 않다가 오늘 보여 인사를 했더니, 그동안 한보사태로 주야간 근무하다보니 공부하러 오지 못했다고 한다.
시험이 총무처에서 주관하기에 6월 예정이라고 한다.
우리는 4월로 확정되었다고 했다.
얼마 전에 6월 예정이란 설이 시청에 돌았는데 총무처에서 나온 이야기인 모양이다. 아직 두과목은 보지 못하였다만 공부를 해보니 이해가 되는 부분이 많다.
특히 행정법은 시험 이전에 국가에 봉사하는 길 위에 있는 모든 분들이 한 2회 정도만 정독하라고 권하고 싶다.
세상을 살면서 시험이라는 기회를 통해서 가, 부를 떠나 이런 책을 볼 수 있다는 그것도 상당한 강박관념 속에서 감사하게 여긴다.
과연 효율적인 공부방법은 어떤 것일까?
내가 하고 있는 방법보다 더 좋은 방법은 없는 것일까?
그 옛날 시골에서 공부하던 때가 생각이 난다. 그 때는 장소가 여의치 않아 향교에서 방을 정해 공부했었다. 벽에 '초지일관' 이란 글귀를 붙여놓고 주워온 책상에다 삐걱거리던 의자에 앉아 공부를 했었다.
또 그 당시에는 새마을 운동으로 집을 전부 고쳤었는데, 나는 시험이 있었기에 아버지께 말씀드리고 향교에서 열심히 공부하여 경남도 7급 건축직 시험에 합격하였다.
전공이 토목이다 보니 시험과목 중 두 과목(건축시공학, 건축구조학)은 별도로 책을 사서 공부해야만 했다.
세 번을 정독하니 내용이 눈에 들어왔다.
경쟁률이 34:1이었는데, 결과는 합격이었다. 나는 시험 합격으로 아버지께 그동안 집짓는 일을 소홀히 한 것에 대한 보답을 한 것 같았다.
그래! 다시 그 때를 생각하며 초심으로 돌아가야겠다.
잠시 회상에 잠겼었던 나는 마음을 굳게 다져보았다.

1997.2.20

무릇 어느 전쟁이던지 승리를 거두려면 작전계획이 수립되어야 하고, 또 좋은 무기를 가져야 하듯이 수험생들은 우선 출제경향과 정도를 알고 다음에 효율적 학습을 가능하게 해줄 책을 선택하는 것이 관문통과의 제1의 전제조건이다.
-송희성 저 행정법 서문에서-

한양대 도서관으로 갔다.

가서 후회한 것은 집에서 멀고 손에 책을 들었으니 가방 또한 무겁다.

오늘은 정말 별로 공부를 못했다.

1997.2.21

만일 사법이 정치 간섭을 하게 되면 정치는 얻는 것이 없게 되나 사법은 모든 것을 잃는다.
-Guizot-

독서실에서 앞산을 바라본다.

바람이 한 점 없다. 봄이 오는 것일까?

날씨가 많이 풀린 것 같다.

따스한 기온이 천지를 덮는 것 같다.

낮에 인사과에 전화를 걸어 확인해 보았다. 4월 27일 일정은 확정되었다고 한다. 인원수는 정해졌냐고 물었더니 아직 정해지지 않았다고 한다. 공부만 열심히 하라고 한다. 외우기보다 익히자.
오늘은 차분하게 역학과 행정법을 보았다. 역학이 의외로 많이 어렵다. 진도가 잘 나가질 않는다. 역시 학원 강의를 들어야 했던 것일까?
학원에 등록 안하고 혼자 공부한다는 게 조금 후회가 된다. 보다 효과적인 방법을 다시 고찰해 보아야겠다.

1997.2.22

오늘날은 '정밀화 시대' 라고 한다.
모든 정보는 자기 결정의 전제가 되고 있다.

처가 식구들이 집에 모인다고 한다. 내 생일 겸해서 밥을 먹는다고. 나는 아내에게 식구들을 초대하지 말라고 했다.
내가 지금 그럴 시간도 마음의 여유도 없기에…
그러나 사람 사는 것이 그런게 아니라고. 결국은 장모님과 손윗동서 가족 및 아랫동서 가족이 모두 모였다.
장모님의 생일은 음력 12월 29일이다.
제대로 챙겨드리지도 못해 늘 죄송했는데… 죄송한 마음과 고마운 마음에 마음 한 구석이 짠해져 왔다. 여하튼 처가 식구들이 모두 모여 시끌벅쩍한 가운데 저녁식사를 잘 먹었다.

가만히 보니 윗동서네 아이들이 많이 큰거 같다.

손윗동서의 큰딸 승현이는 피아노를 꽤 잘 친다.

한밤중에 장모님으로부터 집안의 내력에 관한 이야기를 들었다. 6 · 25로 아픈 상처가 크다는 게 마음에 와 닿았다.

나는 전쟁의 시련을 모르고 자랐지만, 우리 집도 6 · 25 당시 김해로 피난을 갔다 오니 집이 전부 불타 없어져 버렸었다고 어머님께 들은 기억이 새삼 떠올랐다.

1997.2.23

모든 현실은 감성적 인식을 거쳐 이성적 인식으로 발전합니다. 현상을 보고 분노하고 전율하는 것은 감성적 인식입니다. 그러나 여기에서 한 걸음 더 나아가 구조적 모순을 밝히고 또한 해결방안을 모색하는 것이 이성적 인식인 것입니다.

내가 하고 있는 공부 방법을 점검해 보았다.

너무 계획 없이 하고 있는 것은 아닐까?

다른 사람들은 어떻게 할까?

시간을 금같이 쓰고 끊임없이 반복하면서 기억력을 향상해 나가야 할 터인데 세운 계획의 2/3정도밖에 못하고 집에 들어와서는 씻고 잠자기에 바쁘다.
그나마 아내와의 부부생활도 최대한 절제해야 할 터인데, 그러지도 못하고… 갈팡질팡이다.
고시합격기를 읽어보았다.
합격자들의 수기를 읽어나가면서 나름대로 일도양단이나 공감대를 느낄 수 있었고 공부하는 방법이나 자세 모든 것이 마음에 와 닿았다. 내마음 한편에서도 새삼 새로운 투지와 각오가 불타올랐다.
학문과 배움이라는 것이 책상머리에 앉은 자기와 마주하는 책과의 대화 속에 공감대를 형성하고 깊이를 더하는 것이고 보면, 결국은 자기와의 끊임없는 싸움인 것 같다.
끊임없이 자기에게 자극을 주고 동기를 부여하면서 책장을 넘기는 사람만이 승리할 것이다. 머리가 좋고 나쁘고의 차이는 크게 없다고 본다.
한마디로 노력하는 것만이 해결책이다.

1997.2.26

헌법에 공무원은 국민전체에 대한 봉사자이며 국민에 대하여 책임을 지고 신분과 생활은 보장하되 정치적 중립 및 정치운동은 금지된다.
-공무원의 정의에서-

학원에서 배운다고 답을 가르쳐 주는 것이 아니고 공부는 자기가 하는 것이다.
오늘은 개포 시립도서관으로 왔다.
수련원 독서실에 가지 않고 여기로 왔는데 다 좋지만 환풍기에서 나오는 소리가 신경에 거슬리는 것이 흠이다.
공부 분위기는 괜찮다. 아침 6시에 문을 열고 저녁 10시에 폐관을 한다고 하니 시간도 적정하다.
고시촌도 좋고 독서실도 좋지만 개방된 여기도 아늑하고 분위기가 좋다. 어디서 하던, 자기하기 나름이지만 식사하러 나가는 시간 및 화장실에 가는 시간 외에는 책상에 앉아 있지만, 마음은 상당히 바쁘다. 특히, 오늘은 더 조급함이 든다.
속도를 상당히 많이 내었다. 행정법은 110P까지 보고, 역학은 처짐의 문제를 다 풀고, 측량은 1장 측량학개론 및 법규를 마쳤다. 나름대로 열심히 했다.
마음을 더욱 조이자.

1997.2.27

트러스의 안정이란 어떤 하중을 받아도 항상 정지상태를 유지할 때 안정이라 한다.

아내가 독서실 앞에 차를 갖고와 기다리다 위로 올라왔다.
나는 요즘 운동부족으로 그냥 걸어갈테니 신경쓰지 말라고 했지만, 아내의 성의를 무시하기도 그렇고 해서 차를 타고 왔다.
어제는 몸 컨디션이 좋지 않더니 오늘은 많이 좋아졌다.
계획을 다시 수립해야겠다.
너는 해병대 출신이잖아!
불가능을 모르는 전천후 해병, 무에서 유를 창조하자!
어떠한 어려움도 극복하는 해병의 정신으로.
오늘부터 측량학을 다시 반복해서 공부하기 시작했다.

1997.3.3

아내와 방을 같이 쓰지 않은 지가 며칠 된다.
일전에 이렇게 하겠다고 양해는 구했고, 그렇게 실행하고 있다. 이 방이 고시촌의 방 하나와 같다고 생각하자.
이제 날짜가 두 달도 안 남았다. 책의 진도가 잘 안 나간다.
측량을 잡았는데 용어가 생소하니 공식이 잘 머리에 들어오지 않으며 금방 보면 기억이 나지 않는다. 이럴 땐 어떻게 공부해야 하나? 쓰면서 계속 반복하고 있다.
투지가 약간 수그러드는 것 같다.

투지가 불타올라야 하는데…

측량을 내일 끝내고 4과목을 매일 하자는 방향으로 잡았다.

아침 신문에 우리 시장을 역임하신 분이 국무총리로 거명된다는 보도가 나왔다.

그분에 관한 좋은 추억은 세종문화회관에서 조회를 할 때 서울시 본청 직원이상 구 사업소 6급 이상 모인 자리에서 지방에서 도지사 소임을 끝내고 교통부 장관의 명을 받아 올라오며 관례적인 전별금을 두고 왔다는 말씀이 상당히 인상 깊이 들렸는데 그런 삶을 사셨길래 또 다니엘처럼 거론되는가 보다.

말이 필요 없는 세상 같다.

행함만이 족적이 되는 것 아닌가?

오늘 아이들이 전학했다.

큰놈이 6학년이고, 작은 놈은 5학년이다.

1997.3.6

봄비가 온다.

앙상해 뵈는 나무들에 새순이 돋는다.

응용역학을 일독하고 두 번째 보는데도 이해가 안 되는 부분이 많다. 물리학개론도 그렇고, 어차피 혼자서 공부하는 것이지만…
날짜가 얼마 남지 않았다.
결과에 연연하지 말고
계획을 세워 차분히 매진해 나가야겠다.
"유지의성(뜻이 있는 곳에 길이 있다)"이란 말을 가슴에 새기며 열심히 하자.

1997.3.8 

분당 동기생이 저녁 늦게 전화를 했다.
지난번 모친이 별세하여 한 번 모였는데 그 이후 소원했다고 오늘 저녁을 자기 집에서 먹자고 한다.
연락을 받고 안 갈 수도 없고…
고민하다 저녁에 아내와 같이 다녀왔다.
내가 사는 데서는 그렇게 멀지 않았다.
대학원 동기생은 15명이다.
기술사를 가진 자가 안 가진 자보다 훨씬 많다.
물리가 난해하다.
도대체 날짜는 다가오는데 진도가 나가지 않으니 답답하다.
개념파악을 확실히 하여 아이들 방에 붙여준 글귀처럼 기초공사를 잘하자.
기초를 파고들어가는 것! 그것이 합격의 관건이다.

1997.3.10

개포 시립도서관에서 공부를 하다 왔다.
날짜가 얼마남지 않았다.
계획을 좀 더 알차게 세우지 못하였는지 공부한 내용이 머릿속에 정립되지 않는 것 같다.
공부란 자기와의 싸움이라면, 이 싸움에서 이겨야 되는데 그것이 여의치가 못한 것 같다.
시험날짜는 다가오는데 차분하게 증진하자.
집에 들어오니 아이들은 자고 있고
아내는 TV를 보고 있다.
아내는 TV를 즐겨본다.
바보상자라고 하지만 그걸 보고 우는 것도 여러 번 보았다.
연기자들의 직업이 이 시대에는 뜨는 것 같다.
수입도 만만치 않은 것 같고… 인기직업이라서 그런지 젊은이들 사이에 연기자가 되려고 하는 사람들이 많은 것 같다.

1997.3.14

응시자 명단이 나왔다.

나는 자유 제안으로 3배수 순위 외이지만 응시동료들이 전부 아는 면면이다.

이중에서 시험을 보아 1~2문제로 합격여부가 결정된다고 하는데, 나는 3~4문제를 더 맞추어야 하기에 부담이 더 된다.

거의 비슷한 수준에서 시험을 보기에 자기가 아는 문제가 나와 주면 좋을 것이고 모르는 문제가 나왔을 때는 잘 찍어야 되는데 찍는 것도 실력이라면 실력이라 하겠다.

50분에 두 과목을 본다.

1차는 측량학개론과 행정법, 2차는 응용역학과 측량학개론인데 1차는 60점을 넘으면 합격이고 2차는 두 과목 중 상위 점수로 인원수를 정하는 절대평가이고 보면 1문제라도 더 맞추어야 합격이다.

나이를 먹어 공부를 하는 것이길래 다들 열심히 하지만 기억력에 한계가 있고 외운 것이 금방 가물가물하다고 한다.

동료들로부터 자극을 받는다.

1997.3.17

손해에는 재산적 손해, 정신적 손해, 적극적 손해, 소극적 손해를 다 포함한다.
-행정법에서-

물리학개론 수험서를 세 번이나 보았으나 힘과 운동이니 일과 에너지의 문제를 풀려하면 생소하다. 반복하여 문제를 풀어보고 암기하는 수밖에 달리 도리가 없다.
물리는 이 과목 중에서도 책 제목 그대로 물체의 이론을 정립한 것으로 힘과 운동, 일과 에너지 파동 등 기초과목으로 쉽게 이해되지 않아 난해한 부분들이 많다.
그러나 개요와 원리 등 기본에 충실해 보자.
그럴 때에 기본이 머리에 정립되면 희열이 있는 것 아닌가.
언젠가 선배가 시험과목을 놓고 "이 과목들이 실무에 얼마나 적용이 되느냐"고 묻길래, 나는 "실무에 도움이 될 거라고 한 적이 있지만 실제 실무에 도움이 되는 것 같다"고 말했다.
기술직 시험에 물리가 기초과목으로 들어가 있는 것도 그런 이유 때문인 것 같다. 물리를 통해 사물의 이치를 파악하는 것이기에 사물의 이치를 밝힌다는 마음으로 매진하자.
이 시간에도 경쟁상대들은 불 밝히며 자기와의 싸움을 하고 있는 것을 생각하면 도무지 잠이 오지 않는다.

1997.3.19

응용역학 뒷부분 가운데 가장 어려운 부정정 문제 부분을 풀어본다. 이 부분이 처짐과 같이 가장 어려운 부분이다. 마치 밀림을 지나는 것과 같다.
어제는 종일 이 부분과 씨름을 했다. 진도가 나가지 않는다.
역학은 크게 정정과 부정정으로 나누어지는데 정정보다 부정정이 난해하다.
대부분의 토목구조물이 부정정으로 설계 시공되는 것이고 보면 이 부분을 더 세밀히 공부해야겠다.
집에 들어오니 방송대 동문회지가 배달왔다.
지난번 편집국장을 사임하지 않았다면 내가 만들었을 것인데… 동문회지를 펼쳐보니, 내용과 편집이 잘 되었고 구성도 좋게 잘 만들었다.
작년에 어머니를 모시고 일본 오사카에 거주하는 친척집에 다녀온 과정을 기행문으로 정리하여 동문회에 보냈었는데, 내 사진과 같이 잘 실려 있었다.
내 친척들 중, 그러니까 큰집과 고모님이 일본 오사카에 거주하시는데, 해방 전부터 일본에 거주하며 살고 계신다. 해방과 동시에 부모님은 한국으로 오셨고 친척분들은 일본에 잔류하였기에 그 가족들이 현재 많이 거주하며 살고있다.
지금 일본도 경기가 안 좋다고 한다. 장기불황에 접어들어

사업도 잘 안 되고 임금은 고임금이라고 하니….

내가 어릴 적, 고모님이 우리 집에 오셨었는데, 그때 밀감을 가져와서 그것을 맛있게 먹었던 기억이 눈에 선하다.

1997.4.4

거리에 개나리가 활짝 피어있다.

봄을 가장 먼저 알린다는 꽃!

노란 잎이 마음을 상쾌하게 한다.

개나리와 벚꽃이 잎보다 꽃이 먼저 나온다고 하지 않았던가.

하얀 목련도 마찬가지로 꽃이 지고 난 다음 잎이 나오는 것인데, 누군가에게서 들은 이야기로 봄을 알리고 싶은 꽃들이 성질이 급해 잎이 만들어지기도 전에 꽃망울이 먼저 영글어 머리를 내민다니 자연의 신비 앞에 새삼 머리가 숙여진다.

우리나라는 사계절의 변화가 뚜렷하기에 "겨울이 깊어가니 봄이 어찌 그리 멀었겠는가"하고 시인이 노래했지만 사실 봄은 희망의 계절이다.

희망은 삶의 원동력 아닌가.

희망이 있고 꿈이 있는 곳에 삶의 의미가 있다.

책장을 한 장 한 장 넘길 때마다 희망을 걸어본다.

1997.4.27

시험 날이다.

나름대로 최선을 다해 열심히 수험공부를 하였다고 생각이 들지만 시간이 부족함을 어찌할 수 없고 아쉬움이 인다.

옛날 7급 공채시험을 보고 마지막 벨이 울릴 때 굉장히 서운한 마음이 든 경험이 있는데 그것은 내가 이 시험을 위해서 그만큼 하였다는 것에 대한 아쉬움 이랄까.

시험을 보고 학교 정문을 나서니 계장과 직원들이 격려차 여러명이 나왔다. 같이 점심을 먹었다.

고마운 마음을 무엇으로 보답할까?

진한 동료애를 느끼며 모처럼 고기로 포식을 했다.

1차에 역점을 두었고 2차에 시간을 조금 투자했지만 최소한 1차만이라도 합격했으면 좋겠다.

계장님은 수고했다고 합격하면 좋고 1차만이라도 되면 성공이라고 격려해준다.

격려하는 것은 이상한 힘이 있다.

그동안의 노고가 일순 눈 녹듯이 사라지는 것 아닌가.

오늘 저녁은 푹 자야겠다. 잠이 부족하다.

2차 시험 시간에 좀 허둥댄 것 같다.

시간도 부족하고…….

1997.5.29

합격자 발표 날이다.

결과는 1차만 되었고 2차는 불합격이다.

예상은 했지만 낙심이다.

떨어진 이유가 뭘까?

개념정리의 불충분, 짧은 시간, 확실한 불이해 등…

젠장… 그래도 기대는 하였는데…….

집사람과 사무실 및 주위 동료들에게 어떻게 머리를 들까.

그들도 기대는 하였을 건데…

아이들에게 미안한 마음이 든다. 이럴 줄 알았으면 잠을 좀 더 자지 않고 더 열심히 할 걸!

마음이 아프다.

병가지상사로 돌리고 합격하신 분들에게 축하해 주어야겠다. 그리고 업무에 소홀함이 없도록 자신을 타일러 본다.

그동안 업무를 소홀히 한 것은 사실이다. 주위 동료들에게 미안하다.

과장님에겐 뭐라고 이야기하나.

많은 격려를 하여 주셨는데…

얼굴을 들 수가 없다.

1997.7.23

과직원 전체가 회식을 했다.

모처럼 과장님과 합석을 했다.

도시계획과 직원이 많으니까 좌석이 꽉 찼다.

저녁을 많이 잘 먹었다. 회식을 통해 직원 간의 소원함이나 섭섭함이 많이 해소가 되었다.

집으로 강남구청 건축과에서 행정편지가 왔다.

옥상이 불량건축물이라고 철거해야된다는 내용이다.

항측 결과 나온 것이라나? 준공 받은 그대로인데 불법건축이라니 제대로 파악을 못한 것 같다.

그동안의 승진시험 과목의 책들을 쌓아두었다 다시 공부를 하려고 책을 잡았다.

지난번 1차는 통과되어 2차 두 과목이니 큰 부담은 없지만, 그래도 2차만 보아 떨어진 사람도 주위에서 보았길래 겸손한 마음으로 배우기보다 기초를 익히면서 하여야겠다.

퇴근 후 독서실에 갔었다.

하루에 3,000원 이라니? 적은 액수가 아니지만 집에서는 산만하여 공부가 잘 안 되기에 독서실을 한 달 끊어 공부하는 것이 효율적인 방법이리라.

독서실에 소령으로 예편하신 분이 나오시는데 예비군중대장 시험을 준비한다고 했다. 그분도 절박한 사정으로 엄청 열심히 공부를 한다. 덕분에 동기부여와 자극을 많이 받는다. 나는 직장을 다니면서 승진을 준비하지만 그분은 독수공방 백수로서 가족부양의 책무가 있기에 말이다. 더구나 기회를 많이 안 준다고 한다.
두 번인가, 세 번인가 보는데 불합격하면 그 다음엔 영구히 자격이 박탈된다고 하시면서 밥 먹는 시간도 아깝다고 하면서 식사시간까지 아끼면서 공부를 하신다.
나는 그분 옆에 자리를 잡아 공부를 한다.
비록 일과 시간 후이지만, 그분의 합격해야 된다는 열정과 군인정신이 강하게 전달되어 온다.

1997.8.2

여름휴가를 받아 대천 해수욕장에 다녀왔다.
아랫동서 가족 쌍둥이네와 같이 즐겁게 놀다 왔다.
해수욕장에는 사람들이 많이 몰려와서 다들 즐긴다.
멀리 지평선 위에 가물가물 배들이 간다.
저 위에서 본다면 모래가 깔린 백사장 위에 많은 사람들이 물놀이 기구를 가지고 바닷물에 몸을 담근 채 해수욕을 한다만 순간의 연속이 삶의 전부이고 보면 이런 행복한 감정을 가지고 산다면 얼마나 좋을까.

아랫동서는 사업을 하는데, 사람이 좋고 다른 사람을 잘 이해하고 또한 성실하고 열심히 산다. 동서가 잘 아는 사람이 천안에 거주하는데 오는 길에 들렀다. 그분이 식사를 대접해 주길래 잘 먹고 왔다.

그분은 서울에서 사업이 부도 직전까지 몰렸으나 부도를 내지 않고 모든 부채를 정리하고 천안으로 이사를 왔다고 한다.

고의로 부도를 내고 행적을 감추는 사람이 있는가하면 이분은 채무자를 모두 만나 재산 정리를 하였다고하니 신의가 대단한 분 같다고나 할까?

아이들과 같이 바다에서 지내는 시간 가운데 마냥 즐겁지만, 마음 한구석에는 승진 시험에 관한 마음이 떨쳐지지 않는다.

아직 시간은 많이 남아있으니 여유를 가지자.

며칠 전, 홍사덕 의원이 아파트 동네에서 한여름 밤 젊은이와의 대화의 밤을 개최하였다.

잠시 짬을 내어 들어보았더니 '꿈을 실현시키려면' 이란 제목으로 강의를 해주셨는데 그 제목이 '굳은 뜻' 과 '정규교육' 및 '성실' 을 이야기 하시길래 잘 들었다.

1997.8.25

동생이 창원으로 발령이 날 것 같다.
헤어진다는 것이 이렇게 섭섭한 것을 글로써 어찌 다하리.
특히나 동생네 막내 건우가 눈에 아른거린다.
창원으로 이사를 간다고 하는데 직장을 옮긴다는 것은 가정적으로 상당한 어려움이 많은 것 같다.
아이들 교육문제, 가정의 주거문제 등.
쌍용중공업 본사가 서울에 있고 공장은 창원에 있는데 공장 사무실로 발령이 난다고 하니, 직장생활 하는 사람이 발령 나는 데로 갈 수밖에….
며칠 전 시장님이 대선에 출마하신다고 공식 발표를 했다.
그분의 지시사항을 모두 복사해서 편철을 해가지고 있다.
학자 출신 시장님이시기에 말씀들이 좋아서…
오늘 서초 수도토목학원에 등록하고 저녁에 학원에 들러서 측량학 개론 강의를 듣고 왔다.
지난번 공부할 때는 학원에 등록하여 강의를 듣지 아니하였더니 후회가 막급하다.
동료 시험대상자들의 얼굴이 많이 보인다.

1997.9.25

시장님의 대선출마로 행정1 부시장의 직무대리체제가 시작되었다.
업무보고를 준비하느라고 바쁘다.
서초동에 학원등록을 하고 다닌지 오래 되었다.
공무원 승진시험을 위해 개설한 학원이 많지 않기에 먼 곳에서 와서 열심히 듣고 있다.
다들 열심이다.
특히나 앞자리를 차지하려고 일찍와서 자리를 잡아 놓고 식사를 하러간다. 서초동 학원의 주변에는 분식점 등 먹을 만한 음식점이 많이 있다. 그런데 밥을 금방 먹고 자리에 가서 앉으면 30분만 지나면 졸음이 온다. 이때부터는 졸음과의 전쟁이 시작된다.
야간에 다들 고생이다. 나도 마찬가지이지만 머리는 희어지고 기력은 떨어지고 마음과 달리 체력들이 약해 정신력으로 버티고 있는 것 같다.
가정의 가장으로, 직장의 중견실무자로 맡은바 책무를 감당하면서 공부하는 동료들.
진작 시험에 합격하였으면 사무관이 되어 자리를 잡아 나갈건데 그러지를 못하는 선배들이나 본인이나 안쓰럽기는 피차 마찬가지다.

세월이 흐르고 나면 언젠가는 좋은 일들이 있겠지.
늘상 감사하면서 살자.

1997.10.1

대청역에 내려서 일원 청소년독서실을 찾았다.
'가는 날이 장날' 이란 속담처럼 휴관이다.
지난번에도 그런 적이 있었는데, 할 수 없이 발길을 돌려 일원역 부근 청소년수련원으로 갔다. 중학생들이 시험 때인지 많이 와 있다.
승진 시험 일정이 내년 2월 경으로 잡혔다고 한다. 앞으로 약 4개월 정도 남았다. 시간 안배와 모든 걸 차분하게 밀고 나가자. 이번 시험은 실수하지 않겠다고 다짐을 한다.
오후 2시 국감준비 요원으로 차출되어 시청 본관 대회의실 앞에서 김종근 사무관을 만나 많은 이야기를 하는 중에 나는 주로 그분의 이야기를 들었지만 그분과의 대화 중에 고시합격 체험수기인 "다시 태어난다 해도 이 길을"에 실릴 글을 복사하여 주길래 받았다.
이 분을 만나려고 내가 여기 왔는가 싶을 정도다.
그 수기를 읽으며 격려를 많이 받았다.
그분의 합격수기 제목이 "하나님 고맙습니다"로 민족시인

심훈의 시로 시작한 글귀는 내 처지에 너무 적합한 메시지 같다.
시가 너무 좋아 옮겨본다.

그날이 오며는 그날이 오며는
삼각산이 일어나 더덩실 춤이라도 추고
한강물이 뒤집혀 용솟음칠 그날이 오며는
그날이 와서 오오!
그날이 와서
육조 앞 넓은 길을 울며 뛰며 뒹굴어도
그래도 넘치는 기쁨에 가슴이 미어질 듯 하거든!
우렁찬 그 소리를 한 번만이라도 듣기만 하면
그 자리에 꺼꾸러지어도 눈을 감겠소이다.

행정고시 합격하신 분들이 새삼 대단해 보인다.

1997.10.13

가을비가 부슬부슬 온다.
언제부터인가 빗소리를 들으면 자신을 돌아보게 된다.

나는 빗소리를 들으면 엔돌핀이 나온다고 느낄만큼 비오는 소리를 듣는 것이 좋다.
밤이 야심한 시각에 내리는 가을비—
가을에는 좀처럼 천둥이 안 치는데, 천둥이 번개와 함께 큰 소리로 들려온다. 이 비가 오고나면 날씨는 더욱 추워질 것 같다.
승진시험에 관한 풍문이 자자하다.
방귀가 잦으면 똥이 나온다는 속담처럼 소문이 나면 소문대로 결정되는데 이번에는 2차시험만 보니까 합격을 위해 공부를 한다는 마음보다 응용역학과 측량학개론에 대한 이해를 높인다는 마음으로 공부에 충실하자.
어차피 넘어야 할 관문 아닌가.
만에 하나 떨어진다면 다시 1차시험부터 준비해야한다는 생각을 하니 아찔하다.

1997.10.18

한국과 우즈베키스탄의 축구시합이 벌어졌다.
5:1로 우리가 대승을 거두었다.
차범근 감독은 소감을 말할 때에 “하나님께 감사한다”는 말을 먼저 한다. 신을 섬기며 세상을 사는 사람으로서 신에게 영광을 먼저 돌리는 것이 쉬운 것 같으나 결코 쉽지 않은데…

나도 좋은 일이 있을 때 그럴 수 있을까.

그럴 수 있을까가 아니고 나도 그렇게 되어야지.

과거 공채시험에 합격하였을 때에 옆에 앉은 동료에게 그와 비슷한 이야기를 한 기억이 난다.

범사에 감사하자.

지난 6월 13일 부산을 방문하였을 때 큰형이 "공부란 학생에게 주어진 의무이고 공부란 젊은이에게 주어진 특권이라" 하였다.

젊은이의 특권!

난 친필로 적어주신 형의 메모를 지갑에 넣고 다닌다.

더욱 열심히 증진해야지.

조급하게 서두른다고 될 일이 안 되고 안 될 일이 되는 것도 아니지 않은가. 계획성 없이 공부하지 말고 계획을 세워라.

내일은 특강이 있길래 예습을 하고 이 글을 쓴다.

공부의 방법으로 예습을 하고 강의를 듣는 것이 효율적인 줄 알면서도 예습을 못하고 그냥 강의를 듣는다.

1997.10.25

동생네 집에 다녀왔다.
일산에 계속 살았는데 창원으로 전근 명령이 나서 내일 이사하기로 하여 다녀왔다.
서울에 와서 같이 살다가 일산에서 집을 사가지고 지내다가 창원으로 이사간다.
효종이와 영희도 왔다.
동생이 일산에 계속 살았으면 좋으련만 직장이 창원으로 옮겨져 가야한다니 어찌할 수 없구나.
건우야, 제승아!
창원으로 이사 가더라도 부모님 말씀 잘 듣고 건강하게 잘 자라라. 밝고 맑게 잘 자라거라.
동생을 보내는 나의 마음이 맑지 않으나 어떡하리요!
직장따라 가야하니 어찌할 수가 없지 않은가!

1997.11.10

마음의 자세를 바로잡자. 학문하는 마음으로…
내일은 어쩔 수 없이 직장에 하루 결근을 해야겠다.
아버님의 추도일인데 부산에 가야지. 그리고 식구들을 만나야지.

아버님의 얼굴을 떠올려 본다. 아버님은 젊을 때 일본에 건너 가셔서 그곳에서 돈을 많이 벌어왔다고 들었다.

그러기에 어릴 때의 삶은 풍족하지는 않았으나 남의 집에 돈을 변통하러 가지는 않았다.

집에서 구멍가게를 하였는데 과자를 많이 먹어서 그런지 치아가 지금 별로 좋지 않다.

1997.11.11

부산에서 아버님 기일을 보내고 서울 올라오는 열차 안이다.

난 이 글을 쓰려고 열차 식당칸으로 자리를 옮겼다.

열차를 오랜만에 타본다.

어머님 이야기로 언성이 높았지만 못내 안쓰럽다.

우리 4형제가 뜻을 모아 효비란 명목으로 용돈을 얼마씩 드린지 세월이 좀 지났다.

언성을 높이는 주내용은 농사는 이제 짓지말고 보내드리는 용돈을 생활비로 쓰라고 얘기했지만, 어머님은 자꾸만 소득도 안 되는 농사를 지으시면서 건강을 해치는 것으로 판단되었기 때문이다. 어머님한테는 농사 일이 소일거리일 것이나, 큰형님의 심기가 상당히 불편한 것 같다.

농사를 짓지 말고 편히 사시라고 해도 막무가내시다.
이 문제를 해결할 수 있는 대안은 과연 무엇일까?
서울에 좀 와 계시도록 할까?
당장에는 곤란할 것 같고 합격되고 난 다음에 모셔야 되겠다고 마음으로 다짐해본다.
요즘 신문과 TV에는 대통령 선거 관련뉴스와 장기불황에 따른 경기침체의 보도가 매일 방영된다. 경기침체에 따른 명퇴자들도 늘고 그 개인 개인이 다 가정을 가지고 계실건데 걱정이 된다. 책가방에 책을 가득 넣고 녹음기까지 준비했으나 열차 안에서는 얼마보지 못했다.
열차가 흔들거리니 공부가 안 된다.
창원으로 이사간 동생을 만났는데 건강한 모습을 보니 좋다.
그곳에서 정착을 하여 잘 지내기를 차창 밖으로 지나가는 사물들을 바라보며 기원해본다.

1997.11.12

저녁 늦게 부산 큰집에 전화를 했더니 형수가 받는다.
잘 올라왔다고 인사를 드리며 살짝 얘기를 꺼냈다.
시골에 계시는 어머님과 큰집 간의 심기가 불편한 것을 보았는데, 날씨가 춥고 하니 부산에서 조금 모시다가 추후에 내가 모시겠다고 말했더니 형수는 형님과 한번 의논해 보라고 하신다. 내일 다시 형님과 통화하기로 하고 전화를 끊었다.

전화를 끊고 어머님과 옛날 일을 회상해 보았다.

사실, 우리 애들은 어머님이 다 키워주셨기 때문이다.

나와 아내 둘 다 직장에 나가기에 애들을 맡길데가 없었다.

그래서 시골 어머님께 부탁을 드렸었다.

10년 정도 지났을까. 어느 날 시골로 가신다면서 어머님이 보따리를 싸시기에 말렸지만 굿이 가신다길래 더 이상 말리지를 못했었다. 이렇게 되돌아보니, 서울에 10년 정도 사시면서도 늘 마음은 시골에 가 계셨던 것 같다.

나는 어머님을 평생 서울에서 모시고 살려했으나 어머님은 그것이 아니었나보다.

자식에게 늘 뒷받침을 많이 해주지 못했다는 미안한 마음 때문이신지, 아이들을 키워달라고 부탁드렸을 때 어머님은 그 부탁을 들어주셨다.

정작 본인은 서울에서 살기 힘드셨을텐데… 자식의 살 기반을 마련해 주기 위해서 서울로 오셨다는 것을… 시간이 지나 후에야 알게 되었다.

늘상 어머님에게 고마운 마음을 가지고 산다.

그러나 행동은 마음같지 못하니 죄송스러울 뿐이다.

1997.11.15

시골에 계신 어머님의 안부가 궁금했다.
날씨는 추워지고, 시골에서 개를 키우시는 모양인데 개밥을 주어야 하는 문제로 큰집에서 오시라고 하여도 안 간다고 한다.
큰 형수님께 개를 팔아버리라고 이야기했다.
내년 초에 시험이 있다고 가정한다면 모든 것은 접어두고 전념해야 하는데 그러질 못하고 있다.
측량학개론, 응용역학 두 과목 이길래 비중이 크진 않지만, 교만하면 또 실패한다.
실패한 선배의 경험담처럼 겸손한 마음으로
배우기보단 익히자.

1997.11.19

수능고사를 치루는 날이다. 이날은 해마다 춥다.
영하로 떨어져 옷깃을 여민다.
왜 이럴까.
어차피 경쟁사회에서 많은 학생들을 평가하는 객관적인 기준은 시험을 통하는 것이고 보면, 어쩌면 시험이라는 제도가 최대한 합리적인 기준일지 모른다.
자투리 시간 활용이라든가 계획을 잘 세우자.
계획을 수립하여 소처럼 밀고 나가자.
재정경제부 장관과 경제수석이 바뀌었다.
크게 신문과 방송에 보도가 나왔다.

1997.11.20

시설계획과 정순구 씨가 학원에 나왔다.
같은 국에 근무하는 직원을 만나니 반가웠다.
정순구 씨는 성격이 차분하다. 따라서 문제를 푼다든가 업무처리 등 매사를 차분하게 처리한다. 엄벙덤벙이란 그분의 사전에는 없다. 나도 그런 성격을 좀 본 받아야겠다.
나는 어떤가?
엄벙덤벙, 얼렁뚱땅, 적당하게, 그럭저럭, 갈팡질팡 하고 있지는 않은가. 그렇게 하지말고 차분하게 모든 걸 처리하자. 공부도 마찬가지다.

1997.11.22

퇴근 후 독서실에서 공부를 하는데 중학교 2학년 두 명이 옆자리에 앉는다.
내 공부에 몰입하다보니 그들이 무얼하는지도 모르고 너무 소란스럽다고만 느끼었는데, 끝나는 시간에 보니 책상에 흉측한 낙서를 해놓았지 않는가.
혼을 내고 다 지우도록 만들었다. 독서실에 와서 공부는 하지 않고 책상에 낙서만 하다가 가니…
그래도 집에서는 독서실에 가서 공부하고 왔다고 그애들 부모들은 생각하지 않으랴.
잘못되었다.
정말 무언가 잘못되었다.

1997.11.23

응용역학을 서초 수도토목학원에서 박현주 선생에게 강의를 받기 위해 등록을 하였다. 지난 번 승진시험 보기 전에 등록을 할 것을, 그냥 독학한 것이 후회스럽다.
박현주 선생은 차분하게 잘 가르쳐 주신다.
기본개념 위주로 강의해 주시니 기본이 약한 나같은 자에게는 이해가 잘 되게 강의를 해주신다.
설명을 들으니 이해가 잘 되고 머리에 잘 들어온다.
예습을 철저히 하고 학원 강의에 임하여야 하겠다.
이번 시험에는 2차 시험만 준비를 하니까 부담이 덜 되지만 그렇다고 절대 자만하지 말자.
교만은 '넘어짐의 앞잡이' 라 하였으니 학문하는 마음으로 공부를 하여야 하겠다.

1997.11.25

작은 아들이 학원 숙제를 대충하는 것 같다.
학원 선생에게 지도를 부탁하는 전화를 하였다.

1997.12.8

측량학개론 시험을 혼자서 보고 열을 받았다.
25개 중 13개밖에 안 맞다니!
무엇이 문제인가? 도대체 어떻게 해야하나.

1997.12.18

대통령 선거일이다.
옆구리가 좋지 않아 의자를 바꾸었다.
책상에 오래 앉아 있으면서 공부에만 전념하다보니 옆구리가 아프다.
젊을 때 군에서 결핵성 늑막염을 앓은 적이 있다. 그때 완쾌되었으나 다시 재발한 것은 아닐까? 공부한다고 이러다 병을 얻을 것 같아 불안하다.
몸이 불편하다. 그러나 불편함을 극복하고 더욱 힘을 내자.
도전! 이것은 숙명이기에 절대 좌절하거나 낙심하지 말고 힘을 내자.

1997.12.22

학원에서 측량 시험을 보았다.
1장은 25문제 중 5개를 틀렸고 2장은 1개를 틀렸다.
꾸준히 정진하자.
객관식 5지선다 문제는 잘못하면 오류를 범하기 일쑤다.
학원을 마치고 와서 아내에게 전화를 했다.
책을 사서 큰아이와 작은아이에게 주었다.

박석무 의원이 번역한 다산 정약용이 유배지에 귀향 가서 아이들에게 보낸 편지글로써 "유배지에서 보낸 편지"를 주고 왔는데 읽지를 않는다고 하길래 아내에게 읽히라고 부탁을 했다.
사소한 일에 의미를 부여하고 반복되는 일상에 작은 기쁨을 누리는 삶이 되기를 원한다.
항상 최고보다 최선을 다하는 삶을 살 수 있도록 노력하자.
왼쪽 어깨가 아프다.
며칠 전에는 옆구리가 하도 아파 의자를 바꾸었더니 좀 괜찮다. 지금 시간이 자정을 넘어 1시 30분이다.
이제 그만 불을 끄고 잠을 청해야겠다.

1997.12.25

성탄일이다.
예수님의 탄생을 축하하는 메시지가 교회에서 울려퍼진다.
시험이 3월 15일이라면 4달도 남지 않았다.
깊이 폭넓게 배우자.
감격의 그날을 그리며 머리 숙이고 시험을 보기보다
배우고 익히려는 마음으로 증진하자.
가슴을 적시며 사는 삶이 되어야겠다.

1997.12.29

동생이 회사에서 퇴직해야 된다고 한다.
어쩔 수 없다고… 도대체! 어려운 나라의 형국이 내 가정에까지 파도쳐 밀려오니 분노가 인다.
누가 우리나라의 경제를 여기까지 끌고 오게 만들었을까?
누가?
IMF, 경제의 어려움, 우리는 왜 여태 미래를 예견 않고 준비 없이 지내왔을까?
한보의 부도가 이렇게 큰 영향을 몰고 올 줄이야.
동생은 새로운 길을 개척하겠다는 의지를 보인다.
대욱아! 굳건해라.
네가 딛고 있는 축이 우리 가정의 한 축이란다.
따라서 너의 바퀴가 빠지면 안 돼.
네가 딛고 있는 축이 잘 굴러가길 바란다.
내가 너를 위해 할 수 있는 건 아무것도 없구나.
우리의 국가정책이 모래 위에 세우는 것이 아닌 반석 위에 세우는 정책으로 일관하기를 간구해본다.
그리고 조속히 경제가 회복되기를 바라면서
응용역학 문제집 1독을 마쳤다.

1998.1.5

해가 바뀌었다.
신년 일기를 다시 잡았다.
시험일짜가 3월 15일로 정해졌다는 소문이 돈다.
그러나 여러 가지 변수가 많아
시험이 있을지 없을지 참으로 걱정이 된다.

1998.1.19

공부는 해도해도 끝이 없다.
돌아서면 가물가물하고 기억에 없고
그러나 도전! 이것은 숙명이기에
좌절하거나 낙심하지 말자.
수험일기 1권을 다 쓰고 2권으로 옮겨 적었다.
매일은 못 쓴다 하더라도 꾸준히 기록하자.
금번 구정은 시골집에 가지 않기로 했다.
승진공부를 한다고 구정에 가지 않는다면 집안에서
얼마나 이해를 해줄것인가?
그러나 남들은 눈에 쌍심지를 켜고 공부하는 걸 생각하면
그럴 수밖에 없으리라 이해를 구해야겠다.

1998.1.20

사소한 일에 의미를 부여하고 작은 일에
기쁨을 누리는 삶.
이것이 보람된 삶이라 여겨진다.
작은 일에 충실하자.
오늘은 공부를 많이 했다.

1998.1.29

설(구정)연휴 마지막 날이다.
어제는 집에 있었으나 집에서 하는 것보다 독서실이 훨씬 능률이 오른다. 개인적인 일들을 모두 뒤로 하고 오로지 수험준비에 열중하자.
부산에도 내려가지 않았고 춘천 장모님에게는 전화만 드렸다. 큰 동서에게 미안한 마음이 든다.
그러나 어떡하리. 최선을 다해야지.
어차피 치러야 한다면 심은대로 거둔다고 최선을 다하여 심자.
어제는 아이들과 대모산에 올라갔다 왔다.

강남 일원이 한눈에 들어온다. 날씨가 상당히 차다.
세월이 빠르게 지나가는 것 같다.

1998.2.1

어제 장모님이 집에 다녀가셨다.
같이 공부하는 동료 중 한 분은, 서열에서 빠졌을까 걱정이 크다.
"여태 공부해 왔는데 심기가 흔들려서는 안 되지. 빠질 때는 빠지더라도 열심히 해야지."
하고 격려를 해주었다.

1998.2.3

측량이 좀 잘되면 역학이 안 되고
역학이 좀 잘되면 측량이 안 된다.
역학 문제집 중 안 되는 것을 별도로 정리하여
내일 선생님에게 물어보아야겠다.
역학공부는 풀릴 때 희열이 온다.

1998.2.9

생일이다.
저녁에 아내가 케이크를 사왔는데,
또 나이를 한 살 더 먹는 건가.
아무 이루는 것 없이 안타깝다.
시험이라도 빨리 있었으면 좋겠다만
그게 어디 나만 보고 될 일인가.

1998.2.15

김정동 씨가 같이 공부하게 되었다.
그는 실력이 상당히 앞서 있는 것 같기에 자극을 받은 나도 더욱 분발해야 겠다는 생각이 들었다.
그는 실력도 좋은데다 유머가 풍부한 사람이다.
식사하는 시간이나 쉴 때, 먹는 음식이 정력제라고 주위에 강조를 하며 주위 사람들을 웃음짓게 한다.
그의 유머를 듣고 한참 웃다보면, 주위에 보이지 않게 흐르던 경쟁심과 곤두서 있던 신경들이 잠깐이나마 무디어지기도 하는 것 같다.
여유와 너그러움!

이것은 삶에 있어 활력소인 것 같다.
말도 구수하게 잘 하고 주위를 기쁘게 해주는 사람!
나도 유머감각을 좀 키워야겠다.

1998.2.16

시험을 한달 앞두고 시험날짜 연기 이야기가 돈다.
IMF가 인원을 줄이게 되다니…
적게 뽑더라도 시험이 있었으면 좋겠다.
꼭 있었으면 좋겠다.
시청 자료실에서 공부하는데 같이 공부하는 김 선배님이 몸이 안 좋다고 한다.
그래도 열심히 한다만 자주 조는 것 같다.
전에 조순 시장님 수행비서를 하신 분으로 대화를 하다 보면 판단이 빠른 것 같고 경중완급을 잘 가리는 것 같다.
매사에 적극적이고 열성적이다.
조직에 들어와 생활하면 조직원간의 보이지 않는 갈등이 없을 수 없지만 그 가운데서 원만하게 매사를 처리하는 것이 돋보인다.

1998.2.17

토목직은 시험이 없다고 결정이 났다고 한다.
토목, 건축, 기계, 전기직렬만 시험이 없고, 그 외 직렬(행정)은 시험이 있다고 한다.
승진시험이 없어지다니 그동안 얼마나 노심초사하며 관문을 넘기 위해 노력하며 달려 왔던가!
젠장…
세상의 의사결정들과 되어지는 과정은 내 의지와 상관없이 파도가 밀려오듯이 결정되고 밀려간다.
내 의지와 상관없이…
그러나 낙심은 금물이다. 절대 낙심하지 말자.
시인 '푸쉬킨' 의 시가 생각난다.
"삶이 그대를 속일지라도 슬퍼하거나 노여워하지 말라."
또다시 미로에 들어서서 기약 없는 먼 여정을 걸어가야 되기에 격려해주시는 분들이 떠오른다.
그분들께 미안하다. 그러나 다음을 기약하고 자리를 툭툭 털고 일어서자.
세월은 또 흐른다.
흐르는 세월 속에 모든 것을 묻고…….

1998.3.2

어머님이 집에 오셔서 잘 계시다가 시골로 내려가셨다.
그동안 잘 계셨는데… 못내 걱정이 된다.
서울보다 고향이 좋으신가보다.
어머님을 모시고 싶어도 고향 시골을 떠날 수가 없어 가시니 말릴 도리가 없다.
그곳에는 전답과 어머님 친구분들과 하시던 모든 일들이 있으니 그러리라 생각이 든다.
시골로 가시면 자주 찾아뵐 수 없을 것 같은데 걱정이 앞선다.
용돈을 많이 드리지 못했다.
그저 건강하게 사시길 기원해 본다.
시골에 가지 마시라고 사정해서 말씀을 드려도 가시겠다고 하니, 그동안 아이들 보살펴 주시랴, 집안 살림을 도맡아 하시랴 여러모로 고생을 많이 하셨다.
시험도 당장 없어지고 마음이 많이 해이해진다.

1998.3.4

대통령께서 취임하신지 달포정도가 지났다.
정치가 안정되고 경제가 안정되고 서민들의 삶이 풍족해진다면 좋겠다만, 실직자가 늘고 생활이 어려운 사람들을 주위에서 많이 본다.

나라가 어지럽지 않았으면 좋겠다.

측지기술사란 승진과목과 연결되는데 시험공부는 유보하고 기술사 공부에 전력을 쏟아보는 것이 나을 것 같아서 측지기술사 공부를 하기로 했다. 사무실 일도 열심히 하면서….

세월이 너무 빨리 흘러가는 것 같다.

1998.4.10

그동안 글을 쓰지 못했다.

과 사무실내에서 자리 이동이 있었다.

지역계에 있다 정비계로 자리를 옮겼다.

정비계 일이란 고도지구 등을 정비하는 일이다.

주위의 동료들 중에서 일을 잘한다는 말을 듣지는 않는다 하더라도 못 한다는 말을 듣지 않도록 노력하자.

1998.6.13

유계장으로부터 식사하자는 전화를 받고 같이
나가서 식사를 했다.
우남직 씨와 같이 식사를 했는데 정말 잘 먹었다.
날씨가 더워진다. 장마가 오려나.
부슬부슬 비가 온다.
절기의 변화가 우리나라는 너무 뚜렷하다.
봄, 여름, 가을, 겨울
사계절 중에서도 초여름이 가장 싫다고 느껴지는 것은
긴 장마에 접어들기 직전의 무덥덥함이랄까.
각종 질병이 기승을 부리니…
건강에 더욱 유의해야할 것 같다.

1998.6.15

고건 시장님이 지방선거에 당선되시고 7. 1 부임하신다.
고 시장님은 온화하게 매사를 처리하시는 것 같다.
일일신, 지자이렴, 청렴을 생활신조라고 하신다.
구조조정은 서울시도 예외는 아니다.

오늘 중앙일보에 30% 감축이라고 나왔다.
직장에서 대국대과로 통폐합한다고 하니, 정말 내일을 알 수 없다. 위기의식이 느껴진다.
이렇게 사람들을 퇴출시키는데 당분간 시험은 언제 있을런지 오리무중이 되어버렸다.
시험 이야기를 하는 것 조차도 무색하다.
자리에 붙어 있는 것만도 감사하게 생각해야지.
혹시라도 떨어져 나갈까 모두가 주어진 일에 더 열심이다.
살아가는 것이 더욱 힘들어진다고나 할까.
옛날에 한 번 기회를 놓친 것이 이렇게 기약이 없을 줄이야.

1998.6.17

대기업 · 중소기업 할 것 없이 구조조정이 한창이다.
은행들은 말할 것 없고
우리나라가 왜 이렇게 되었을까?
모든 일은 원인과 결과가 있는 것 아닌가?
내탓으로 생각하자.
내가 잘못하여 이 나라가 이렇게 되었다고.
내가 할 일은 무엇인가?
"크고자 하는 자는 섬기는 자가 되고, 으뜸이 되고자 하는 자는 종이 되어라"는 말씀을 마음에 새기고 기도하자.
오늘 도시계획위원회가 개최되는데 4개의 도시설계지구가 모두 통과되었다.

1998.6.22

세종문화회관에서 당선되신 고건 시장님께 업무보고를 우리 국장님이 드렸다.
보고가 잘 된 것 같다.
업무보고를 위해 과장님 이하 그동안 늦게 퇴근하기 일쑤였고 노고가 많았는데 보고가 잘 되었다고 들으니 기분이 상쾌하다.
민선 2기가 출범한다고 신문에 연일 대서특필이다.
잘 될 것 같다.
독서실에 자리를 잡았다.
조급하게 하지를 말고 좌와 우를 보아가며 여유를 가지고 공부를 하자.
월드컵 대표팀이 네덜란드와의 축구시합에서 5:0으로 대패를 당했다.
실망이 너무 크다. 실력이 그 정도밖에 안 된단 말인가.

도대체 죽을 먹고 뛰어도 그 정도 이상으로는 안지겠다.
실력을 좀 더 갈고 닦아 창사에 빛날 대표팀이 되어주려므나.

1998.6.25

6시 퇴근을 알리는 시간에 장중하면서도 마음에 와 닿는 음악이 나와 방송실에 전화를 했더니 〈서편제〉의 주제곡이라 한다. 난 그것을 4,500원에 레코드 가게에서 구입하여 집에서 들었다.
고 시장님이 부임 이전 인선 발표를 하시는데 행정2부 시장님이 유임되시고 삼성그룹 중국지사장이신 이필곤 님이 행정1부 시장으로 오신다.
정무부시장은 성북을 지구당위원장 하신 분이라 선거 때 고 시장님 비서실장을 지냈다고 한다.
시장단 발표가 있었으니 계속 인사가 있겠지.
이번에 어쩌면 나도 발령이 날 것 같다.
도시계획과에 온 지도 좀 되었고 어디로 가야하나.
머릿속이 복잡하다.

1998.7.1

어제 강덕기 전임 시장님이 퇴임하시고 고건 시장님이
서울시장에 취임하셨다.
고 시장님은 경력이 화려하시다. 국무총리를 역임하시다
장관도 하시다 다시 시장이 되신 분이다.
세월은 자꾸만 흐른다.
기회는 언제 오려나.
구조조정의 바람이 굉장히 거세다.
어제 은행 5개 문을 닫는 발표가 있었다.
직장을 떠나는 분들의 마음이 오죽할까.
독서실에서 기술사를 준비한다고 앉아있으나 잡생각이
많이 든다.
이래저래 공부가 안 된다.

1998.7.27

정말 쓰고 싶지 않다.
정말 쓰고 싶지 않다.
큰형님이 중앙병원에 입원하셨다고 한다.
청천벽력이란 이런 것을 두고 하는 말인가.

큰형수도 병원에 같이 계신다.
정말, 어찌 이런 일이 일어났는지…
지난 토요일, 삼성의료원에 가서 진찰을 받았는데 엑스레이 사진을 보더니, 집에서 요양하라고 하길래 중앙병원으로 옮겼다고 한다.
병이 정말 싫다.
형수님이 병원에서 계속 의사의 지시를 따르겠다고 하신다.
집안의 형편이 좀 나아져 이제 살만하니 중병이
형님의 몸을 망가뜨린다.
정말 어찌 이런 일이
어찌 이런 일이…….

1998.8.22

큰형님이 병원에 입원한 지 한달이 넘었다.
저녁에 퇴근하고 병원에 갔다.
주사를 4일에 걸쳐 맞았다고 하신다.
요즘은 CPX 기간이라 하루 걸러 문병을 했다.
검사를 참 많이 한다.
형수도 부산에서 올라와 병원에서 매일 주무신다.
조카(영희)도 회사 갔다와서 만났다. 그리고 형님의 건강상태가 치료덕분인지 상태가 많이 호전된 것 같다.
모처럼 오늘은 가족이 다 모였다.
사무실에서는 직원감축(구조조정) 관련하여 어수선하다.
두 번 다시 이런 일이 일어나서는 안 된다.
행정 7급이 정원이 없어져 대기발령이 나고 말았다.

1998.11.7

큰형이 퇴원을 하여 부산으로 내려가셨다가 오늘 치료를 받으러 올라오신다기에 공항으로 마중을 나갔다.
차로 모시고 병원으로 가는데 통 말씀이 없으시다.
무슨 말을 할 것인가?
부산 집에서 요양을 하시며 지내시는데,
가끔 지정된 날짜에 치료를 받으러 서울에 오신다.
갑작스런 변고로 생활자체가 엉망이 되었다.
도대체 원인을 어디에서 찾아야 할까.

1998.11.16

큰형이 오늘 퇴원을 했다고 한다.

담당 주치의인 김상희 선생에게 전화를 걸어 보았는데 큰 차도는 없다고 한다.
무기력한 자신과 주위를 바라만 볼 수밖에…
정말 무기력한 자신을 바라본다.

1998.11.18

사당동 조카네 집으로 갔다.
큰형이 방에 누워계신다.
59세면 나이가 그리 많지도 않건만… 왜? 병은 큰형을 저토록 무기력하게 할까.
이런 글도 쓰고 싶지 않다.

1998.11.20

직장에서 목표관리제, 시민평가제 시험에 따른 교육을 공무원교육원에서 받았다.
인사 관계로 계속 술렁인다.
원래 인사철에는 여러 가지 이야기들이 많다.
요즘은 통 공부를 못하고 있다.

1998.11.24

인사에 융통성이 없이 전산으로 한다고 한다.
오늘 전산교육(Windows NT)을 받았다.
5일간 받는다.
작은 놈이 수련회를 간다고 해서 오늘부터 3일간 갔다.
큰 아이는 시험이 다가오니 자기가 알아서 노력해주니 고맙다.
"때에 맞는 말이 얼마나 아름다운고"
성경에 나오는 말씀처럼 때에 맞는 말을 하자.
공무원교육원에서 교육을 받고 사무실로 갔다.

1998.12.5

날짜가 정말 잘 간다는 생각이 든다.
11월 2일 쓰고 깜빡했는데 10여 일이 지났으니….
오늘 서초구청으로 발령 통보를 받았다.
직장에서는 인사열기가 후끈후끈하다.

1998.12.9

서초구에서 부 구청장님을 모시고 본청에 왔다가 남산터널을 넘는데 돈이 없어 부 구청장님이 내셨다.
사전에 준비를 했었어야 했는데 그러질 못해서 죄송했다.

1998.12.11

공유재산 심의회의에 들어갔다 나왔다.
총무국장님에게 인사를 하였다.

1998.12.13

대학원 동창들과 광주에서 모임을 가졌다.
화순 온천에 들러 목욕을 하고 고창 선암사를 구경했다.
대학원모임의 동창들은 다들 기술사 자격증을 1개 내지 2개씩 다 가지고 있다.
나는 아무것도 없으니 더욱 불안하다.

1998.12.15

서초구청에 근무한지 1주일이 넘었다.
조금씩 안정되어 가는 것 같다.
근평을 받아야 되는 입장인데,
선임 2명이 같이 발령 받아왔길래 마음을 비워야겠다.
"범사에 감사하라."
이제부터 시작이라 생각하고 조급히 서두르지 말고 주어진 길을 걸어가자.
감사하는 것만이 만사가 형통되리라 믿는다.
큰형이 병원에 다시 입원해 계신다.
아내와 같이 들렸다.

1998.12.27

도시계획과에서 송별연을 해준다기에 갔다.
다들 반갑다.
공무원이란 종이 한 장(발령장) 받으면 다른 부서로 옮긴다.
나 또한 서초구청으로 이렇게 옮긴 것 아닌가.
송별기념품(금반지 2돈)을 받고 난 인사를 했다.
도시계획과에서 2년 10개월 동안 있었는데, 돌아보면 빚만

지고 옮긴 것 같아 앞으로는 빚을 지지 않는 삶을 살겠노라고 다짐해 본다.

그렇다. 나는 빚만 많이 지고 옮긴 것 같다.

모든 것은 내 손으로 하면서

절대 화를 내지 말고 삶을 살자.

과장님 말씀처럼 더욱 열심히 노력하면서 살아가자.

꼭 필요한 사람이 되기 위해 최선을 다하자.

그것이 나와 남을 위하는 길이라 여겨본다.

본청에 간 김에 도시계획국장, 감사관, 내무국장님에게 인사를 드리고 왔다.

1998.12.31

아이들과 같이 한달 전에 계획하였던 설악산에 갔다왔다.

원래 신정연휴가 2일이므로 설악산행을 계획하였으나, 1일만 주어져 3명이 같이 가려다 다 안가고 우리만 가는 것으로 계획하였다.

영동고속도로로 갔는데 문막과 새말을 지나가니 차가 너무 밀렸다.

차 안에서 아이들과 많은 대화를 나누었다.

1999.1.16

마산에 갔다.
마산에서 국민학교 졸업 30주년 기념 사은회를 가졌다.
김종덕이가 회장이고 호근이가 총무이다.
30년만에 친구들을 만났다.
정말 뜻깊지 않을 수가 없다.
토요일 12시 45분 고속버스로 내려갔다.
그리고 오늘 새벽 1시 고속버스로 올라왔다.
국민학교 동창들,
세상을 사는 삶속에 새로운 한 단면이 있길래, 나만의 우리들만의 비밀이 있는 곳이 있을 줄이야.
삶을 살아가면서 우리는 직장, 교회, 모임 등 여러 그룹을 이루며 살아간다.
박일권 선생님, 김종길 선생님, 박석규 선생님, 김상태 선생님… 모두 귀하신 은사님들이시다.
그 중 박일권 선생님은 6학년 2반 우리 담임이셨는데, 지금은 밀양 초동중학교에서 교장으로 재직하고 계신다.
사은행사를 모두 마치고 사회자의 인도로 초등학교 교가를 부르고 헤어졌는데 서울 오는 차안에서 이 글을 쓴다.

1999.1.19

직장을 평생직장으로 생각하며 몸을 실었으나, 작년 이맘때쯤의 국가적인 큰 변화 및 위기가 내 갈 길은 내가 개척해야 한다는 생각을 갖게 만들었다.
1년 전 이맘때는 엄청나게 국가가 요동을 쳤다.
주어진 업무에 최선을 다하자.

1999.1.26

서초로 상업지역 변경하는 것이 도시계획위원회에서 가결되었다. 서초구 입장에서는 부구청장이 직접 도시계획위원회에서 챙긴 결과라고나 할까.
도시계획 안건이 6시 다 되어 맨 마지막에 상정되었는데, 원안이 통과되어 감사할 일이다. 구청에 돌아와서 구청장님께 보고를 드리고 크게 칭찬을 들었다.
정말 오늘은 서초구 청사에 빛날 날이다.
부산시에 근무하는 친구한테서 전화가 왔다.
시험은 상반기에 없고 하반기에 있을 것 같다는 전화를 받았다.

1999.2.2

상반기 시험이 4월 25일자 예정이었는데, 하반기로 연기되어 9월 5일경 잡혔다고 한다.
차분하게 내가 해야 할 일을 해 나가면서 나가자.
무엇보다 아이들의 교육에 신경을 써야겠다.
아내가 자녀들을 낮에 통제를 해주는 입장이 되지 못하다 보니 가슴이 아프다.
항상 웃으며 살자.
저녁에는 과장님과 직원 몇이서 함께 식사를 했다.

1999.2.7

조카 결혼식에 다녀왔다.
상경하는 열차 안에서 이 글을 쓴다.
결혼식은 잘 치루었다.
큰형님은 부산에 병원을 정해, 입원을 하였다가 퇴원하였다고 한다. 형수님 말씀으로 병원에서 몇 개월 이상 어렵다고 하니……
동생과 같이 접수를 보는 그 옆자리에서 큰형님과 형수가 하객들을 맞는다.

창백한 표정, 굳게 다문 입언저리에 쓸쓸하면서도 결연한 모습이 보인다. 이 어찌 가슴이 아프지 않은가.

59세이면 많은 나이가 아니지만 병은 그 벽을 허문다.

효종이는 결혼을 하여 제주도로 신혼여행을 갔다.

효종아 —

삼촌으로 한마디 한다.

열심히 잘 살아라.

1999.2.20

효종이가 결혼을 하여 질부와 같이 어제 집에 다녀갔다.

저녁을 같이 먹고 진심으로 축하를 해주었다.

서초구로 발령을 받아온 지 두 달이 조금 더 지났다.

난 여기서 과연 얼마나 진가를 발휘하여 또 얼마나 열심히 해야할까?

과연 다시 한번 나의 역량과 역할로 주어진 직무에 열과 성을 다할 것을 다짐해 본다.

둘째가 중학교에 진학을 한다.

부산 큰 형수가 10만원을 보내주셨다. 그 돈으로 아이의 교복을 사서 입혔다.

합리적으로 검소하게, 매사에 신중하게 처리하면서 살자.
높은 산을 올라가는 길은 다 다르다.
그 길이 험하더라도 피하지 말고 자신을 가다듬어 나가자.

1999.3.11

큰형님에게 전화를 드렸다.
큰형이
"갈수록 힘이 든다."
"치료가 잘 안 되어 간다."고 한다.
나는 마음을 굳게 먹으시라고, 병을 이기시라고 이야기했다.

1999.4.5

부산에 영자가 시집을 간다.
큰형님은 병원에서 나오질 못하고 작은형이 대신
손을 잡고 나오신다.
영자가 많이 운다.
예식이 끝나고 어머님이 병원에 꼭 가보신다고 하길래,
이모랑 같이 갔다 왔다.

주위에서는 가지 말라고 해도 막무가내시다.
영자는 결혼을 하고 집에 있기로 하였다고 한다.
이번 병문안이 큰형님을 마지막 볼지도 모른다고 생각하니 눈앞이 시리다.
병원에서 본 형님의 손이 검어진 것 같고 배는 차오르고 얼굴은 깡말라 있었다.
큰형님…
도저히 글로써 무언가를 표현할 수 없다.

1999.4.7

우면산 터널과 관련하여 착공 전에 주민설명회를 하는 날이다. 감사원 수감을 받고 주민설명회장으로 국장님 및 과장님과 같이 갔다.
본청에서 도로계획과장, 고 계장, 건설안전본부에서 토목부장, 김용준 과장 그 외 여러분이 참석하였는데 설계용역회사의 말은 듣지 않으려고 하신다.
설계용역회사는 보고도 못하고 나왔다.
도로계획과장이 답변에 임한다.
설명을 끝내고 포이동으로 나와 식사를 같이 했다.
박 부장님께 술을 한 잔 드렸다.

1999.4.10

감사원 감사를 받은지 일주일이 됐다.
뉴코아 백화점 뒤에, 아파트가 들어섰으나 아직까지도
상업지역으로 남아있는 곳이 있다.
재정비 측면에서 변경되어져야 할 터인데
그러지 못하고 있다.

1999.4.23

큰형님이 운명하셨다.
어이하리.
이 슬픔을 어이하리.
아내와 같이 차를 타고 내려갔다.
작년 7월에 발병하여 9개월 만에 돌아가시다니…
오늘 1시 35분에 돌아가시었다고 한다.
봄에 영자와 효종이는 결혼식을 올렸다.
영희만 남았다.
큰형님…
이제 목소리도 얼굴도 삶의 그 모든 것들이 땅 속에 묻혀 버렸다. 부산 개인택시조합에서 장례 관련 모든 것을 맡아서 처리를 해주었다.

상여를 메고 갈 때 산에서 하관할 때, 울며불며 소리쳐 보았지만, 고인은 말이 없다.

저 먼 나라로 갔다.

형님……

어릴 때 내가 속을 많이 상하게 했는데… 나는 형님의 보은에 반도 못할 것 같다.

아이들을 데리고 가지 못한 것이 마음에 걸린다.

병원에서 집으로 모시자마자 5분 만에 운명하셨다고 했다.

이 병은 정복할 수 없는 아직 미완의 병인가.

사는 동안 자신에게 좀 더 진실해지면서 주위를 돌아보며 삶을 일구어가자.

효종이 결혼식에서 가발을 쓰시고 식장에 서시었던 큰형님!

영자의 결혼식에는 병원에서 일어나지 못했던 형님!

두 달이나 음식을 통 먹지 못했다는 말을 듣고 눈물이 앞을 가린다.

1999.5.1

사무실 과장님 할머니께서 돌아가셔서 사무실 일을 도맡아 하다 오늘 '시장과 데이트'에서 우면산 터널 변경에 관해 대화를 나누었는데 우리 국장님이 배석을 하여서 아침 일찍 함께 갔다 왔다. 주민들이 그들의 의사를 시장님께서 많이 들어주시니 좋아했다.
옥상방에 있는 책을 가지고 아래층으로 내려왔다.
책상을 하나 사가지고 차곡차곡 정리를 하였다.
다음 주부터는 본격적으로 공부해야지.
오늘따라 큰형님 생각이 많이 난다.
불쌍한 형님!
아내에게 여러 번 형님 이야기를 하였다.
정수가 학원 갔다 오며 PC방에 친구와 같이 갔다 온다고 한다. 혼내지 않고 좋은 말로 타일렀다.

1999.5.2

저녁에 선계장이 집에 왔다.
사모와 같이 와주어 너무 고맙다.
책장을 하나 구입했다. 자그마한 것으로.

가지고 있는 책을 모두 정리했다.
공간이 조금 분주하다.
4단짜리 큰 것으로 바꾸러 가져갔으나 문을 닫았다.
다시 시작해야겠다.

1999.5.15

치과에 갔다 오다 장 선배와 통화를 했다.
잠실대교 현장에 있다고 김진수 과장을 다음주에 만나기로 하다.
치아가 좋지 않다. 이를 다시 해 넣어야 된다고 한다. 내 이가 좋았는데 말이다.
부모님으로부터 받았는데 관리를 잘해야지.
몸의 관리를 잘하자.
날씨가 참 좋다.
봄을 희망의 계절이라고 하는데 희망을 가지자.
아이들과 저녁에 이야기를 많이 했다.
아이들이 무럭무럭 잘 자라는데 작은 아이가 키가 작다.
큰 아이는 키가 크는데 작은 아이는 키가 안 크는 것 같다.
하반기에 시험이 있다는 소문이 돈다.

1999.5.17

서초 수도토목학원에서 원장인 박성규 선생의 측량학 강의를 들었다.
우리 구청 토목과 토목계장과 학원에서 만났다. 경쟁관계가 되지 않고 격려하며 공부하려고 마음을 먹자.
우리 과장님은 매사에 적극적이다.
과장님은 예를 들어가며 일처리를 잘하신다.
업무 경험이 많으신 것 같다.
적극적으로 일을 하다 보니, 주위의 다른 과장들로부터 질투도 많이 받는 것 같다.
일을 잘하면 질투와 시기어린 시선을 받는다고나 할까?
그러나 순수한 마음으로 일처리를 하는 것 뿐인데, 다른 사람들은 따라오지는 않고, 방해만 하는 사람들이 있는 것 같다.
수험과목 책을 다시 정리하여 책장에 정리했다.

1999.5.20

퇴근 후 청소년수련원에서 공부했다.
청소년수련원은 청소년이 수련하라고 지어진 것 같으나 실상은 국민학생들이 방과 후 이용을 많이 한다.

시에서 민간위탁을 주어 경쟁체제로 들어가다 보면 직접 운영하는 것보다 효율과 수입 면에서 훨씬 나은 것 같다.
경영마인드를 가지고 모든 것을 하다보면 불필요한 지출들이 억제되고 수입을 늘릴 수 있는 방안들이 생기고 청소년 수련원도 민간위탁 이후 차량들이 많이 들어와 주차공간이 부족하고 들어서면 복잡한 것 같다.
수영장, 헬스장, 음악을 가르치는 프로그램 등 주위의 아파트에서 많이들 찾아온다.
박 선배는 개포단지에 사는데 사람이 참 좋다.
늘상 웃는 얼굴이고 원만하게 매사를 처리하는 것 같다.
옛날 도시계획과에서 같이 근무를 하였는데 성격이 좋아, 주위에 따르는 사람도 많고 나도 그를 좋아한다.
같이 공부를 하는 방향에 관해서 커피를 한잔 마시며 이야기를 많이 나누었다. 과연 어떻게 하는 것이 효율적인 공부방법인가를 논해 보았다.
저녁 늦게 집으로 돌아오다.

1999.5.21

집사람 그리고 아이들과 함께 성묘를 다녀왔다.
마산에 안착한 동생은 조그마한 중소기업에 다시 다닌다.

직장을 그만두고 그동안 쉬었는데 감사할 일이다.
새벽에 마산에 도착해 동생 집에 들렀다.
동생은 기계를 전공하고 처음에는 효성중공업에서 근무하다가 쌍용중공업으로 자리를 옮겨서 일했었다.
지난번에 퇴직한 이후, 고향부근에 있는 회사에서 일하게 되었다.
제수가 나를 반갑게 맞아주었다.
둘은 연애로 결혼을 하였는데, 두 사람이 결혼을 했다는 것이 엊그제 같건만, 세월은 정말 청산유수와 같다.
부산에서 같이 공부할 때, 당시 모든 것이 정갈하던 동생은 집안도 잘 가꾸고 산다.
승진시험에 관해 궁금해 하길래,
나는 하반기에나 시험이 있을 것 같다고 말해줬다.
이번에는 꼭 시험에 합격하라고 축원해준다.
열심히 하는 수밖에 다른 방도가 없기에 열심히 하겠다고 했다.

1999.5.22

동생네 식구와 같이 아버님 산소에 가서 머리를 숙였다.
아버님 산소 건너편에는 형님의 산소가 있는데, 큰형님 산소에도 가서 묵도를 했다.

어머님이 큰형님 산소에서 크게 우신다.

자식이 먼저 세상을 떠나면 부모는 마음에 묻는다고 하니…

형님의 갑작스런 병과 세상을 떠남은 집안에 큰 아픔이 되었고 아직도 그 여운이 남아있다.

저녁에는 작은형님이 부산에서 시골로 왔다.

1999.5.23

인근 동네에 사는 누나가 어머님 집에 들렀다.

누나는 시골로 시집을 와서 농사를 지으며 살고 있는데, 저녁에 내가 왔다고해서 인사차 놀러왔다. 누님은 소탈하게 삶을 사시는 분이다.

시어머님을 모시고 살기에 고달픔이 있지만 어떤 삶보다도 당당하고 떳떳하다고나 할까.

배우지 못하였으나 그것은 한탄하지 아니하고 주어진 모든 것에 승복하며 살아온 여정 속에 머리는 희어지고 늙었지만 누나는 마음이 어린아이와 같다.

제수씨가 끓여 가지고 온 추어탕을 우리 가족은 모두 모여 모처럼만에 맛있게 잘 먹었다.

1999.5.24

서울에 올라와서 함안 어머님께 전화를 드렸다.
불편하시면 서울로 오시라고.
그러나 어머님은 말씀이 없으시다.
자주 못 내려가더라도 전화라도 자주 드리겠다고 말씀드렸다. 동생네와 작은형님 집에도 전화를 했다.
요즘은 별로 책을 손에 가까이 하지 못하고 지낸거 같다.
무엇보다 책을 가까이 하여야 하는데, 그러하질 못했다.
못내 아쉬움만 남아있다.

1999.5.25

오늘은 숙직을 하는 날이다.
부 구청장님이 퇴근을 하시다가 수험공부와 관련해서 "기왕 하는 것 다부지게 하게!" 하고 격려를 해주신다.
그래! 이번에는 시험에서 낙마하지 말자.
열심히 다부지게 해서 좋은 결과를 거두자.
주위 모든 사람들의 시선이 내게 쏠리어 있는데 또 실망을 줄 수야 없지 않은가.
승패는 병가지상사가 아니고 필승하여 주위에 각광을 한번 받아보자.
구청에서의 숙직은 저녁 6시부터 아침 9시까지 하는 것으로 모든 상황을 받아 중요한 동향은 본청에 보고하고 그 외 사항은 당직을 서면서 처리를 한다.
경찰에서 순찰차를 타고 노숙자 한명을 데리고 왔다.
나는 은평 시립노숙자센터에 모셔다 드리고 왔다.
그분은 나이가 많아서 그런지 상당히 기력이 없어 보였다.
당직을 서면서 그 외 시간은 책을 보았다.

1999.6.2

오늘은 개포도서관에 와서 공부를 했다.
그런데 점심에 과식을 해서 그런지 속이 영 불편했다.
앞으로 절대 과식은 하지 말아야겠다.
공부하다 집중이 안 되어 아내에게 전화를 했다.
'잡념을 없앨 수 있는 방법이 뭐 없을까' 하고….
늘 크고 작은 것들에 대해 서로 의논하고 판단하며 살아오길 벌써 몇 해이던가! 그러기에 아내는 내 삶의 영원한 동반자이다.
결혼 전에 아내는 9급 공무원이었고 나는 7급 공무원이었다. 내가 강남구청에 근무할 당시, 아내는 중구청에 근무를 하였는데, 정문현 씨의 중매로 만난 지 5개월 만에 결혼을 하게 되었다. 온화한 성품의 아내는 나와 성격이 잘 맞았다.
가정 사정으로 고등학교를 검정고시로 보고 중학교 졸업 후, 공무원 시험에 합격하여 오늘에 이르렀다.
같이 직장생활을 하기에 나는 늘 아내에게 미안한 마음이 든다. 그리고 그 누구보다 나를 잘 이해해주며 아껴주는 아내가 옆에 있어 많이 의지가 되고 고마울 뿐이다.

1999.6.3

"공부란 학생에게 주어진 의무이고 젊은이에게 주어진 특권이다."
큰형님이 생전에 써주신 글을 지갑에 넣고 다니며 늘 보고 있다. 공부란 죽을 때까지 하는 것이라고 하는데 하고 싶어 하는 사람은 얼마 없을 것 같다. 어찌할 수 없이 하여야 되니 하지.
개포도서관에서 조금 전에 왔다.
마음이 느슨해지면 안 된다. 마음을 더욱 조여야겠다.
큰형님 돌아가신지 49제가 이번 금요일이라고 하니 갔다와야겠다.
큰형님은 세상에 계시지 않으나 항상 성실함 및 근면함으로 가정을 이끌었음을 본받아 더욱 열심히 살자.
못 다 살고가신 그 이상으로 우리와 우리의 자식들이 열심히 살아야지.
작은형님에게 49제에 간다고 전화를 드렸다.

1999.6.17

책과 항상 가까이 하자.
일원 청소년도서관에서 10시에 왔다.
부산 큰형수에게 전화를 했더니, 어머님이 부산에 계시다가 함안에 가 계신다고 하신다.
역시 어머님은 시골이 좋으신가보다.
아무리 자식이 같이 살자고 해도 시골로 가시니…
나도 나이가 들면 자식을 따르지 않고 어머님처럼 나만의 삶을 택하여 살 수 있을까?
그러나 한편으로 생각하면 그것이 맞는 것 같기도 하다.
평생을 시골에서 사셨기에 그곳을 떠난다는 것이 무엇보다 어렵지 않나 싶다. 개와 닭을 키우며 농사를 짓는 일이 어머님 삶의 한 일부가 되어 버렸기에….
잡생각을 멀리하고 계획을 잘 세우자.
공부에 온 정신을 집중하여 더 열심히 매진하자.

1999.6.26

아내가 사철탕을 사가지고 독서실로 갖고 왔다.
정말 맛있게 잘 먹었다.
직장과 가정! 이 두 가지를 병행하는 아내에게 늘 미안한 마음이 든다. 남편이 승진공부를 한다고 마음쓰는 것에 합격으로 보답해야 하는데…
이번에는 두 과목만 시험을 보기에 잘하면 될 것 같기도 하지만 잘못하면 떨어진다고 생각하니 아찔하다.
다음 두 번의 시험을 볼 기회를 가지고 있다고 생각하니 위안도 되지만 이 일이 어디 두 번 다시 할 일인가.
이번에 결판을 내자!
개장국을 먹고 힘을 내어 이번엔 사무관 시험에 합격하여 주변의 기대에 보답하자.
이것이 모두를 위하는 길이 아니겠는가.

1999.6.29

창문을 여니 눈앞에 십자가가 보인다.
서울 장안에는 무수히 많은 십자가가 있는데, 십자가가

교회의 상징적인 징표라면 그 의미가 무엇일까.
그것은 2000년 전 이스라엘의 베들레헴에서 어린아이가 마구간에서 태어났는데 하나님과 같은 성정이었다고 하나, 인간의 몸을 빌려오시어서 낮은데서 나시었으니 그 의미가 있는데 우리는 자연스레 망각하고 사는 것 같다.
죽음 또한 인류의 죄를 대속하기 위해서 형벌 중에서 가장 지독한 십자가의 형을 받으셨다는데, 그 깊이에 우리는 미치지 못하고 크리스마스에도 마시고 먹고 지내지를 않는가.
기독교의 본질을 파악하여 접근한 신실한 사람도 있는가 하면 변죽만 울리면서 욕만 먹는 사람들도 많이 있다.
오늘은 6 · 29 선언을 한 날이다.
벌써라기도 전에 10여년의 세월이 흘렀다.
그 당시 시청에 근무했었는데 젊은이들의 함성이 시청부근에 대단했었다. 정말 세월은 빠르다.
응용역학과 측량학 문제를 풀어보는데 오늘은 잘 풀린다.
자신감과 용기가 좀 솟는 날이다.

1999.7.9

다들 나보고 말랐다고 한다.
그렇잖아도 말랐는데 공부한다고 책상에만 앉아있으니

아마 그런가보다. 그렇다고 놀 수는 없으니 더욱 열심히 하자.

공부가 좀 잘 되는 것 같다.

교만은 '넘어짐의 선봉' 이라고 하지만 문제를 대하면 자신감부터 생긴다. 이것 어디서 본 문제인데가 아니고 이 문제 어느 책 어느 부분의 내용과 유사하다고 생각이 나니 공부하기는 그동안 많이 했나보다.

응용역학 같은 경우는 국내에 나와 있는 문제집을 전부 구입하여 풀어보았다. 안 되는 것은 별도로 정리하여 틀린 문제만 모아 놓고 다시 풀어보았다. 측량학도 마찬가지다.

문제를 풀다보면 이상하게 틀린 문제가 또 틀린다.

그래서 측량도 틀린 문제만 별도로 모두어 놓았다.

그 방법이 상당히 효과가 있다.

그러나 주어진 한정된 시간에 문제를 풀어야 되기에 꾸준한 반복과 연습을 통해 문제를 보면 바로 풀 수 있도록 숙달시키자.

1999.7.20

아내가 먹을 걸 가지고 독서실에 들렀다.

아침에 운동을 한 이후로 옆구리가 결리는 현상은 없어졌다.

계속 승진시험 공부를 열심히 하자.

'밀어붙여' 란 말이 있지 않은가.

잘하면 오늘 박현주 응용역학문제집을 또 한번 반복함을 끝낼 수 있을 것 같다. 응용역학 수험서에서 후반부의 부정정과 변형에너지 부분이 어려운데 그것을 끙끙대며 끝냈다.

그래, 그래… 나는 해낼 수 있다!

공부를 하면서 역학 뒷부분이 상당히 실무에 도움이 될 수 있다는 감이 온다. 이전에는 그냥 지나친 모든 것들이 그냥 지나쳐지지 않고 교량을 보거나 다른 지하차도나 터널 등 구조물을 볼 때도 이것을 이렇게 만들었구나하고 다시 살펴보니 실무적인 접근이 되었다.

1999.7.23

동료 2명과 같이 공부를 했다. 서로 의지하면서 공부하니, 혼자서 하는 것보다 능률이 더 오르는 것 같고 편했다.

학원에서 응용역학을 가르쳐 주시는 선생은 차분하게 잘 가르쳐 주신다.

같이 배우는 학원에는 건교부에 근무하시는 분들도 수강을 많이 한다. 건설교통부는 우리나라 건설분야의 정책을 결정하고 방향을 잡는 곳인데, 그곳에 근무하시는 분들도 시험이 임박한지 학원에 와서 열심히 강의를 듣는다.
오늘은 공부를 많이 했다.

1999.7.27

바야흐로 응시원서를 냈다.
응시원서는 지난 시험 때의 원서 접수증을 가지고 있는데,
난 지갑 안에 넣어 놓은 그 접수증을 끄집어 내어 보았다.
선택과목 중 시공, 도시계획, 측량이 있으나 대부분 측량을
선택과목으로 선정한다. 나도 측량을 선택으로 선정했다.
원서를 내고 나니 긴장이 된다. 손이 약간 떨리는 것 같다.
차분하게 문제를 대하여야 하는데 그러질 못하면 낭패다.

1999.8.5

동수형이 다녀갔다.
몸보신 하라고 영양탕을 사줬다. 거기다 공부하느라 고생
한다며 용돈도 조금 주고 간다.
고맙고 감사했다.
오로지 목표를 향해 매진하자.

1999.8.6

눈물이 난다. 큰형님 생각에…
불쌍한 형님…
부디… 부디…….

1999.8.18

날짜가 너무나 잘 가고 있다.
9월 12일 시험날이 얼마남지 않았는데…
좀 더 단순화하자.
모든 것을 정돈하는 마음으로 차분하게 말이다.
학원에서 쉬운 것을 또 틀렸다고 역학 선생한테 책망을 받았다. 섭섭하게 생각말고 실수를 최대한 줄이자.
저녁을 현풍곰탕집에 가서 먹었다.

1999.8.20

월급날이다.
월급쟁이는 꼬박꼬박 정한 날에 월급이 들어온다.

여지껏 나는 아내 손에 월급을 통째로 쥐어주질 못했다.
봉급이 들어와도 통장으로 들어오기에…
나보다 남을 위하여 사는 삶이 되어야겠다고 작심하고 이 길위에 들어섰는데 거의 20여년이 다 되어간다.
당시 9급이었을 때 처음 봉급이 125,000원으로 기억한다.
그걸 받아 하숙비 70,000원을 주고 나머지 55,000원을 가지고 살았었다. 지금은 그때를 생각하면 엄청 나아진 편이다.
사실, 공직생활을 시작하면서 그 봉급으론 먹고살기가 막막하다싶어 맞벌이를 택하였는데 늘상 아내와 아이들에게 미안한 마음뿐이다.
아내와 나의 회계는 구분된다. 집살림 지출비용은 집사람이 내고 그 외 공과금 등은 내가 부담한다.
아내가 과일을 많이 가져와서 동료들과 같이 나누어 먹었다. 오늘은 공부를 많이 했다.

1999.8.23

최선을 다하자.
산이 앞을 막으면 산을 넘고 바다가 앞을 막으면 바다를 넘고
삶이 다하는 날까지 멸사봉공의 정신으로 매진하자.

시험날짜가 점점 다가온다.
잠을 자려고 방바닥에 누웠으나 잠이 오질 않는다.
머릿속이 복잡하다.
시골 어머니, 아내, 아이들 어느 것 하나 소홀히 할 수는 없건만 나는 모두에게 소홀히 하고 있는 것은 아닌지….

1999.8.26

수험 15일 전이다.
총력을 다 하자.
힘을 아끼고 여유를 가지고 문제에 접근하자.

1999.8.28

아내가 시험 끝나면 이야기한다고 하는데 표정이 밝지 않다. 아픈 것 같기도 한데 아픈 부위를 말하지 않는다.
궁금함은 더하여 책장이 넘어가질 않는다.
시험이라면 이런류도 시험일까…
감당할 시험밖에는 허락하지 않는다면
힘들더라도 잊고 매진할 수밖에….

1999.8.29

점심을 먹는데 아내 생각에 절로 눈물이 났다.
아내가 아프다는 말을 듣고…
중병인 것 같은데… 어려움이 한꺼번에 닥치는 건 아닌지…
갑자기 군대시절 훈련소에서 소대장님의 불호령에 한겨울 훈련받을 때 해주신 말씀이 머릿속에 떠올랐다.
"어떠한 어려움이 있더라도 훈병들은 이겨야 한다! 알겠나!"
그래… 해병정신으로 모든 것을 극복하자.

1999.8.30

작은 아들(정수)이 핸드폰으로 '아빠 힘내세요' 라고 넣은 문자메세지를 보고 코끝이 찡해졌다.
자기 생각으로 한 건 아닌 것 같고 애엄마가 시켰겠지.
그래 힘내자.
오늘은 공부가 잘 되었다.

1999.9.1

집에 갔다 오다.
이제 10일 남았네.
차분한 마음으로 배운 것을 정리해 나가자.

1999.9.2

종봉이한테 격려전화를 받았다.
성우한테 연락받았다고 한다.
열심히해서 홈런 하나 치라고 한다.
홈런이 아니라 안타로도 필드로 나갈 수만 있다면야
그것으로도 만족이 아니겠는가.

1999.9.11

내일이 시험이다.
마지막 마무리를 하고 11시 쯤에 잠자리에 들었다.
그런데 웬일인가.
통 잠이 오질 않는다.

2과목을 다시 처음부터 한번 보았다.
그리고 책을 덮었다.
편안한 마음으로 여태 공부한 것을 정리하며
목차부터 내용을 더듬어가며
꿈속에서 헤매인다.
아버님, 그리고 큰형님!
내일이 결전의 날인데 아는 것을 실수하지 않고 시간 안배를 잘해서 모든 것이 협력하여 선을 이루게 해주십시오.
다들 나는 합격될 것이라고 하는데 실패보지 않도록 해달라고 기도하고 과거 운이 있어야 된다는데, 모든 역사는 하나님 창조주의 뜻이다.
담담한 마음을 가지자.

1999.9.12

나는 2차 시험만 보기에 12시 30분에 시험장에 도착했다.
성균관대학교에서 시험을 치뤘다.
전날 4시까지 잠을 못자고 아침에 8시에 일어나니 정신이 몽롱하다. 시험지를 받아 수험번호와 이름을 쓰는데 손이 많이 떨린다.

순식간에 시험을 치루었고 종이 울리는 순간 마지막 문제를 체크했다. 측량은 쉽게 다 풀은 것 같고 역학은 2문제가 아리송하다.
최선을 다했다고 생각이 들지만 생각보다 못 본 것 같다.
같이 시험을 본 다른 동료들은 잘 본 것 같은데, 이번에 떨어지면 어떡하나. 그동안의 노력이 수포로 돌아간다면…
아니야, 아마 그런 일은 없을 것이다.
시험을 보고 나오니 직원들이 기다리고 있길래 함께 가서 식사를 했다.

1999.9.19

시험본 지 꼭 일주일이 되었다.
세월만큼 잘 가는 것이 없는 것 같다.
같이 시험을 응시한 사람들을 떠올려봤다. 한~두 문제 차이로 당락이 결정된다해도 과언이 아닐 것이다. 어떨 때는 밤에 잠을 설치는 경우도 있고, 초조하다.
금년 여름은 집사람에게 미안했다.
가정에 좀 더 충실하자.
아내가 건강이 좋지 않다고 병원에서 진단을 받고 탕약을 먹고 있다. 침과 탕약으로 몸을 다스리고 있다.

내가 해줄 수 있는 것이 무엇일까.
그때 나에게 말을 안 한 것을 물어보니 부인병이라고 한다.

1999.9.26

모처럼 푸근한 마음으로 추석연휴가 시작되어 즐거웠다.
아내와 아이들은 23일 내려보내고 나는 24일 내려왔다.
큰집에서 하루 쉬고 함안으로 갔다.
산소에 들렀다.
큰형님 산소에서 기도를 드리고 왔다.
25일 저녁에 함안에서 출발하여 오늘 새벽에 집으로 왔다.

1999.11.12

행자부 김진호 과장으로부터 전화를 받았다.
시험에 합격이라고 축하한다고 연락을 주셨다.
행자부에서 발표하니 미리 전화를 해두었는데 방금 발표가 있었다고 한다. 그리고 조금 있으니 구청 총무과장과 인사계장으로부터 전화가 왔다.
사무실에서 공식으로 과장님에게 시험에 합격되었다고 이

야기하니 기뻐하며 축하해주셨다. 직원들이 축하한다며 모두 다 악수를 청해왔다.

시험결과 다른 분들은 1차에서 떨어지고 6명만 되었다.

할렐루야!!

그동안의 수고가 한순간에 감사로 바뀌었다.

윗분들에게 감사하다고 인사를 드렸다.

그리고 아내에게도 전화를 해주었다. 합격이라고, 당신이 그동안 수고를 많이 하였다고. 아내의 헌신적인 노력과 내조가 없었다면 오늘의 영광은 없었을 것이다.

이제부터 시작이라고. 그동안의 숱한 과정들이 주마등처럼 머릿속에서 지나간다.

1999.11.22

수원에 있는 '국가전문행정연수원' 에 입교하였다.

시험 승진된 자들로 2주간 교육을 받기에 등록을 하고 교재를 받았다. 합숙을 하는 사람들도 있으나 집에서 차를 가지고 다니기로 했다. 부산의 사형도 시험에 합격이 되어 같이 교육을 받게 되었다.

부산의 사형은 나보다 나이가 많다.

멀리서 왔으니 연수원 부근에서 하숙을 하기로 했다기에

그동안 고생을 많이 했다고 했다.
사실 사형은 나이가 많은데 시험 공부한다고 책을 사서 보내달라고 해서 몇 번 사서 보낸 적도 있지만, 공부에 왕도가 어디 있겠는가.

1999.11.23

연수원에서 둘째날 교육을 받기 위해 사당동을 지나는데 정순구 씨와 조원준 씨가 서 있길래 같이 타고 갔다.
연수원 교수들은 가르침이 대단하다. 유머가 풍부하고 깊이도 있다. 많은 것을 짧은 시간에 배운다.
자신도 돌아보며 금쪽 같은 시간인 것 같다.

1999.12.13

발령이 났다.
오후 3시 30분에 시청 대회의실로 오라고 했다.
나는 집에 와서 곤색 양복으로 갈아입고 시청으로 갔다.
행정관리국장으로부터 임명장을 받았다.

〈 임명장 〉

지방토목주사 _ 임대성

지방토목사무관에 임함.

건설안전관리본부 근무를 명함.

1999년 12월 13일
서울특별시장

이 얼마만의 경사인가.

더 열심히 일하자. 멸사봉공으로 최선을 다하자.

그것이 나와 나라와 민족을 위하는 것이니, 마음을 비우고 최선을 다하자.

원칙과 기준, 합리와 투명으로 매사를 원망과 시비가 없이 업무를 볼 것을 다짐해본다.

1999.12.14

아침 9시 20분에 건설안전관리본부로 갔다.

2층 회의실에 가서 발령장을 받았다.

〈 임용장 〉

지방토목사무관 _ 임대성

토목부 근무를 명함.

1999년 12월 13일
건설안전관리본부장

발령장 내용이다.

본부장으로부터 발령장을 받고 토목부로 갔다.

토목부장으로부터 회의실에 앉아 훈시를 들었다.

'안걸리며 잘 헤쳐 나가는 것이 최선의 길이니 열심히 하라'

고 하신다.

그래 다시 시작하는 마음으로 나의 길을 가자.

항상 행정감사를 의식하며 매사를 바르게 처리하자.

본청에 들러 인사를 하고 서초구청으로 왔다.

구청장실에 들어 인사를 드리며

"청장님 덕분에 사무관이 되었습니다."

다음에 기회가 있으면 다시 모시겠습니다.

그랬더니

"임 계장 인기가 좋아요." 하시는 것 아닌가.

과찬의 말씀을 들으니 송구했다.

저녁에 계 직원들과 저녁을 먹고 집으로 왔다.

푸근한 마음으로 잠을 청하다.

3부

문학 시절 이야기

독서를 즐기며 맞는 새해 첫날

서구의 철인 하이데거의 표현을 빌릴 것도 없이 사람은 던져진 삶을 산다고 한다. 세월은 흘러가는 물이라고 누군가 이야기하였지만 새해를 맞이한 것이 어제 같았는데 벌써! 라기도 전에 1월이 며칠 남지 않았다. 세월만은 정말 청산유수인가…….

지난해에는 책을 읽기 위해 마음을 먹고, 열심히 책을 읽기 위해 노력을 하였다. 언젠가 직장동료의 이사한 집에 갔다가 방안 가득히 책이 쌓여있는 것을 보고 나도 책을 많이 읽고 소장을 해야겠다고 마음을 먹은 적이 있는데, 지난 3월에 직장 내에서 추천받은 책 가운데 징기스칸의 일대기를 다룬 소책자를 읽었다. 그는 지구상에서 가장 넓은 땅을 다스렸다고 한다.

우리나라도 두 번씩이나 침공을 하였고 선조들에게 어려움을 주었지만 자기 부족을 통합하고 점령지를 잘 조정하였으며 무엇보다 전쟁에서는 속도전으로 기마민족의 특성을 유감없이 발휘하였다고 한다.

다음으로 김탁환 씨가 쓴 『불멸의 영웅 이순신』 5권을 읽었다. 그가 해전사에 유래가 없는, 그 어떤 기록도 따라 올 수 없는 23전 23승 전승의 세계 최대의 명장이라면 나만의 생각일까? 그 책을 읽으며 역모에 연루되어 백의종군하기 직전에 선조에게 한 말 즉, 소인에게는 배 12척이 있사오니 전장으로 보내주시라고 임금을 안심시키고 나오면서 본인을 엄격하게 타이르는 말 "꿋꿋해야 돼, 상처받지 않으려면…."

이 대목이 전권을 통틀어 나에게 가장 마음에 와 닿는다. 우리가 잘 아는 유성룡, 이항복 등등 역사에 족적을 남긴 훌륭하신 분들의 삶의 흔적들이 책을 읽는 중에 가슴에 와 닿는다. 그리고 고(故) 월탄 박종화 선생이 쓴 『자고 가는 저 구름아』를 읽었다.

전체가 7권으로 되어 있는데 오송부원군 백사 이항복이 광해군 시절 선조의 또 다른 부인 그러니까 대비인 윤씨의 폐모를 반대하다 역적으로 몰리어 북청으로 귀양을 가다 철령을 지나며 지은 한시다.

"철령 높은 봉에 자고 가는 저 구름아, 고신원루에 비삼아 뉘여다가 님계신 구중궁궐에 뿌려본들 어떠리."

이 시조가 당시 광해군에게도 보고되었다고 한다. 광해군은 사면 등 좀 후하게 대해 줄려고 하였으나 그 주변에서 그렇게 하질 못하게 하였다고 한다.

광해는 왕으로서 해서는 안 될 몹쓸 짓, 형 임해군과 동생 영창대군을 죽이고 아버지 선조의 또 다른 부인 대비 윤씨를 폐모한 천하의 불효자로 기록되어 있다. 『자고 가는 저 구름아』의 책 제목은 백사가 귀향을 가면서 지은 한시의 한 구절을 잡아 제목으로 하였는데 좋은 제목이다.

교보문고를 들렀을 때 한 서점에 쓰여 있는 글귀가 생각이 난다. "책 속에 있는 길, 읽으면 나의 길" 그리고 "책이 사람을 만들고 사람이 책을 만든다" 라는 글귀이다.

지난 한 해, 바쁜 삶 속에서도 출퇴근 하면서 전철 안에서 또는 출장길에서 그리고 회의 전 짜투리 시간에 읽고 또 읽었다.

그리고 매일경제신문의 한 부장이 쓴 『시진핑』을 읽었다. 이 책을 가까이 하게 된 동기는 큰 아이가 지난 봄에 책을 사서 집에 두었는데 시진핑이 갑자기 20여일 동안 잠적이 되었다는, 또는 교통사고가 났다는 등 정적으로 제거되었다는 보도를 접하고 그가 어떤 분일까 싶어 책을 붙들고 읽었다. 난 그 책을 읽으며 이런 분이라면 실각되지 않을 거다라는 생각을 하였는데 생각대로 얼마 후 전면에 다시 나타났다.

지금은 13억 중국을 섬기는 총서기의 자리에 있지 않는가? 책 중에 그 분의 좌우명이 나온다. '후흑'(두터울 후, 검을 흑), 뜻을 풀이하면 두꺼운 얼굴, 검은 마음씨. 즉 '야심은 있으되 드러내지 않는다' 라고….

실제로 태자당 출신이면서 문화대혁명 이후 삶의 여정 속에서 실각의 우려도 있었지만 모든 걸 절제와 인내로 극복하고 다수에게 좋은 인상을 심어 주며 중국의 총서기로 등극을 했다.

중국의 지도자 중 보시라이는 실각되고 리거창과 경합을 하다 총서기의 자리에 갈 수 있었던 것은 그 분의 성품과 역량이 큰 부분도 있겠지만 문화대혁명 시절 바닥 생활을 한 때문이 아닐까 생각해 본다.

나는 지난 해 『징기스칸』, 『불멸의 영웅 이순신』과 『자고 가는 저 구름아』 그리고 『시진핑』을 읽으며 나에게 물어보았다. 주어진 삶의 여정(旅程)에서 나는 어떻게 살아갈 것인가를…….

요즘은 틈틈히 박경리 작가가 쓴 『토지』를 붙잡아 2권째 읽고 있다. 삶의 여정(旅情)에 대한 깊은 성찰과 인류의 歷史에 큰 흔적을 남긴 발자취들을 더 가까이 만나보아야겠다는 간절한 마음으로.

선진 방재 시설을 견학하고

지난 7월 27일 우면산에 내린 집중호우는 백년 이상의 빈도로 비가 왔다. 이는 언제부터인가 기후가 온대성 기후에서 아열대성 기후로 변화되어 여름 한철 시도 때도 없이 비가오고, 그것도 지역별 편차가 심한 순간 집중호우 또는 순환 게릴라성 호우가 어느 지역이라 할 것도 없이 내린다.

기술이 발달하면 더욱 더 예측 가능한 시대에 살아야 하는데 더욱더 불확실한 시대에 살고 있는 것 같다.

우면산 산사태도 그렇다. 천재라고 결정지어졌으나, 아직도 일부에서는 인재라고 하고 있지만, 두 번 다시 그런 경우가 없어야 하겠고 되풀이 하지 않기 위해서 우리 서초구에서는 선진 방재시설(사방댐, 저수조, 차수판) 등을 견학하기 위해 히로시마, 동경, 홍콩 등을 다녀왔다.

짧은 여정이었지만, 수자원 분야에 경험이 없는 나로서는 많은 경험을 하는 계기가 되었다. 보고 듣고 느낀 것을 공유해 보는 것도 의미가 있을 것 같아 몇자 적어본다.

먼저 히로시마현 아이다 지구의 산사태로 인한 사고 이후 사방댐을 크게 만들어 놓았는데 현지 관계자의 설명을 들으며 현장을 견학하였다.

사방댐(산사태 예방을 위한 산 아래쪽 계곡부에 만든 댐) 기술은 일본이 세계 최고라고 한다. 평소 일본의 토목기술은 우리보다 앞섰다고 여기었지만 사방댐 현장에서 여실히 느낄 수 있었다.

토석류와 떠내려 온 유목을 걸러내기 위한 넓은 면적의 침사지와 중간에 있는 도수로, 그 아래 사방댐과 개수로, 한 눈에 이 정도라면 산사태에 대한 피해걱정은 안해도 되겠다는 생각이 들었다.

다음 여정으로 동경의 방수로를 견학하기 위하여 신간센에 몸을 실었다.

동경도 23개구 가운데 스기나미구는 우리 서초구와 20년 전 자매도시 협정을 맺은 자치구이다. 지난 달에 20주년 기념행사를 서초구에서 하였는데 이번 방문길에 일본국토교통원에서 건설하고 오도가와 하천사무소에서 관리하는 수도권 외곽 방수로와 동경도에서 시공한 간다가와 지하방수터널을 견학하기 위해 자매도시인 스기나미구에 의뢰하였는데 1박 2일 동안의 여정을 정말 친절하게 현장안내를 받으며 공직자로서의 자부심과 감사하는 마음이 함께 들었다. 참고로, 스기나미구는 서초구보다 인구가 10만이 더 많은 도시이다.

수도권 외곽 방수로는 만성 침수지역인 동경외곽 5대강 유역의 우수를 지하 50m 이하로 터널을 만들어 우기 시 빗물을 받아 저류 하였다가 조압수로를 통해 에도가와 강으로 방류하는 것으로 그 규모가 너무나 엄청나다.

간다가와 방수터널도 동경시내 심복하천의 수위가 위험수위에 이르면 우수관을 통해 지하 40m의 방수터널에 유역의 물을 지하에 가두었다 우기 이후 우수를 방류하는 시스템으로 주변지역에 비해 지대가 낮은 우리구 입장에서는 간선도로 지하에 이런 시설들이 건설되었으면 하고 간구해 본다.

우면산에 대하여는 복구공사가 한창이지만 명품 사방댐을 만들어 우리처럼 다른 나라에서도 벤치마킹의 대상이 되는 방향으로 설계시공이 되어야 한다고 믿는다.

끊임없이 변화하는 상황 속에서 재해에 대응하는 위기를 기회로 삼아서 새로운 것을 잉태하는 지혜, 그것을 구현하는 것이 이 시대 우리 모두의 사명이 아닌가 소고해 본다.

귀국하는 길 마음에 남는 건 스기나미구 구청장 비서실장의 한마디가 머리에 되뇌인다. 일본과 한국간의 국가간의 관계는 어떠하든 서초구와 스기나미구 양 구간의 교류를 더욱 활발히 하자는 말이 가깝고도 먼 나라인 일본이기에 묘한 여운이 인다.

6박 7일 간의 여정에 몸은 피곤하지만 전에 보지 못한 여러 가지를 보고 경험하였기에 시민의 생명과 재산을 보호해야하는 공직자로서의 사명감을 가져보지만 무엇보다 아열대성 기후에 접어든 오늘의 시대를 살아야하기에 기후의 특성, 지역의 특성 등 작년과 올해 피해를 보신 분은 또 다른 피해를 보지 않기 위해 내 집에 차수판 설치와 펌프를 비치하는 등 침수예방을 위한 준비를 단단히 잘 해주시기를 당부 드리고 싶다.

장모님의 외상값

생로병사라… 사람이 태어나서 늙어 병들어 죽는 것은 정한 이치라 하지만 창졸간에 당한 교통사고로 장모님을 잃은 슬픔은 도대체 어찌할 바를 모르겠다. 장인은 결혼한 이후 젊었을 때 장모님과 어린 세 아이들만 두고 돌아가셨다고 한다. 세 딸과 장모님만 남겨두고 먼저 떠난 가장을 대신해 생계와 가사를 책임져야 하였기에 장모님께서는 하루하루가 생존을 위한 전투였다고 한다.

당시는 다 어려운 시대였지만 오로지 자식들과 먹고살기 위해 뭐든 나서서 하신 장모님은 청량리 시장에서 별명이 '휘발유 아줌마' 라고 불렸다. 그 이유는 젊었을 때 춘천의 군부대 인근에서 휘발유를 사서 파는 일을 하셔서 그때 얻은 별명인데, 돌아가실 때까지도 그렇게 불리셨다고 한다. 그러니까 닉네임인 셈인데 동료 아줌마들이 그렇게 부르는 걸 들었을 때 사위로써 기분이 안 좋았던 적도 있었지만, 이렇게도 어렵게 자식들을 키워 지금 큰딸은 초등학교 교사, 가운데는 공무원, 막내는 남편사업을 도우며 잘 살고 있다.

올해 84세로 돌아가신 장모님…

사고가 난 그날도 늦게까지 시장에서 장사를 하시고 자택이 춘천이라 기차를 타기 위해 청량리 역 앞 횡단보도를 건너시다 마침 장모님을 보지 못하고 온 포터 트럭에 치어 변을 당하셨다. 순간적으로 일어난 일이라 소방서에서 긴급 출동하여 병원으로 옮기는 도중 돌아가셨다고 한다. 급히 연락을 받고 청량리 인근 병원으로 갔으나 응급실에 싸늘한 주검으로 누워 계신다. 감당할 수 없는 슬픔에 쌓여 어찌할 바를 모르겠다.

누가 그랬던가?

삶과 죽음은 종이 한장 차이라고. 하지만 영원한 이별을 해야 하는 감당할 수 없는 장벽이 있다는 것을…

필설로서는 표현할 수 없는 여러 가지 일들이 머릿속에서 주마등처럼 떠올랐다.

11시가 넘어 가족들이 모였다. 다들 아무런 말도 하지 못하고 있다. 이렇게 창졸간에 가시다니…

병원을 풍납동 부근으로 옮기자는 것, 장례를 화장으로 해서 모시자는 것, 장지는 분당 초입에 있는 남서울 공원묘원으로 하자는 것 등의 결정을 하고 토요일 저녁이었기에 나는 밤을 지새운 후 새벽에 사무실로 왔다.

내 사무실은 남대문 부근 단암빌딩(구 도큐호텔)의 21층에 있다. 경조사를 알려야 했기에 깨끗하게 작성하여 직원에게 직원

상조회 게시를 부탁하고 장례식 집례는 전에 다니던 장충교회 측에서 진행하여 줄 것을 부탁하고 사무실을 나왔다.

시간은 주일 오전 8시쯤일까, 밤을 꼬박 새우고 병원으로 가려고 남산을 돌아 차를 몰고 가는데 눈에 눈물이 감당할 수 없을 정도로 흘러내렸다.

나는 장모님의 사랑을 유달리 많이 받은 것 같다. 특별히 나를 좋아하시고 항상 여러 가지를 챙겨주셨기에… 남산을 돌아 한남대교를 건너는데 정말 주체 할 수 없을 정도로 눈물이 나서 연신 눈물을 닦으며 병원으로 갔다.

작년 여름에 유럽 출장을 간 일이 있었는데 장모님의 건강이 안 좋다는 말을 듣고 몹시 마음이 편치 않았었다. 그때 이번 출장길에서 돌아오면 꼭 한 달에 한 번씩은 장모님을 찾아뵙겠다고 마음을 먹었었다. 그래서 매월 마지막주 토요일이 되면 항상 찾아뵙고 장모님과 얘기도 나누고 장사도 도와드리며 사진도 찍어 폰에 올리곤 했었다… 돌아갈 때는 항상 집에서 먹을 야채 등을 넉넉히 챙겨 주셨다.

나 또한 용돈을 많이 드리지는 못했지만 조금씩 드렸다. 그렇게 매달 꾸준히 찾아뵈었다.

이렇게 황망히 가시면 어떻게 하나… 모든 것을 남겨두고… 이것이 진정 인생인가……. 생전에 "명수아빠, 나는 드러누워 자식들 신세는 안질거야"라고 가끔 말씀하시곤 하셨는데 당신이 살아오면서 동생 뒷바라지, 어른 뒷바라지 등등 힘든 일들이 많았었다는데 한순간의 사고로 가버리시니 말씀하신대로 되었다고는 하겠으나 가련하고 불쌍하고 마음이 쓰라릴 뿐만 아니라 더 나아가 장모님의 삶 자체가 거룩하게만 여겨진다.

살아오시면서 숱한 어려움과 고난이 있었지만 여자의 강단으로 모든 어려움을 극복하고 자식들을 반듯하게 키워 내었기에 오로지 자식들을 위해 일생을 사셨다고 해도 과언이 아닌 것 같다.

장모님은 돌아가시기 전 시장 안에 가게를 두 배나 큰 것으로 계약을 해놓으셨다. 그 나이에 가게를 정리하기는커녕 두 배나 큰 것으로 계약을 하였으니 그 열정과 땀 흘려 일을 하려 하는 자세에 저절로 머리가 숙여진다.

추운 한겨울 손가락 마디가 동상에 걸려 낫지를 않아 굳어져 버렸고 무릎 관절이 안 좋아 인공수술을 하셨는데도 매일 일을 하셨다. 일을 그만 하시라고 여러 번 말씀드려도 쉼 없이 일을 하셨다. 그것도 힘든 일들을.

이제 장모님은 저 너머 먼 그곳으로 가시어서 우리들의 삶을 보시고 계시는 것 같다. 많은 삶들을 보아왔지만 경외심이 이는 것은 나뿐만일까?

병원에 모신 이후로 많은 분들이 조문을 왔다 가는 걸 보면서 빈소에 시장님도, 구청장님도, 국회의원님도 조화를 보내주시는 걸 보면서 많은 조화 속에 장모님을 모시지만 이 모든 것이 허망한 일이 아닌가?

천국 환송예배를 드리는데 과거 살아오신 삶을 나열하실 때는 모두의 눈에서 눈물이 한 없이 흐른다.

분당 양지바른 곳에 안장을 하고 서울로 돌아오는 차 안에서 나는 삶이란 무엇일까? 반문해 본다. 삶이란 무엇일까? 그것은 선 하나 밖에 그을 수 없다 해도 숭고한 것이리라. 그 삶을 더욱 착하게 잘 살아야겠다고 다짐을 하였다.

장모님은 청량리 시장에서 장사를 하셨기에 시장 내 거래처에 외상값이 깔려 있었다. 장부를 정확하게 해놓으신 것이 아니고 그날그날 주고 받으면서 지내오셔서 그 세부적인 액수 등을 정확히 알 수가 없었다. 처제가 조금씩 일을 도와주며 지내왔는데 처제는 주는 대로 받았다고 한다.

한 사람은 정확히 알고 있는데도 줄여서 이야기 하길래 알았다고 하면서 주는 대로 받았다고 한다.

장모님의 외상값,

그것은 외상을 준 장모님과 외상을 받은 그분들만이 안다. 나는 처제가 주는 대로 받았다고 하길래 잘했다고 했다. 장모님의 외상값처럼 나도 살아오면서 많은 외상을 지고 살아온 것 같다. 부모님에게 지고, 친구에게 지고 선배에게 지고 상사에게 지며 살아왔다. 그러나 앞으로는 매일 갚으면서 살아 가겠다고 다짐을 해본다. 장모님처럼 꾸어준 자의 삶을 살겠다고, 이것이 먼저 가신 장모님을 위하는 길이라고 생각해 본다.

죽을 뻔 했던 기억

살면서 가끔씩 지난날을 되돌아보게 되는데 나는 초등학교 6학년 때 고향인 경남 함안에서 부산의 중학교로 유학을 갔다. 당시 아무것도 모르는 나는 부모님의 권유로 부산 형님 댁으로 공부를 하기 위해 갔던 것이다. 지금 돌아보면 이것이 바로 내 인생의 변곡점이었다.

중학교에서는 나름 열심히 하였으나 고등학교에서는 학업을 등한시 하여 당시 시행하였던 예비고사 시험에 떨어지고 말았다. 그때 큰형이 "너는 이제 끝이다"라고 한 말이 생각난다. 당시 나름대로 나에게 큰 기대를 걸었던 형의 실망이 컸을 것이라 짐작이 간다.

졸업을 하고 나는 고향으로 돌아왔다. 농사는 당시 작은형이 지었는데, 같이 일을 해보니 힘이 많이 들었다. 그때 한 선배가 부산의 냉동학원에 들어가서 냉동기술을 배운다는 말을 듣고 나도 그렇게 하겠다고 부모님께 말씀을 드렸다. 다시 부산의 형님 집으로 들어가 형수님 밑에서의 생활이 다시금 시작되었다.

당시 학원이 선박냉동학원이었는데 암모니아를 이용한 냉동가스 배와 후레온 가스를 넣은 배의 냉동기를 돌려 잡은 물고기들을 냉동시켜 돌아오는데 이 과정에서 고장이 난 냉동기들을 수리하는 기술을 배우는 학원이다.

학원을 졸업하고 영도에 있는 선박냉동회사에 들어갔다.

한 10명 정도 같이 일한 것으로 기억나는데 아침에 출근하여 영도에 정박한 고깃배에서 고장난 배관 등을 수리하고 저녁 늦게 돌아오는 것이 일상이었다. 그때 새마을이란 담배를 사서 피운 걸로 기억하는데 그 당시 한갑의 가격은 40원이었다. 일이 끝나고 나서는 함께 어울려 술을 마시기도 했는데 때로는 과음을 하여 길을 잘못 찾아 헤맸던 기억도 난다.

일을 하러 갈려면 배를 붙여 정박하여 놓기에 배와 배를 건너서 고장난 배를 찾아가서 배를 수리한다. 그렇게 건너서 배에 들어간 후 냉동기의 고장난 부위를 찾아 용접, 배관교체 등의 일을 하는 것이다.

하루는 일을 마치고 귀가를 하려는데 갑자기 파도가 치면서 큰 파도에 배가 붙었다 떨어졌다 하는게 아닌가? 하필이면 그날따라 그믐이라 온 사방이 캄캄하였다. 우리는 더듬거리며 나오다가 배에서 배를 건너면서 배가 서로 떨어진 걸 모르고 내가 발을 헛디디면서 바다에 빠져버렸다. 손에는 용접기와 공구를 들고 있었다. 다시 배는 파도에 붙었다 떨어졌다 하는데 배가 붙는 틈 사이에 끼이게 되면 오징어가 되어버리기 십상이기에 내 인생이 여기서 끝날 수도 있다는 두려운 생각이 들었다. 손에는 용접기를 들고 있어 손을 사용할 수 없었으나 온 힘을 다해 발로 헤엄을 쳐서 물위로 머리를 내밀었다. 위에서는 사람이 빠졌다고 난리가 났다.

나는 파도가 밀려와 배가 서로 붙으면 물에 들어갔다가 배가 떨어지면 물위로 나와서 "여기"라고 계속 소리를 질렀다. 위에서 사람들이 구명장비를 던져주어 그걸 붙잡고 겨우 나왔다. 마침 구름에 가렸던 달이 배 위에 나와 선 내 모습을 살짝 비추었다.

옷에서는 물이 뚝뚝 떨어지는데… 양손에 공구를 들고 있던 나는 달을 보고 소리를 쳤다. "내 인생이 이러다 마는구나!"라고….

그 다음날 출근을 하다가 서면에서 그냥 내렸다.

무작정 도서관을 가고 싶었다. 도서관에서 황윤성이란 중학교 동창을 만났는데 무슨 공부를 하고 있느냐 했더니 영남공업전문대학을 목표로 수험공부를 하고 있다고 한다.

부산에 부산공업전문대학이 있었으나 성적이 되지 않아 대구에 갈 요량으로 공부하고 있다고 하였다. 나는 체력장을 치르지 않아 그 점수가 빠진 상태이지만 그만큼 더 부산공전을 목표로 하여 열심히 공부를 하였다. 정말 열심히 하였다. 밥 먹는 시간조차 아까워 의자에 앉아 소리를 죽이며 식사를 하였다.

도시락 두 개를 가지고 와서 점심과 저녁을 도시락으로 해결하였으며 아침 제일 먼저 나와 제일 늦게 도서관에서 나왔다.

버스를 타고 오가는 시간도 아까워 공부한 내용을 또 복습하였다. 그렇게 공부를 했고 수능고사를 보았다. 결과는 부산공전 토목과에 원서를 넣어도 합격되겠다는 것이다.

난 원서를 넣었고 합격이 되었다. 부모님께서 기뻐하심은 말할 것도 없고 형님 내외도 무척이나 좋아하셨다. 그렇게 해서 부산공전에서의 생활은 시작되었다.

냉동학원을 나와 기술을 배우려 하던 걸 그만두고 재수를 하여 학교에 들어가 졸업을 하고 공무원에 뜻이 있어 응시하면서 아내를 만나 결혼을 한 건 이제사 되돌아 보건데, 바다에 빠져 죽을 뻔했던 그 사건이 공부를 해야겠다는 동기부여가 되었고 또 전화위복이 되었다.

지금도 가끔 그때 바다에 빠졌었던 일과, 당시 열심히 공부를 했던 기억이 떠오른다. "강력한 동기부여는 마치 합격에 대한 강한 욕망에 이끌려 이 세상 그 어느 것에도 패하지 않는다고 마음먹을 때까지는 한 인간의 진정한 능력을 알 수 없다."는 말처럼 스스로 자신을 몰아넣고 목표를 설정해 강력한 드라이브를 걸고 그것을 성취해내는 원동력이 되었다.

바다에 빠져 죽을 뻔한 사건이 나를 다시 살리는 계기가 되었다. 가끔씩 힘들 때마다 그 생각을 하곤 한다.

나의 나 된 것은 하나님의 은혜라지만 해내야 한다는 당위성이 나를 끌어내어 앞으로 끌고간 에너지였다면 과언일까?

요즘 젊은 사람들을 보면서 물질적 풍요가 정신적 빈곤을 가져온다는 말처럼 많은 사람들이 자신의 삶에 목적 없이 살아가는 것만 같아 안타깝다.

백령도를 다녀오다

나는 37년 전 군복무를 백령도에서 하였다.

부산에서 어렵게 대학을 다니던 시절, 군복무를 먼저 하고 복학하여 학업을 마친 후 사회에 진출하는 것이 유리하다는 주변의 충고를 듣고 1977년 2월에 해병대에 지원입대 하였는데 수십 년이 지난 지금도 군복무 시절이 눈에 훤하다.

그 당시 사병 월급이 얼마 되지 않았으나 근무지가 최전방이라는 이유로 생명수당이라는 것이 포함된 봉급을 받았던 기억이 나는데, 서해상의 최북단으로 인천에서 군함을 타고 하루 밤낮을 뱃멀미를 하며 도착한 곳이 백령도였다. 도착하자마자 보게 된 바다 건너 북녘 땅에 새겨진 '속도전' 이라는 글귀를 보면서 코앞에 적군과 대치하고 있다는 생각에 정신이 번쩍 들었던 기억이 난다.

그 당시 줄줄 외웠던 백령도의 역사를 지금도 기억하고 있다.

“인천에서 120마일 떨어진 서해고도 백령은 심청의 전설을 담은 인당수를 8마일 북으로 바라보며 자리 잡은 47㎢의 섬으로 우리나라 도서 중 14번째로 꼽히는 곳입니다. 이상.”

40여년이 지났는데도 아직까지 외우고 있는 것을 보면 망망한 북녘 땅 황해도 해주를 바라보면서 외우고 또 외웠기 때문이지 않나 싶다.

당시 너무 배가 고파서 식기를 씻으며 돼지비계를 눈치 보면서 주워 먹었던 기억도 나고 졸병 시절, 영하 20도가 넘는 가운데서도 진지에 둔 105밀리 무반동총으로 사격훈련을 받던 기억도 새롭다. 중대장이 연병장에 중대원들을 모아 놓고 큰 목소리로 외치던 호기어린 연설을 들은 기억도 난다.

“나에게 잘 훈련된 대원 3명만 다오. 김일성의 목을 따고 나도 죽겠다.”

아직도 쩌렁쩌렁한 그 목소리는 영원히 잊지 못할 것 같다.

군에 입대할 때 어머님이 버스를 타고 떠나는 나를 보고 눈물을 흘리시던 모습이 지금도 떠오른다. 훈련소에 입소 후 3일만에 식당으로 밥 먹으러 가기 전에 연병장에 드러누워 ‘좌로 굴러 우로 굴러’ 를 했던 얼차려며, 목소리가 작다고 혼이 나 몇 번이고 반복하면서 군대란 이런 곳이구나 라고 실감을 하며 부모님이 그리워 눈물을 훔쳤던 기억도 난다. 벌써 37년이 지난 일들이다.

지난 3월 중순, 우연한 기회에 백령도에서 '위로와 사랑을 나누는 평화음악회' 를 개최한다는 이야기를 지인으로부터 전해 듣고 그 옛날 군복무를 한 백령도를 아내와 함께 가기로 결심했다.

이틀간의 휴가를 내고 아내와 함께 새벽 일찍 백령도로 가기 위해 지하철을 타고 인천으로 향했다. 연안부두에서 약 4시간 배를 타고 백령도에 도착했다. 원래는 대청도를 경유하는 노선이었으나 일기가 불순하여 백령도로 바로 출발하였다.

백령도에 도착하여서는 촉박한 일정 때문에 버스 안에서 김밥을 먹으며 이동했다. 이동하는 동안 버스 운전기사가 전해주는 이야기에 의하면 백령도에는 인구 11,000여 명이 거주하고 있는데 주민이 5천명, 군인 5천명, 기타 공사 관련 등으로 1천여 명이 상주하고 있다고 하였다. 백령중고교가 있는데 학생들의 보충수업은 해병대 장교 부인들이 가르치고 있다고 한다.

최근 대피소를 추가로 건설하여 5백명 이상이 대피할 수 있는데 중간 중간에 소규모 대피소가 있고 K-9 자주포와 진지도 구축되어 있을 뿐만아니라 전시탱크 등이 곳곳에 배치되어 있는 것을 보니 이곳이 바로 최전방임을 실감할 수 있었다.

곧이어 천안함 위령탑에 도착했다. 위령탑은 천안함이 폭침된 곳에서 가까운 산봉우리에 자리하고 있었다. 그 옛날 내가 보초를 서던 초소 부근이었다. 북녘을 응시하며 보초를 서던 그 초병시절이 벌써 37년이나 지났으니…….

혹시라도 밤에 북측 인민군들이 넘어 올까봐 정신을 바싹 차리고 밤새도록 근무를 서던 곳을 지금은 위령탑이 건립되어 있어, 아내와 함께 46용사 위령탑 앞에서 경건한 마음으로 묵념을 하였다. 삶과 죽음의 거리는 너무 먼 것 같지만 이들의 죽음은 영원히 우리 민족의 마음에 살아있으리라 생각해본다.

충혼탑은 주탑(8.7m)과 보조탑이 있는데 주탑 가운데에는 꺼지지 않는 불꽃이 있었다. 그 안에 영원히 꺼지지 않는 불이 타고 있는 이유는 365일 서해바다를 항상 밝힘으로써 NLL(북방한계선)을 감시하고 죽어서도 서해를 사수하겠다는 46용사들의 해양수호정신의 표현이라고 입구에 기록되어 있다.

유가족들이 우리와 같은 배를 타고 들어와 천안함 폭침 4주기 행사를 하고 갔다고 한다. 유족들이 바다를 보고 흐느끼는 모습을 상상하면서 나도 자식을 키우는 아비의 한 사람으로 가슴이 찢어지는 것 같았고 먼 수평선 너머로 응시하는 나의 눈시울도 뜨거워졌다.

저녁에는 해병 여단의 흑룡극장에서 개최하는 위로음악회에 참석하였다. 이곳은 군복무 하던 시절, 장병들을 위한 위문공연단이 오면 초소근무를 마치고 위문공연을 관람하던 곳이 아니던가? 바니걸스의 위문공연을 본 그때가 엊그제 같은데 오늘은 천안함 46용사의 추모음학회에 참석하다니 새삼 세월의 무상함을 깨닫게 된다. 당시 공연 중에 바니걸스가 여단장님(故 이화출 장군)을 지목하여 노래를 함께 할 것을 요청하여 여단장께서 단상에 올라가 '나가자 해병대' 가를 부르시던 모습이 스쳐지나가면서 새삼 나만이 간직하고 있었던 옛 기억에 감회가 새로웠다.

14개월 만에 첫 휴가를 나와 부산으로 가는 내내 고향과 가족의 소중함이 내 가슴 안에 오래도록 자리하고 있다는 것을 느끼면서 그 먼 거리를 가는 동안 마음이 들떠 있었던 기억이 난다. 망망대해를 바라보며 초병생활만 하던 그 당시의 나에게 고향이, 부모님이 계시는 집이 얼마나 그리웠던가!

이번 기회에 백령도를 잘 다녀왔다는 생각이 든다.

지난 연초 제46회 국가조찬기도회에서 명성교회 김삼환 목사님이 '우리 모두 앞으로 나아갑시다' 란 제목으로 설교하신 말씀 중에서 정신이 무너지면 모든 것은 모래성처럼 무너진다고 하시면서 세계를 이끌어갈 민족은 마음과 정신적 자산을 귀히 여기고 관리하라고 강조하시던 말씀이 뇌리에 되새겨진다.

나라와 민족을 위하는 길이 어떤 길인지 잘 모르지만 내 자신에게 주어진 직무를 소홀히 하지 않고 나와 이웃을 귀히 여기며 사는 삶이 아닌가 생각해 본다. 그러기 위하여는 조금 더 자신을 낮추고 주변의 어려운 이웃들에게도 따듯한 시선을 돌려야하지 않을까 싶다.

천암함 피격 4주년을 맞아 백령도를 아내와 함께 다녀오면서 새삼 안보의 중요성을 느끼게 되었으며, 특히 충혼탑 안의 꺼지지 않는 불꽃은 나와 우리 가족은 물론 우리 민족의 마음속에 영원히 꺼지지 않고 타오르게 하는 것이 46용사들의 희생을 헛되이 하지 않는 것이라고 생각하여 본다.

※ 천안함 피격사건이란?
2010. 3. 26(금) 21시 22분, 백령도 서남방 2.5km 해상에서 경계임무를 수행 중이던 해군 제2함대 소속 천안함(pcc-722)이 북한 잠수정의 기습 어뢰공격으로 침몰하여 승조원 104명 중 46명이 전사하고 58명이 구조된 사건.

복합 환승시설 현장 견학

지난 한 해는 해외출장 등으로 비행기를 많이 탄 해인 것 같다. 작년 5월에 호주 출장으로 시드니와 멜버른, 그리고 쿠알라룸푸르를 다녀오고 6월에는 장애우들과 제주도를 다녀왔으며, 8월에는 대한 토목학회 합창단원으로 인도네시아의 자카르타를 갔다 왔다. 또한 추석에는 러시아의 한인국제학교를 방문하기 위해 블라디보스토크에 갔다 왔다.

공학박사학위를 지난 8월에 받았기에 졸업여행으로 울릉도와 난생 처음인 독도를 갔다 왔으며 연말에는 공무출장으로 일본 오사카를 다녀왔다. 그중에서 일본출장에 대한 소회를 기술해보고자 펜을 들었다.

늘 그렇지만 일본은 역시 우리에게는 가깝고도 먼 나라이기 때문일까. 오사카, 아마가사키, 교토, 나라, 고베 등지를 다녀왔는데 갈 때마다 느끼는 일이지만 얄미우리만치 도시가 잘 정비되어 있다.

이번 출장의 주 목적은 일본 주요도시의 쉘터현장(버스정류소), 복합환승시설을 견학하고 수도권 광역교통 정책개발의 계획 수립시 이를 접목하는 일이다. 즉 수도권 시민들을 위한 교통 편의 제공과 대중교통 활성화를 위함이라고 할까.

먼저 오사카로 갔다. 오사카는 우리가 잘 아는 바와 같이 일본의 무사정치시대 오다 노부나가의 휘하에서 정치적 두각을 나타내어 중용되어 오던 도요토미 히데요시가 오다 노부나가가 죽자 뒤를 이어 실권을 장악하고 천수각을 짓고 상업을 일으켜 번창케 한 곳이다. 당시 도쿠가와 이에야스를 불모지 동경으로 보내버리고 천하를 통일하였다고 한다.

내 친척 한 분이 오사카에 살고 있는데 오사카 미나미 무꼬노소란 곳에 거주하신다. 지난 1997년 모친이 생존해 계실 때 초등학교에 다니는 아이들과 같이 이분 댁을 방문한 적이 있었다. 부모님의 고향은 경남 함안이었는데 국권이 찬탈 당해 더없이 어려운 시절 일본의 오사카로 가셨다고 한다. 부모님은 그곳에서 결혼을 하셨고 큰 형님도 낳으셨다고 한다. 그후 해방이 되어 선친께서는 한국으로 나오셨고 큰집과 고모는 잔류를 하셨다고 한다. 그래서 나는 한국에서 친가친척이 별로 없는 가운데서 성장하였다.

어린 시절 연로하신 아버님을 뵙고자 일본에 계신 고모님이 오시면서 당시 밀감과 입지 않는 옷 등을 챙겨 오시어 받아서 잘 차려 입었던 기억이 난다. 고모님이 아버님에게 사주신 시계를 찬 기억도, 가져오신 옷들을 친척들을 불러 모아 나누어 주시는 걸 본 기억도 난다. 당시에는 다 그랬듯이 우리 집도 가난했다. 이렇듯 1997년 이후 가본 적이 있는 오사카는 나에게는 먼 곳이 아니다.

이번 출장의 목적이 대중교통 정책이 발달한 외국도시의 교통제도 및 시설의 비교견학을 통해 수도권지역 실정에 적합한 교통정책을 연구 · 개발하여 적용하고자 현장위주로 둘러보는 것이기에 공공기관 방문은 하지 않았다.

오사카역 주변에 한신고속도로 매전출구란 곳이 있는데 건물 중간부분을 관통토록 설계 · 시공한 곳이다. 이 노선은 오사카 도심부, 오사카공항, 이케다시를 연결하는 중요한 노선으로 한신고속도로공단은 오사카 중심부의 상업, 업무지역인 우메다 지역으로의 접근성을 향상시키고 이케다선 본원구간의 교통정체 완화를 목적으로 공항방향에서 도심 쪽으로 출구를 건설할 때는 도시계획이 되어 있었으나, 대상 부지의 토지주는 강력하게 현지 거주 및 건축을 희망하여 고도의 토지이용이 필요한 지구임을 감안, 고속도로공단은 구분지상권을 설정하여 토지를 이용하고 입체도로를 활용한 사업을 추진하였다고 한다. 그러니까 주민의 요구를 수용하여 고가도로와 분리구조(관통식)로 시공하였다고 한다.

그곳을 지나 다양한 일본의 버스정류장 즉, 쉘터를 견학하였다. 과일모양의 정류장도 있고 서울역 앞과 비슷한 곳도 있는 등 디자인들이 제각각이다. 언제부터인가 우리도 디자인에 상당한 비중을 두고 있다. 그 소산물이 동대문 디자인파크플라자이다. 서울시청 건물도 그렇다. 해외에 가보면 확실히 보다 나은 여러 가지 형태의 시설물들을 본다. 이러한 시설물들이야말로 하나하나 보다 더 효율성과 편의성을 높이기 위한 적극적인 관심과 고민들의 산물이 아닐까?

다치바나역에 갔다. 도심의 환승시설을 보고 교외의 환승시설과 비교분석해 보기 위해서이다. 다치바나역은 일본 효고현 아마가사키시에 있는 서일본 여객철도의 홋카이도본선(JR고베선)상의 역이나 홋카이도본선상에서 고베방면으로는 고베지사가 관리하고 아마가사키역부터 동쪽으로는 오사카지사가 관리하고 있다.

버스와 전철, 전철과 전철, 버스와 버스를 갈아타는 이 모든 것을 환승이라고 한다면 일본은 우리보다 좀더 진일보되어 있는 것 같다. 그러나 "하이"를 연발하며 친절한 것 같기도 하지만, 2014년부터 초 · 중고 교재에 우리나라의 독도를 자기들 영토라고 기재하고 가르친다는데 이것이 사실이라면 매우 격노할 일이고도 슬픈 일이다.

이 시대에 느닷없이 그들은 왜 한 · 중 · 러 등과 영토분쟁을 일으킬까? 독도가 그렇고 센카쿠열도도 그렇다. 센카쿠는 직접적인 관련이 없다고 하더라도 독도에 대하여는 엄연한 우리의 독도를 자기 것이라고 하는 그들의 주장에 국제사법재판소에 제소 등 대응 방안이 있지만, 이보다 1895년 명성왕후를 시해한 무차별한 사건과 1910년에 경술국치(즉 한일합방)를 당하는 등 1945년 해방되기까지 우리의 영토는 온전히 국권이 상실되어버린 식민지시대였다.

2차대전 이후 독일 등은 반성하였으나 일본은 더욱 기고만장한 것 같다. 최근 독일 총리가 이스라엘 총리로부터 상을 받는 장면을 TV로 보면서 일본도 그러면 어떨까 생각을 해보지만 참으로 일본은 가깝고도 먼 나라로 여겨진다.

청년시설 부산의 모 교회에 고(故) 함병춘 비서실장이 오셔서 강의를 하신 내용이 기억난다. 링 위에서 권투를 하는데 이기는 사람이 승리자가 되는 것처럼 우리도 힘을 길러야 된다고, 그리고 힘에는 지력, 체력, 덕력이 있기에 사실적 기반과 도덕적 무장이 선행되어야 한다고 강조하셨다. 이를 위해 더욱 민주주의와 시장경제의 두 축이 꽃을 피워 통일이 된다면 금상첨화지만 그렇게 안 된다고 할지라도 더욱 힘을 길러 함부로 무시할 수가 없는 그러한 나라가 되어야 하지 않겠나 라는 생각이 든다.

얼마 전 일본에 있는 한인상가 앞을 일본인들이 시위하여 철시하는 상가들이 는다고 하는데 정말로 정치지도자들이 미래를 예견하고 역사를 의식하며 오늘을 바라보기를 간구해 본다.

크라스 야르를 다녀와서

용기란 많은 반사면을 가진 다이아몬드라고 존F. 케네디는 그의 책 『용기 있는 사람들』 서문에서 말했다. 때론 거룩하고 때론 자기를 포기해야 하는 고통이 따르는 선교활동도 희생이 전제되는 용기란 생각이 든다.

지난 7월 16일 새벽, 우리 일행은 밀알학교에서 모여 연해주 크라스 야르를 향했다. 블라디보스톡 공항에 도착하여 짐을 가지고 나오는데(짐은 개인 짐과 공용 짐으로 나누어 가지고 나옴) 공항 근무 직원이 부른다. 23명중 5명의 짐이 문제가 있어 풀어보라고 하면서 직원의 목소리가 커지며 분위기가 점점 험악해졌다. 장사꾼으로 여기는 분위기였다. 방역 연무기 외 개인 짐 및 공용 짐 5개를 맡은 나도 방역 연무기 짐을 뜯어보라고 해 뜯었다.

'하나님 큰일 났습니다! 도와주세요.' 마음속으로 기도를 하면서 박영환 집사님과 교회 권사님들에게 카톡으로 기도 부탁을 했다. 이때 김영진 선교사님이 들어오셨다. 그는 유창한 러시아어로 우리가 러시아 시골마을에 의료봉사 가는 걸 설명하고 그곳에서 받은 요청 자료를 보여줬다. 날인이 없다면서 계속 붙들고 있었다. 유창한 러시아어로 선교사님이 거듭 설명을 하니 "이번 한번만 봐준다"고 하면서 우리 일행을 통과시켜 주었다.

"아멘, 할렐루야!"

우리는 저절로 감사기도가 흘러나왔다. 공항검색에서 걸려 약 등을 못 가져간다고 할 때 이번 의료봉사는 끝났구나 하는 생각도 들었지만 주님의 도우심에 감사가 안 나올 수 없었다. 선교사님도 꼭 공항에 올 일이 없었는데 왔다고 하신다. 화살기도의 응답으로 생각한다. 순간순간 우리의 기도를 듣고 역사하시는 주님의 임재를 느낄 수 있었다.

우리는 블라디보스톡에 도착하여 우스리스크 숙소로 가서(4시간 이동) 하루를 숙박하고 6시간 버스를 타고 비킨(야제르스키)으로 이동했다. 이곳에서부터는 크라스 야르 주민이 가지고 나온 짐차와 봉고 등 3대(짐차 1대, 봉고 2대)에 공용 짐 등을 나누어 싣고 비포장길로 또다시 6시간을 이동했다.

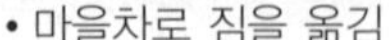
• 마을차로 짐을 옮김

• 짐을 다 실음

목적지에 도착하는 도중에 자동차 타이어가 펑크가 나서 갈아 끼운 후 인구 700여명이 거주하는 시베리아 오지 시골마을 크라스 야르란 곳에 꼬박 16시간을 걸려서 도착했다. 식사는 선교사님 사모님이 준비하신 주먹밥으로 이동하면서 먹었다.

이 지역에는 시베리아 호랑이가 나온다고도 한다. 비포장길이라 움푹 패이고 덜컹거리는 길을 힘겹게 지나왔다.

'주님, 주님만을 사랑하는 마음과 순종하는 마음으로 선교와 봉사를 위해 정말 시베리아 오지인 이곳에 왔습니다. 불기둥, 구름기둥으로 인도하여 주십시오.' 마음속으로 계속 기도를 하면서…….

도착 시간은 저녁 무렵이었다. 수풀이 우거져 있어서 모기 등 벌레들이 많아 가자마자 야외 건물주변, 화장실 주변을 중심으로 방역소독을 하였다. 나중에 보니 벌레들이 전부 하얗게 죽어있었다.

그렇게 도착하여 감사예배를 드리고 다음날 진료소로 갔다. 나는 의학을 전공하지 않았기에(현재 토목직 서기관으로 서울시청에

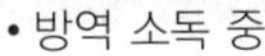

• 방역 소독 중

• 숙소

근무) 의술은 펼 수 없으니 방역소독과 사진을 찍어 나누어 주는 사역을 주 임무로 분장이 주어졌다. 사진을 찍어 주면서 러시아 언어로 전도를 했다.

처음 우리 일행은 23명이었는데, 현지에서 통역 등의 인원이 합류하여 32명으로 의료사역 인원이 늘었다. 사역부문은 병리검사, 치과, 내과, 안과, 심전도, 물리치료, 초음파, 약국 등이다. 진료소 건물이 샤머니즘이 풍기는 건물로 지어져 있었고 그 내부도 몇 년째 수리가 안 되어있다. 우리는 진료소 안에서 치과, 안과 등 접수를 시작으로 진료를 봐주었다.

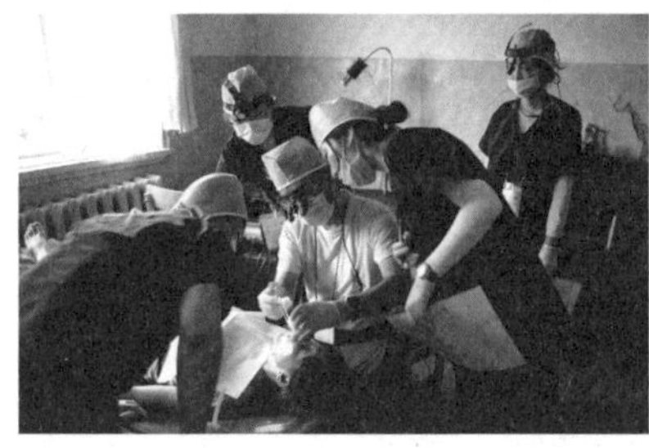

3일 동안 우리 일행이 치료한 결과는 원주민들에게 치과진료 106명, 내과 139명, 안과 209명, 병리검사 153명, 초음파 162명, 심전도 152명, 물리치료 109명, 약국 125명 등으로 총 진료건수가 1,155건이다. 일일진료로는 385건이다. 마을 주민이 700명이라면 3일 동안 두명 중에 한사람이 매일 다녀가신 걸로 볼 수 있다고 어떻게 보면 마을 주민 전부 다 진료를 받은 것으로 보여진다.

의료봉사 사역 이외에 장로님이 전도지를 나누어주시고, 목사님은 안경을 나누어 주셨다. 복 루빗밧스(하나님은 당신을 사랑합니다), 복 뽀머시(하나님은 당신을 도우십니다) 등 의료선교 매뉴얼 책자 맨 뒷면의 러시아 글자를 읽게 하고 보여주면서 자연스레 전도를 했다. 그러면서 기념사진을 찍고…

예수님의 공생애 시절, 병든 자를 고치며 앉은뱅이를 일으키고 소경을 보게 하여주신 주님을 생각하며 정성껏 그들을 섬기었다.

'너희 중에 크고자 하는 자는 섬기는 자가 되고 으뜸이 되고자 하는 자는 종이 되라.' 는 말씀처럼

"저희가 하는 일이 아니더라고요."라고 말씀한 어느 자매님의 간증처럼 여러 모양의 많은 사역들이 이루어졌다. 그 귀한 사역 중에서도 뽀뜨로 집을 방문한 것은 잊을 수가 없다. 그러니까 촌장의 누님 아들이 21세에 발병(뇌에 감염의심)되어 36세가 된 이날까지 집에 누워만 있으니 와서 보아달라는 전갈을 받고 우리 일행은 목사님과 내과, 물리치료 선생님과 같이 갔다. 오랫동안 아픈 사람이 집에 있다고는 의심이 안 될 정도로 집이

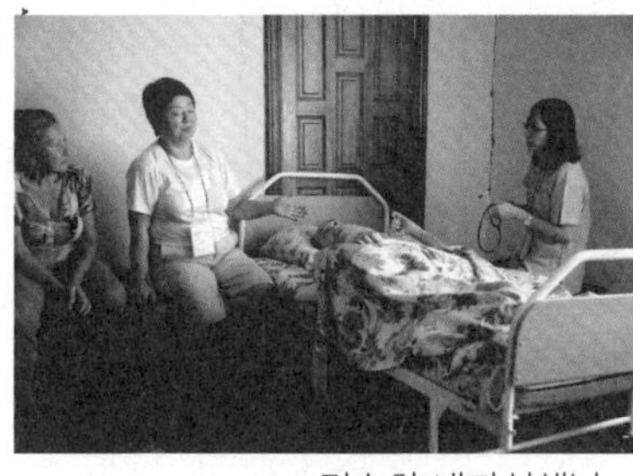
• 김수희 내과선생님

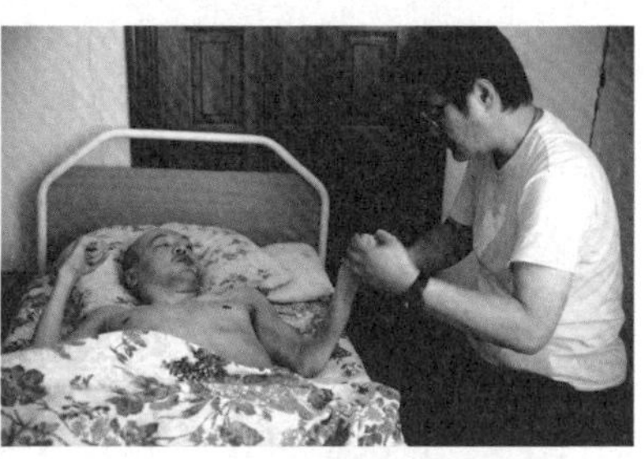
• 조현배 물리치료선생님

깨끗하게 정리 정돈되어 있다.

진정성 있는 내과 선생님의 진료와 우리가 없더라도 물리치료를 이렇게 하라는 물리치료 선생님의 지도와 목사님의 간절한 기도에 환자의 눈빛이 달라 보였고 주님이 살아 역사하심을 느낄 수 있었다. 그 환자의 기골은 장대해 보였고 눈동자는 참 맑아 보였다만 원치 않는 병으로 저렇게 누워있으니…

우린 환자의 기적적인 역사가 일어나기를 간절히 기도했다. 이 부분 이 글을 읽으시는 모든 분들이 계속 기도해 주시길 간구한다. 절망적인 상황 속에서도 낙심하지 않고 평안하게 늘 함께하기를 간구했다. 우리는 빈손으로 왔다 빈손으로 가지만 성령님의 도우심이 함께 하기를 기도했다.

미니 운동회와 마을 잔치를 여는 날이다. 오전에 의료장비 등 진료소에서 짐들을 정리하고 오후에 학교로 갔다.

러시아 초등학교 운동회를 난생 처음 경험했다. 치과 간호선생님들이 주축이 되어 학교 강당에서 운동회를 열었다. 코끼리 코 돌기, 과자 따먹기, 딱지치기, 방석 말타기, 투호(화살을 던져 통에 3개 넣음), 제기차기, 계주, 닭싸움, 수건돌리기, 꼬리잡기, 오재미, 숫자생존게임 등 동네아이들과 선생님이 하나가 되었다.

만국기를 강당에 걸고 소품들을 여기까지 가져와 기쁨을 나누는 선생님들을 보니 마치 130년 전 미전도 민족이었던 조선을 품고, 이 땅을 밟은 수많은 선교사님들처럼 우리가 러시아

• 밀가루에 묻힌 과자 먹는 아이

• 운동회 후 기념사진

오지에서 그 사역을 담당하고 있다는 생각을 해 보았다.

운동회를 끝내고 마을잔치를 하는 시간이다. 프랭카드를 걸고 전기를 연결하고 노래연습 등 정신없이 바쁘게 준비하는데 하늘에 먹구름이 일더니 갑자기 큰 소낙비가 쏟아졌다. 순간 마지막 행사인 마을잔치는 못하는 것 아닌가 하는 마음이 들었다. 곽종훈 장로님께서 공연장 옆 오두막으로 가셔서 간절히 기도하셨고, 우리 모두도 함께 기도했다. 하나님, 마지막 행사인 마을잔치를 할 수 있도록 해주십시오. 하나님께서 우리의 기도는 꼭 들어주실 것 같은 느낌이 들었다. 우리의 간절한 기도는 계속 되었다.

'순범이는 마술을 준비했고 치과 선생님들은 컵 스킷 등을 준비했고 우리 모두 러시아어로 합창을 준비했는데 비가 와서 못한다면, 주민들이 모이지 않았다면 이 또한 하나님의 영광이 드러나지 않습니다. 무엇보다 감옥에서 주를 영접하고 이 잔치를 위해 아침부터 풀을 제초기로 깍은 저 바실리란 러시아인의 정성을 봐서라도 비를 멈추게 해주십시오. 제발 공연시간 만이

라도 비가 오지 않도록 해주십시오.'

그러기를 한참 후 하늘이 기적같이 맑아지는 것 아닌가. 사람들이 모여 들었다. 어린아이들도 모였다. 하나님이 우리의 기도를 들어 주셨다. 마을 잔치 내내 간간이 이슬비가 내렸지만 성령의 단비라 여겼다. 마을의 큰 개들까지도 잔치에 참여해 자리를 지켜주었다. 어찌 이 모든 것을 하나님께 감사와 영광을 돌리지 않을 수 있겠는가?

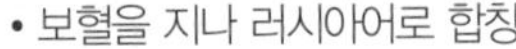
• 보혈을 지나 러시아어로 합창

• 치과선생님들의 컵 스킷

저녁에 이홍규 선교사님의 기도제목을 받고 축복기도를 했다. 마무리 직전 장로님과 정연희 권사님이 선교사님과 사모님의 발을 씻어드리는 순서가 있었다. 의료선교 봉사에의 참여가 처음인 나로서는 장로님 내외분이 선교사님의 발을 씻어드리는걸 보고 짜르르 감동이 온다. 사모님이 엄청 우신다. 우리는 축복송을 불러 드리고 원을 그리며 선교사님 내외분이 가운데 앉게 하고 안수하며 기도드렸다. 특히 이홍규 선교사님 아들 종택이의 길을 열어주시고 그 삶을 책임져 주시라고….

선교사님의 기도부탁은 원주민들 중 쉬르코, 나줴즈다의 오빠 발료자, 촌장, 뽀뜨르, 뽀뜨르엄마 나줴즈다알섹세이브, 그리고 집안이 다 샤먼 가정이지만 자신은 크리스챤이라고 소개한 나줴즈다, 스베따, 숙소아주머니, 아내가 언청이지만 교회가 있다면 다니겠다고 한 박물관 직원 세르게이, 갈리나, 어머니 쪽이 고려인인 운전수 샤샤(이분은 돌아올 때 선교사님의 차의 라지에터 파손 시 결정적인 도움을 줌) 등등 마을에 복음이 심어져 싹이 날

• 블라디보스톡 공항도착

• 진료를 끝내고

수 있도록….

이제 이 글을 맺으려고 한다. 2차대전 당시 독일 전차군단의 명장 사막의 여우 애드윈 롬멜장군을 굴복시킨 영국의 독실한 크리스챤인 엘 알과메인 몽고메리 장군이 쓴 『지도자의 길』 이란 저서 서문을 보면 어떻게 사는 것이 잘 사는 것인가를 자문하는 글의 말미에 '인생이란 신앙의 인생이며 그러하지 아니하면 안 된다는 것' 이라고 읽은 적이 있다. 그렇다. 인생이란

내세에 대한 소망을 가지고 현세를 열심히 산다는 것.

이번 의료선교 봉사활동을 같이 한 우리 모두는 육신은 피곤하고 힘들었지만 봉사와 선교를 통한 기쁨은 천국에 상급을 쌓았다는 희열과 함께 모든 영광을 주께 돌린다. 이번 의료선교에 있어 총 진료건수 1,155건 외 돋보기 증정 120개, 사진촬영 242건, 아웃리치 362건 등 총 사역건수는 1,517건이었다.

같이 간 형, 아내 그리고 인도해 주신 목사님에게도 감사를 드린다. 개인적으로 승진에서 누락되고 원하는 곳으로 발령도 나지 않았지만 그랬길래 편한 마음으로 일정을 같이 할 수 있도록 허락하신 하나님께 진심으로 감사드린다. 할렐루야.

마음 관리와 인간관계

사람은 사회적 동물이다. 사회를 살다보면 사람과의 관계에 있어 마음이 상처를 많이 받는다. 눈에 보이는 상처는 싸매고 치료하면 되지만 눈에 보이지 않는 상처는 나았는지 안 나았는지 알 수도 없다.

마음의 상처를 여러 경우로 받는다. 그래서 마음 관리와 인간관계 외에 관련해서 소고해 보고자 한다.

마음관리는 스트레스 관리이다. 마음이 평안하고 상처를 받지 않으려면 어떻게 해야 할까? 3가지에 유념하면 한다.

첫째, 포기할 것은 포기한다.

예를 들어 돈을 빌려주고 받지 못한 일이 생겼을 때 받을 것만 생각하면 잠을 못 이룬다. 입술이 마르고 머리칼이 서는 것 같고 이때 그 돈을 받지 말자고 포기하는 것이다. 그 분이 그 돈 가지고 잘 먹고 잘 살으라고 축복해 주는 마음을 가지면 더욱 좋다. 그리고 난 다음 마음을 관찰해보자. 상당히 편안할 것이다. 포기하지 않고 지내는 것보다 포기하고 나면 마음이 가벼워질 것이고 마음이 가벼우면 엔돌핀이 돌고 건강해지고 생기가 돌 것이다.

둘째, 용서하는 것이다.

경쟁관계든 상하 · 동료 등 일이 생기어 시기나 질투심이 유발되는 경우 상대방을 용서하는 것이다. 그것이 크든 작든 그렇게 하였을 때 내 마음이 편안하다. 용서할 수 없는 일이라 할지라도 성경을 보면 예수님은 저들을 용서하라고 하지 않았는가. '주여 저들을 용서하여 주옵소서' 라고 하였듯이 나도 그리하면 내 마음이 편하다.

셋째, 열등감을 버리고 자존감을 세우는 것이다.

열등감이 사람을 병들게 한다. 주변 친구보다 못하다는 생각이 나를 병들게 하는 말이다. 심리적 현실과 객관적 현실이 엄연히 다른데 객관적 현실은 무시하고 사회적 현실에 파묻히면 열등감에 사로잡힌다. 삶이 엉클어지기 일쑤이다. 현실적 자기와 이상적 자기도 같은 말이다. 자존감은 자신에 대한 좋은 추억이다. 좋은 기억은 본인에게 큰 영향소가 된다.

이상은 마음관리에 관한 요소들이다. 다음은 사람들과의 관계를 좋게 하기 위해서는 어찌할까에 관해 생각해 보고자 한다.

첫째는 상대방의 말을 경청한다. 둘째는 논쟁을 피한다. 셋째는 상대방을 칭찬하기이다.

우선 상대방의 말을 잘 들어 주어야 한다. 입이 하나이고 귀가 두개인 것은 듣기를 두 배로 하라는 것처럼 말이다.

서울시청 입구 서울광장 앞에도 큰 귀가 하나 만들어진 조형물이 있다. 들으라는 것이다. 듣고 난 다음 원하는 것들이 있을 것이니 그대로 판단하면 큰 무리는 없다.

두 번째로 논쟁을 피하라는 것이다. 사안을 놓고 많은 격론들을 하였다면 그 자체로 마음의 상처를 받기 쉽다. 마음이 상처를 받지 않으려면 논쟁을 피하는 것이 좋다. 옛날에 정치이야기와 종교이야기는 끝이 없다 하지만, 논쟁을 하면서 서로 자기 주장만 하다보면 서로 간에 상처를 받기 쉬운 것이다. 그러다 보면 안 보게 된다. 그것이 차라리 편하니까….

논쟁을 피해 상대방의 감정을 상하게 하지 않고 자신의 의사를 전달하는 기술을 익히는 것이 중요하다.

다음으로 칭찬하라는 것이다. 칭찬은 고래도 춤추게 한다 하지 않은가. 적당히 들으며 상대방을 추켜 세워주면 립서비스가 아니라, 그 사람이 내 사람이 된다고 한다.

칭찬을 실행해보자. 만나는 사람마다 얼굴이 펴질것이고 마음이 평안해질 것이며 그것이 잘 사는 길이라고 생각한다.

정종주 원우를 떠나 보내며…

며칠 전 한 통의 카톡문자를 받았다.

정종주 원우(한양대 공학대학원 동기)의 부인으로 부터다.

“이제는 얘기 할렵니다. 남편이 암투병중입니다. 췌장암 말기에 전이가 다 되었습니다. 하나님께서 치유하시고 회복하실 거라고 남편이나 저나 믿고 확신하고 간절히 기도하며 여기까지 왔지만 하나님의 뜻이라면 우리 애들이랑 함께 받아 들이기로 했습니다. 일본 여행을 갔다 온 후로 급성으로 왔습니다. 얼마 남지 않았습니다. 원우회에서 남편이랑 저랑 많은 사랑을 받았습니다.”

지난 6월 6일 토요일 오후 3시 49분에 부인으로부터 받은 카톡문자이다.

췌장말기라고… 우째 이런 일이…

살아오면서 췌장으로 돌아가신 분들이 많이 생각난다.

강민수 소장님, 최수영 소장님, 임종범 사장사모님, 곽윤형 사장님, 외국에서는 애플사의 스티브 잡스 등….

나는 문자를 받고 정종주 원우 부인에게 전화를 하였으나 통화가 되지 않았다.

정종주 원우와의 인연은 1994년으로 거슬러 올라간다. 당시 시청 재개발과에 근무하던 나는 직장을 다니며 좀 더 공부를 하여야겠다 싶어 대학원을 어디로 갈까 고민하다 시청에서 가장 가까운 한양대 공학대학원에 들어갔다. 면접시험을 보는데 면접위원이시던 정형식교수님의 말씀이 자네는 행정학 학사를 하였는데 토목학 석사가 왜 될려는가라고 질문 하시길래 토목직으로 서울시에 근무하고있다 라고 하였더니 그러냐고 하시면서 공부할 수 있는 길을 열어 주었다.

나는 부산공업전문대을 졸업하고 공무원 시험에 응시하여 서울시에 들어왔지만 공무원을 계속하려면 일반행정을 좀 배워야 되겠다 싶어 '83년 방송대 행정학과 편입을하였고 86년에 졸업을 하였다가 대학원에 입학하였으며 졸업한지도 20년이 넘었다.

당시에 15명이 입학을 하였는데 중간 탈락 없이 모두 다 졸업을 하였다. 그 중 정종주 원우와 나는 토질공학을 전공하였기에 좀 더 서로 간의 사이가 각별하였다.

지나간 기억들이 솔솔하게 생각난다.

졸업여행으로 어디를 갈까 원우들끼리 모여서 상의하다 홍도로 가기로 결정하고 서울서 목포로 가서 목포에서 배를 타고 홍도로 들어가 지낸 기억이 난다.

홍도는 섬주변의 돌들이 모두 홍색이라 홍도라고 한다.

물이 맑아 물속에 고기들이 노는게 눈에 선명하게 보였다. 김성우 원우는 낚시를 잘하였다.

그런 세월들이 지나간 것이 어제 같건만 원우 부인으로부터 청천벽력 같은 문자를 받고 보니 뭐라고 해야 하나 망설여졌다. 나는 아래와 같이 글을 썼다.

"아… 그래요. 마음이 몹시 아픕니다. 말로 다 표현할 수가 없군요. 만우절날 들었으면 합니다. 거짓말이었다고… 그러나 현실이라면 낙심 마시고 부활의 소망을 가지시길 희망합니다. 가족 모두에게 주님이 주시는 위로가 함께 하시길 기도합니다." 하고 안타까운 마음을 전했다.

카톡방의 원우들과 부인들이 아픈 마음들을 담아 올린 글들을 옮겨본다.

신상철 원우: "이럴 수가… 말문이 막힙니다. 하나님의 사람인데… 기도합니다."

내 아내: "아… 일본 여행 때 즐겁게 웃으시던 모습이 선한데 믿어지지 않습니다. 전능하신 하나님께서 꼭 치료해 주시길 간절히 기도합니다."

박구준 원우 부인: "어떡해요? 선한 웃음, 큰소리 한번 없으시던 분이… 사실인가요? 어디 병원에 계신가요?"

이택희 원우 부인: "에이~ 농담이시죠? 전 믿을 수 없습니다."

고재철 원우 부인: "마음이 막막합니다. 믿을 수가 없네요."

김억수 원우 부인: "말문이 막힙니다. 무슨 말을 해야 할지… 기적이라도 일어났으면 합니다."

라고 글들을 올렸다.

우린 지난 3월 말에 일본 고송지역을 부부동반으로 함께 여행을 갔다 왔다. 그때 서로 간의 연락을 위해서 만든 카톡방에 올려진 원우와 부인들이 슬픈 소식을 접하고 한마디씩 아픈 마음을 표출한 글들이다.

왜 췌장암에 걸리면 오래 못 사는가?

우리 몸속에 췌장이 어디에 있고 무슨 내용인가?

나는 네이버에 들어가서 검색창을 열어 검색을 해 보았다.

췌장암이란?

췌장에 생긴 암세포로 이루어진 종괴(종양덩어리)를 말한다고 한다. 발견이 어려우며 증상으로 3가지가 나타난다고 하는데 복통과 체중감소, 황달증상으로 이유 없이 지속될 때 의심해 보는 게 좋고 병원에 가서 정밀검진을 받으라고 한다. 발병이 된 걸 알게 될 땐 오래 못 산다고… 온몸에 전이가 되어 그때는 늦었다고……

우리 대학원 원우들은 부부동반으로 자주 모임을 가졌다.

기억에 남는 것은 10여년 전 캐나다를 부부동반으로 함께 다녀온 기억이 난다. 정종주 원우 내외, 신상철 원우 내외, 이

택희 원우 내외, 우리 내외, 박구준 원우 내외, 등과 함께 정말 좋은 시간을 같이 보냈다.

캐나다 캘거리의 밴프 국립공원에서, 은색의 로키산맥과 빙원을 보면서… 특히 빙원에 들렀을 때 겨울파카 옷을 사서 입던 원우의 모습이 눈에 선하다.

밴프 국립공원은 캐나다에서 가장 오래된 국립공원으로 1885년에 설립된 것으로 자연그대로였다. 곰들이 길 위를 걸어 다니고, 순록들이 뛰어 다녔다.

그 외에도 원우와 나는 틈틈이 연락을 주고 받으면서 살아왔다만 창졸간에 갑자기 중병에 걸리다니 말이 나오질 않고 마음이 엄청나게 허전했다.

정종주 원우 부인의 "이제는 얘기 할렵니다" 하는 것으로 보아 상태가 아주 안 좋은 것은 사실인 것 같다.

어느 요양원으로 갔는지 알 수 없던 차에 다음날 아침,

"서울대 병원에 있습니다. 경기도 수원에 있는 한빛 요양원으로 온 지 3일 되었습니다." 라는 카톡 문자를 받았다.

그리고 "이번 주를 못 넘길 것 같습니다" 라고 한다.

참 살다 살다 이렇게 허망한 경우를 보다니… 주일 오전 9시 15분에 받은 문자이다.

총무로부터 이번 주 넘기기 어렵다고 가능하면 빨리 문병 등 방문을 했으면 한다고 문자가 왔다. 10시 27분에 받았다.

멀리 춘천 안전보건공단에 근무하는 고재철 원우가 총무께서 저녁 시간으로 날을 잡고 시간 안 되는 분들은 개별로 인사

가시도록 하자고 연락이 왔다.

얼마 후 다시 총무로부터 오늘 오후 4시 경에 방문할 예정이니 같이 가실 분은 연락을 달라며 전화가 왔다.

나는 일단 면회가 되는지 먼저 알아보라고 했다. 왜냐하면 요양원으로 옮겼다는 문자를 받고 빠른 쾌유를 비는 마음으로 원우가 기거할 요양원 요양실에 동양난이라도 하나 있으면 좋겠다 싶어 요양원 주소로 쾌유를 비는 동양난을 보냈는데 잘 도착은 했는데, 정문에서만 접수하고 병실에는 못 들어갔다는 연락을 받았기에 그 사전에 알아보라고 하였다. 또 요즘 메르스(중동호흡기증후군)가 유행하기에 어떨지도 싶었다.

이때가 오후 2시 11분이였다.

그리고 2시 53분에 "정 사장님, 면회가 안된다고 합니다." 그리고 곧이어 오후 3시 9분에 청천벽력 같은 문자를 받았다.

"갈 수 없겠네요, 2시 40분에 운명했다네요. 명복을 빕니다" 란 총무 나종호 원우의 문자를 받았다.

아-뿔-사!

정종주 원우가 운명했다니… 이 세상을 떠나다니…

2달 전에 일본을 부부 동반으로 같이 갔다왔는데… 인생무상… 인생무상… 돌아오지 않는 산을 넘어 친구가 저 멀리 갔구나. 아-뿔-사

아래는 카톡방의 원우와 원우 부인들이 비보를 접하고 남긴 문자이기에 옮겨본다.

고재철 원우: “허~~ 참으로 허무한 것이 인생이네요. 편한 마음으로 가셨기를 바랄뿐이네요…”

박구준 원우: “세상에 이런 일이 일어날 줄이야? 오호 통재라! 멍해져서 어찌 해야하나? 살려내야 할 텐데… 믿어지지 않는데…”

김성우 원우: “너무 허망하게 가십니까 ㅠㅠ 저 세상에서 아프지 마시고 편하게 사소서~~ ”

김진섭 원우: “고인의 명복을 빕니다.”

김억수 원우: “너무 황당하고 당황스럽기 그지 없습니다. 오늘도 시간되는 사람은 조문하고 내일은 밤샘조를 편성해야 되지 않겠습니까?”

이택희 원우 부인: “너무 슬픕니다. 좋은 곳으로 가시도록 기도하겠습니다.”

카톡방에 올려진 원우와 부인들의 애절함이 배어 있는 한 마디들이다.

정종주 원우는 그 삶이 본이 되었고 형설지공으로 공학박사까지 한 동료를 떠나 보내려니 필설로 다 할 수 없는 아픔이 인다.

죽음이란 인생에 있어서 무엇일까?

우린 쉽게 이야기 한다만 그 강을 건너면 영원히 보려고 해도 볼 수 없고 만나려 해도 만날 수 없는 것 아닌가. 그 어려운 공학박사 학위를 받고 기뻐하시던 모습이 눈에 선하다.

지난 연초에 귀여운 따님이 서울대 치의대 대학원에 입학하여 좋아하면서 우리에게 식사를 대접하였는데 이러한 살아왔던 과정들이 주마등처럼 눈앞을 스쳐갔다.

부디 좋은 곳에 가소서…

아니 좋은 곳에 가신 줄을 믿는다만

이생에서의 이별의 아픔은 무엇으로 대변할까?

언젠가는 누구라도 한번은 죽지만 창졸간에 이런 류의 이별은 삶을 살아가면서 감당하기가 참 어렵다.

병원에 모여 문상을 하고 나오면서 우리들은 더 열심히 인생을 살자고 다짐을 해본다.

나중에 정종주 원우 부인에게 물으니 요양원에서 돌아가시기 전에 난이 도착하여 감사하다고 했다.

좀 더 일찍 알았더라면 진작 보내드릴건데…

일부 원우가 발인예배 등에 참여 후 카톡으로 문자를 올렸다.

김진섭 원우: "오늘 아침 정종주 원우께 먼 길을 잘 가시라고 진한 이별을 하고 왔습니다. 영정사진 속의 환한 미소 속에서 지나간 추억들이 바람 스치듯 지나갔습니다. 이별의 말을 한 마디도 못 하고 먼저 가서 미안하다고 말하는 듯 했습니다. 먼저 간 친구를 생각하며 남아 있는 원우님들, 좀 더 즐겁게 살아봅시다."

박구준 원우: "이젠 걱정도 접어두고 편한 세상, 편한 마음으로 지내시구려! 정종주 착한 원우여!"

김진섭 원우: “성우씨, 안부편지 한 장 써 주세요. 내가 부쳐 드릴게.”

김성우 원우: “좋은 곳으로 가실겁니다. 그동안 많은 사랑 감사했습니다. 혹시 저 세상에서 저의 집사람 만나면 잘 지내고 있다고 전해주세요. 사랑합니다.”

기관장 발령을 받으며

서구의 철인 하이데커의 표현을 빌리자면 '사람은 던져진 생을 산다' 고 합니다.

개인적으로 함안군청은 저의 첫 공직의 발령을 받은 곳입니다. 당시 임용장을 받을 때 군수님의 훈시 말씀 중에 '산 정상에 빗물이 떨어졌는데 어디로 흐르느냐에 따라서 나중에는 엄청난 차이가 있다' 는 말씀을 들은 생각이 나네요.

'80년 대학을 졸업하고 공직에 뜻을 두고 시험공부를 하여 서울(토목9급), 부산(토목9급), 경남(건축7급)에 공채로 응시하여 시험을 본 것이 어젯일 같습니다. 다행히 3곳 다 합격하였고 경남 함안군청에 제일 먼저 발령을 받았습니다. 그때가 '81. 10월로 기억되는군요.

경상남도 시행 시험은 토목은 없고 건축만 있어 별도로 건축구조학과 건축시공학의 책을 구입하여 시험공부를 하였는데 합격이 되어 다행이였습니다. 저의 집은 함안 읍내이고 읍내 집에서 버스를 타고 다녔습니다.

새마을과 개발계에 발령을 받은 나는 당시 박종문 계장님과 정환철 과장님을 모셨지요. 업무는 새마을 사업을 한 군내 마을 단위로 지붕개량을 한 집들을 방문하여 융자금을 받는 일이었고, 법수면 보건소 신축감독의 명을 받아 근무하던 중 서울시 발령통보를 받고 상경을 하였습니다.

얼마 전 군수님의 초청으로 재경 함공회에서 함안을 방문하였을 때, 정환철 과장님의 아드님이 군청에 근무하는 것을 알고 만나서 얼마나 반가웠는지 모릅니다.

'82년 2월 상경 이후 부모님이 계신 읍내에 한 달에 한 번 정도는 꼭꼭 내려간 것 같습니다.

부모님은 농사를 지으며 같이 살기를 희망하셨지만 저 개인적으로는 고민을 많이 하였습니다. 농사를 지으며 고향에서 살 것이냐, 서울에 상경하여 살 것이냐를 생각 중에 당시 서울시장님이신 박영수 시장님이 독일 바덴바덴에서 올림픽을 88년 서울에서 개최한다는 신문보도를 접하고는 상경하기로 결심하였는데 고민은 좀 많이 하였습니다.

서울로 오려할 때 아버님이 저를 부르시더니 보증은 절대로

서지를 말라고 당부하시던 말씀이 기억납니다만 그 말씀을 듣고 당시에는 보증이 무엇인지도 몰랐지만 저는 보증요청을 받았을 때 서지를 않았습니다.

이후 서울시청 재개발과에 근무할 때 행정 소송건으로 법원에 들렀다 시간이 있어 민사법정에 들어가 보았더니 보증을 잘못서서 어려움을 겪는 분들을 보고 '아, 이래서 아버님이 보증은 금하라' 하셨구나 하는 생각이 들었습니다.

거의 매달 내려가서 농사 일을 도와드렸습니다.

밭에서 풀도 뽑고 깨도 심고, 논에서는 약도 치고 하다보니 서울에는 항상 밤늦게 도착이 되었지요.

그래도 지금 생각하면 그 당시가 즐거웠습니다.

연로하신 아버지와 사시는 어머님은 몸은 하나이나 일은 여러 가지를 하셨습니다.

조그만 구멍가게와 담배가게 운영, 논농사, 밭농사, 소키우는 일과 가정살림 등 1인 5역을 하셨습니다. 어머니는 그 당시 어른들이 다 그러셨듯 열심히, 다시 말해 소처럼 많은 일을 하셨습니다.

일이란 무엇입니까?

성경에 보면 "일하기 싫거든 먹지도 말라"는 말씀도 있지만 험한 일들을 힘들다 아니하시고 하시는 모습들을 보면서 즐거운 마음으로 하였을까, 해야되기 때문에 하였을까 하고 자문해

봅니다.

해내야 하기 때문에 즐거운 마음으로 하시지 않았나 생각합니다.

얼마 전 국제시장이란 영화를 보면서 영화 속의 황정민 주연배우처럼 그 시대가 그러하였기에 그렇게 열심히 사시고 일을 하시지 않았을까요?

저의 집 거실에는 아버님과 어머님의 사진을 걸어놓고 있습니다. 수시로 보면서 힘이 들면 자신을 타일러봅니다.

그동안 참 발령을 많이 받은 것 같습니다.

시청, 구청, 사업소 등등…

종이 한 장에 함께 근무하던 동료들을 멀리 하고 새로운 곳으로 가서 업무를 배우고 감당하면서 지나온 날들을 돌아보니 여러 면에서 삶의 애환들이 많이도 배어 있습니다만 기회가 되면 지면을 빌어 지나온 나날들을 글로 표현하여 후배들과 공감을 해보고 싶은 생각이 듭니다.

올 연초에는 서울시청 도시안전본부 서부도로사업소장으로 발령을 받으면서 처음으로 조그만 단위기관이지만 기관장으로서의 책임이 크게 느껴집니다. 원칙과 기준, 합리와 투명한 업무처리로, 그리고 무엇보다 낮은 자세로 주어진 소임을 성실하게 수행하여 나가도록 해야겠다고 다짐하여 봅니다.

그리고 이제 내년 6월이면 공로연수에 들어갑니다.

벌써라기보다 어느 덧 33년이 되었네요.

남은 공직생활을 어떻게 하는 것이 잘 하는 것인지 모르겠지만 그저 주어진 위치에서 이름도 없이, 빛도 없이 함안인으로서의 자긍심을 가지고 감당하고 싶습니다.

어릴 때 나무를 하려고 여항산을 여러 번 갔었고 리어카를 끌고 여항못을 돌면서 살아온 곳이기에 퇴직하면 자주 고향을 가고 싶은 것은 나무도 낙엽이 되어 떨어질 때면 그 아래로 떨어지듯이 나이를 먹고 세월이 흐르면 고향을 그리는 것이 인지상정이 아닌가하고 생각해 봅니다.

"무제 필사본"

이은성 작가가 쓴 소설 〈동의보감〉 중권 '밀양 천황산' 편을 보면 의술을 펴며 살아가는 유의태가 제자 허준에게 "내 가슴을 만져 보아라, 특히 명치 부위를" 하며, 자기 손으로 옷자락을 파헤치는 대목이 나온다.

그리고 "망설일 필요 없다. 다시 말하거니와 장차에 대비하여 흔치 않은 경험이 될 것이다." 라고 하였다.

중병(위암)에 걸린 유의태는 사랑하는 제자 허준을 위해서 자기 몸을 진찰해 보게 하고 천황산 북쪽 골짜기 속칭 얼음골에 들어가 제자 허준을 오라고 해놓고 중생을 위한 인술을 펼치라고 자진하면서 머리맡에 부술에 사용할 각종 의료기구들을 챙겨 놓고 장부도와 12경락과 침혈과 신체도 외에 팔뚝만한 황초까지 준비해 놓았다고 책에는 쓰여 있다.

유의태는 그렇게 제자 허준을 향해 자신의 주검을 부검해 보라 말하고 이생을 마감했다.

나에게도 이런 스승님이 계신다고 자문해 본다.

그러니까 1981년도 시골에서 살아가던 시절 우리 집에서 50m정도 떨어진 곳에 '의령집 할아버지' 라고 불리던 할아버지가 계셨는데, 그 인자함이 말로 다할 수 없을 정도로 자애로우신 분이셨다. 동네의 궂은 일도 맡아하시고 절의 종무도 도와주시기도 하였는데 그 분의 권유로 붓글씨에 관심을 가지게 되어 저녁마다 할아버지 댁에 가서 "길 영(永) 자"에서부터 기초를 배우기 시작했다.

봄과 여름 그리고 이듬해 2월 종로구청에 발령받아 서울로 올라오는 그때까지 할아버지댁 대청마루에 앉아 붓글씨를 배웠다. 김삿갓(본명 김병연)의 시조도 배웠고, 운율과 글씨체도 배우다 서울로 왔다.

이듬 해 1983년 1월 시골에 갔다가 그 어르신을 뵈었다.

할아버지는 "무제"란 제목의 책 한권을 나에게 주셨다.

내용을 보니 한지에 한 자 한 자 정성스레 붓글씨로 써서 그것들을 책으로 매어놓은건데 그 필력과 깊이가 정말 대단하다고 느꼈다.

서울에서 공직생활을 하며 가끔씩 보고 배우라고 하시며 주신 '무제문집' 은 이렇게 해서 내손에 들어와 32년이 지난 후, 우연히 책장을 정리하다 그 문집의 글씨들을 발견하고 깜짝 놀랐다.

그리고 형언할 수 없는 감동과 감격이 북받쳤다. 그 동안 수학을 게을리 한 자신을 깊이 자책하면서 따라 써 보려니 기초가 부족하여 따라갈 수가 없다만, 그렇다 하더라도 매일 조금씩 따라 쓰다가 복사해서 필사본을 만들어 주변에 선물하는 것이 어떨까란 생각이 든 것은 내가 아무리 연습해도 스승님을 능가할 수 없기에 무제문집을 복사하여 만들어 주변에 드리는 것이 이 분(의령집 할아버지)을 위하는 것이 아닐까란 생각이 들었기 때문이었다.

우선 50부를 복사했다.

복사필본 뒤에 아래와 같이 글을 만들어 복사해서 붙였다.

"무제문집은 해산 김영배 선생이 쓰시어 1983년 1월 저에게 주신 것을 귀하게 보관해오다 ○○○님에게 드리게 됨을 진심으로 감사하게 생각합니다.

돌이켜 보면 1981년 10월 함안군청 7급 건축직으로 근무하다 1983년 6월 서울시 7급 토목직으로 강남구청에 발령받아 오늘에 이르기까지 받은 도움들이 너무 많았습니다.

함안군청에 근무할 때 저녁시간에 선생님 집에 가서 틈틈이 한학을 배우다 서울 상경 이후, 선생님께서는 한지에 쓰신 것을 엮어 보내주셨건만 학문에 더욱 전념치 못해 늘 송구한 마음으로 지내왔습니다.

필사본을 만들어 지인에게 드림을 천상에 계신 선생님께서도 기뻐하실 거라 생각해봅니다.

무제 백지본을 다 쓰시고 연락주시면 또 보내드리겠습니다.

2015.10
서울시 동부도로사업소장 강산 임대성 드림
(E-mail : limmj113@hanmail.net, HP : 010-5228-0905)

위와 같이 써서 무제필사본 맨 뒤에 붙였다. 그리고 똑같이 써 보시라고 무제백지본도 만들어 주변 지인들을 만나 인사드리면서 작은 선물로 드렸더니 좋아들 하신다.

〈대망〉이란 책을 읽었지만, 도꾸가와 이에야스가 일본 통일을 눈앞에 두고 하루에 "불(佛)" 자를 천 번도 더 썼다고 한다.

근본적으로 검소함과 근면함, 성실함은 끊임없는 마음의 수양에서 나온다고 한다.

무제문집의 필사본을 나누어 드리면서 추후에 스승님의 발자취를 찾아가 보고 싶다.

산소도 가보고 싶고 남기신 글들을 모아 주변에 나누어 드리고 싶다. 그것이 〈동의보감〉을 지은 의성 허준을 향한 유의태의 살신성인하는 모습을 따라 이 시대에 도리를 다하는 길이 아닐까 생각하여본다.

무후(無后), 정직(正直), 불(佛) 등이 스승님이 맨 뒤에 써 놓은 글이다.

영주 선비촌에서의 1박 2일

개나리가 봄을 제일 먼저 알린다고 하였지만 개나리를 비롯한 하얀 목련도 온 산야에 활짝 핀 것이 완연한 봄이 온 세상에 온 것 같다.

우연한 기회에 영주에 있는 선비촌내 고택에서 1박을 하고 소수서원에서 예절교육(절 하는 법, 옷고름 매는 법 등)을 받았다. 그 모든 것이 소중한 경험이 되기에 이것들을 글로 표현해 보자고 필을 들었다.

먼저 영주까지 가서 워크샵을 하게 된 동기는 '15년 9월에 도로함몰 발생시 되메움재 개발을 위해 동양대학교와 MOU(Memorandum of Understanding) 즉 양해각서를 체결할 때 남정환 동양대학교 산학협력단장이 선비촌에서 워크샵을 하기를 권면하시길래 기억하고 있다가 연초에 서울시 안전총괄본부장님에게 업무보고를 드릴 때 영주 선비촌에서 도로함몰 원인과 대책에 관해 워크샵을 하였으면 하고 보고를 드렸더니 승낙을 해주셔서 가게 되었다.

워크샵의 주내용은 석촌 지하차도 도로함몰 발생 이후 사회적 이슈가 되어있는 도로함몰의 원인과 대책에 관한 것으로 도로함몰의 주 원인은 여러 경우가 있지만 주로 대규모 공사로 인한 지하수 교란, 상하수도 노후관로 누수, 도로굴착공사 등에 의해 발생되고 있는데 이와 관련하여 서울시와 한국건설기술연구원과 동양대에서 별도 자료를 분석하여 발표하였으며 특히 동양대와는 관학 협력, 즉 MOU의 주요내용이 도로함몰 발생시 긴급복구에 대한 신속하고 효과적인 대책공법 마련을 위해 화력발전소 부산물(석탄재) 등을 활용한 친환경적인 경량 유동성 채움재 제조 및 시공기술 개발을 위해 공동 노력하자는 협약에 의거 CLSM(Controlled Low-Strength Material, 경량유동성채움재)에 관해 설명을 하는 시간을 갖는 것으로 계획하였다.

3월 초에 본부장님 방침을 득하고 본부 및 6개 사업소로 공문을 보내어 희망 직원을 선발하였는데 18명이 신청하여 같이 버스를 타고 갔다. 강사로는 서울시 도로관리과 최연우 사무관, 동양대 정혁상 교수, 한국건설기술연구원 김주영 박사, 도건이엔씨 이종범 대표께서 활동해 주셨다. 우리가 간 곳은 영주 선비촌내에 있는 소수서원이다. 소수서원(紹修書院)이란 원래 경남 함안 칠서에서 태어난 주세붕 선생이 1542년(중종37) 풍기군수 시절 숙수사(宿水寺, 회현 안향선생의 수학처이자 옛절터)에 사묘(祠廟)를 건립, 성리학의 대가이신 안향 선생을 주향(主享) 했다는데 이듬해에 한양의 순흥 안씨 대종가(大宗家)에서 안향

선생의 초상화를 옮겨 봉안하자 사묘 옆에 백운동서원을 건립하였고 경상감사 임백령이 어염(魚鹽) 등을 제공하여 첫 입원 유생 3명이 나왔는데 이것이 사액서원의 효시이자 최초 사립대학이 되었다고 한다.

이후 이황선생이 풍기군수로 부임하여 백운동서원을 국가의 공식 교육기관으로 인정받고자 사액을 요청하였고 학문을 숭상하는 명종임금이 소수서원(紹修書院)이란 사액과 노예, 전답, 서적을 하사함으로써 최초의 사액서원 및 최초의 사립대학이 되었다.

그때 이황선생 나이 49세였다고 한다.

이후 1633년 주세붕, 문성공이 묘에 추향(追享)되어 주세붕, 문성공(안향)이 봉안되었고 이후 대원군때까지 700여개의 서원이 생기었는데 서원중 소수서원을 비롯한 사액서원 27곳과 사액사당 20여곳만 남기고 나머지는 대원군이 서원을 철폐하였다고 한다

철폐한 사유는 조세의 의무가 없기에 막대한 토지와 노비를 소유하고 부를 축척하고서도 세금을 내지 않기에 국고충당과 당쟁해소를 위해 대원군이 철폐조치를 내리며 한 아래 말은 유명하다.

"진실로 백성을 해치는 자가 있으면 비록 공자가 다시 살아난다 하더라도 나는 용서하지 않겠다. 하물며 서원은 우리나라 선현을 제사하는 곳인데 오늘날 도둑의 소굴이 되어 있지 않은가"라는 대원군의 말은 서원의 부작용을 없애기 위한 결단이었다고 보여진다. 당시 조정의 관료들과 양반 유생들이 반대가 많았음에도 대원군은 더욱 강력하게 추진하여 사액서원 이외의 모든 서원의 철폐를 명령하여 1871년에는 700여개의 서원 가운데 27개를 제외하고 모두 문을 닫게 했다고 한다.

이 조치는 상당히 의미 있는 조치였으나, 결국 유생들이 대원군에게 등을 돌리는 계기가 되었다고 한다.

우리 일행은 내가 근무하는 동부도로사업소에 모여서 준비된 버스에 올라 영주 선비촌을 향했다. 창가를 스치고 지나가는 산야의 모습들이 그 옛날(1982) 시골에서 살다 종로구청에 첫 발령을 받아 근무하다가 처음 시골에 가던 날 본 산야를 떠오르게 했다.

콘크리트 더미에서 지내다 푸른 자연을 볼때의 그런 느낌이랄까?

마침내 영주 선비촌 주차장에 도착했다. 주차장에서 선비촌으로 들어가는 입구에 선비상이 크게 서 있다. 선비에 대해 네이버에서 검색해 보았다.

선비란 학식은 있으나 벼슬을

하지 않는 사람이라 되어 있다. 학문을 닦는 사람을 예스럽게 이르는 말이라 하기도 하고 학식이 있고 행동과 예절이 바르며 의리와 원칙을 지키고 관직과 재물을 탐내지 않는 고결한 인품을 지닌 사람을 이르는 말이라 하고 또한 품성이 얌전하기만 하고 현실에 어두운 사람을 비유적으로 이르는 말이라고도 한다.

속담으로 '선비 논데 용나고 학이 논데 비늘이 쏟아진다' 는 즉, 훌륭한 사람의 자취나 착한 행실은 반드시 좋은 영향을 끼친다는 것을 비유적으로 이르는 말이라고 한다. 양반이란 말과 선비란 말은 개념이 다른 것 같고 선비정신하면 의기, 청렴, 올곧음 등이 연상된다.

아래 사진은 내가 묵은 고택이다. 축담(신발 벗어 놓는 곳)에 고무신이 가지런히 놓여있다.

그 옛날 세조3년(1457년) 10월 단종복위 거사가 관노의 고변

으로 탄로나 실패로 끝났는데 이 고을 유생들과 주민들이 정축지변이라는 사건으로 참화를 당했는데 그때 죽임을 당한 주민들이 시체가 산을 이루듯 인근 죽계천에 수장 되었다고 한다. 즉 순흥의 단종 복위운동은 세조3년(1457년)에 수양대군(세조)이 단종임금(노산군)을 쫓아내고 왕의 자리에 오르자 그의 친 동생인 금성대군이 반대하다가 이곳 순흥으로 유배되어 복위를 추진하다가 실패한 사건이다.

그래서 소수서원 옆 도로상에 '금성대군신단 '이라고 표지가 있다.

우리는 여장을 풀고 소수서원 內 충효교육관에 들어가 준비한 발표를 들었다. 도로 함몰은 최근 이슈가 되는 일들이다. 동공발생의 원인과 대책, 동공탐사, 그리고 경량유동성 채움재(CLSM)의 특강이 있었다. 그리고 한국선비연구원의 소수서원학맥계승 및 선비인성 개발 프로그램에 참여하였다. 충효관에서 서원특강, 서원예절, 참배 등을 하였다.

먼저 그 당시의 복장인 유생복으로 갈아입고 유슬을 매고 유근(모자)을 쓰고 옷고름을 매는 법을 배웠다. 모두 잘 모른다. 그 다음 유슬을 매는 법과 형전 매는 법을 배웠다.

유생복으로 환복하고 서원스테이 입소식을 하고 예절실습

교육을 받았다.

다음 서원 스테이 리더십 특강으로 공감(共感)과 인내(忍耐)를 강조하는 특강을 받았다. 즉 분노를 조절할 줄 알고 중용 추구의 지혜를 갖출 때 행복감을 느낄 수 있다고 한다.

동양에서의 공감 이론으로 성리학, 주자학의 사상적 단초가 된 이기일원론(理氣一元論)은 성리학의 이기론(理氣論)에서 본체의 이(理)와 현상의 기(氣)가 별개의 존재로 분리된 것이 아니라 하나의 존재임을 주장하는 이론으로 공자는 좋은 습관 만들기로 子曰, 性相近也, 習相遠也(자왈, 성상근야, 습상원야)를 이야기 하였는데 논어 양화편 2장에 사람들의 본성(경향성)은 비슷하지만 습관이 서로의 역량 차이를 만든다고 하였다.

성근습원(性近習遠) 즉 사람의 역량의 차이는 본성보다 습관에서 생긴다는데 오늘날의 말로 하면 공자 역시 인생에서의 1만 시간의 법칙을 믿었다. 본성 보다는 습관과 노력이 인생의 결정적 요소이며 행복의 근원이 될 수 있다고 하였다.

도로함몰의 원인과 대책에 관한 워크샵을 하면서 그 부분도 의미가 있었지만 선조들의 선비정신과 충과 효와 예절을 배우면서 짧은 기간이었지만 의미 있는 시간을 보내었다고 여겨지는 것은 섬김의 리더십을 강조하는 것은 예나 지금이나 변함이 없다는 생각이 들고 좀 더 살면서 성현의 말씀에 귀를 기울이며 살아야겠다고 다짐해본다. 아래 사진은 유생복을 갈아입고 단체로 찍은 기념사진이다.

그 옛날 여기서 공부를 하신 선비들의 기상을 생각하며 오른손을 들고 크게 외쳐 보았다.

참석자 : 왼쪽 상단부터 시계방향으로 이문희(동부도로사업소), 이승헌(북부도로사업소), 권순협(코카스엔텍 사장), 임대성(동부도로사업소장), 신원우(보도환경개선과팀장), 정철식(남부도로사업소), 홍수종(성동도로사업소), 박병규(남부도로사업소), 정혁상(동양대학교 교수), 국중진(성동도로사업소 과장), 이종범(도건이엔텍 대표), 서승원(선비촌 도감), 안병식(선비촌 도감), 이갑선(선비촌 도감), 김장환(선비촌 부원장), 송광석(동부도로사업소), 권순회(서부도로사업소), 김경욱(강서도로사업소), 최완(북부도로사업소), 김한별(서부도로사업소)외 최연우(시도로관리과 팀장),김환겸(동부도로사업소 과장). 김준섭(남부도로사업소 과장), 김권일(강서도로사업소 과장)은 과정 참여.

◆ **참고**

"1만 시간의 법칙": 말콤 글래드웰은 〈아웃라이어〉라는 책에서, '일만시간의 법칙' 즉, 아무리 평범한 사람이라 할지라도 1만 시간 투자하면 그 분야의 전문가가 될 수 있다는 주장으로, 일만 시간은 416일 7시간, 그 시간만 투자하면 그 분야의 전문가가 될 수 있다는 주장, "천재는 1%의 영감과 99%의 노력으로 이루어진다"는 에디슨의 말을 상기할 필요가 있음.